广州党史丛书·中共领导人在广州

毛泽东在广州

MAOZEDONG ZAI GUANGZHOU

欧阳湘　罗玲◎著

人民出版社
广州新华出版发行集团
广州出版社

图书在版编目（CIP）数据

毛泽东在广州 / 欧阳湘，罗玲著. —北京：人民出版社，
广州：广州出版社，2018.10
ISBN 978-7-01-015829-7

Ⅰ. ①毛… Ⅱ. ①欧… ②罗… Ⅲ. ①毛泽东（1893～1976）
—生平事迹 Ⅳ. ①A752

中国版本图书馆CIP数据核字（2016）第028895号

书　　名　毛泽东在广州
　　　　　Mao Zedong Zai Guangzhou
出版发行　人民出版社　广州出版社
责任编辑　陈寒节　潘孟良　李　利
责任校对　李少芳　黄焕姗
装帧设计　友间文化
印刷单位　广州市快美印务有限公司
　　　　　（地址：广州市白云区广从五路410号一楼103房、二楼、五楼部分　邮政编码：510545）
规　　格　787 mm×1092 mm　1/16
印　　张　22.25
字　　数　353千
版　　次　2020年1月第1版
印　　次　2020年1月第1次
书　　号　ISBN 978-7-01-015829-7
定　　价　78.00元

《广州党史丛书·中共领导人在广州》编委会

前　言

毛泽东同志是伟大的马克思主义者，是中国共产党、中国人民解放军、中华人民共和国的主要缔造者，是中国各族人民的伟大领袖，也是领导中国人民彻底改变自己命运和国家面貌的一代伟人。广州是毛泽东生活、工作和战斗过的地方。在民主革命时期，毛泽东3次来广州，总计在广州生活、工作时间长达一年半；在社会主义革命与建设时期，毛泽东又至少8次来广州调研、视察、指导工作，时间累计又在半年以上。总计，毛泽东在广州生活、工作和战斗的时间超过两年。

这本《毛泽东在广州》，主要记述毛泽东在广州生活、工作和战斗的历程，从一个局部再现毛泽东改造中国的伟大实践，以及他为中国人民解放事业和社会主义建设事业立下的历史功勋。同时展现毛泽东在广州独有的革命活动与理论著述，并力求剖析广州作为中国民主革命策源地、大革命中心和英雄城市的历史地位，以及作为伟大祖国的南大门在社会主义建设中的重要作用与历史影响。由此，展现广州特色。

我们在撰写过程中，参阅了《毛泽东传》《毛泽东年谱》《毛泽东选集》《毛泽东文集》《建国以来毛泽东文稿》，以及《中国共产党历史·第一卷》《中国共产党历史·第二卷》等权威论著和历史文献；同时，也充分发掘广州特有的党史资源。

全书坚持党性原则与学术研究相结合，严格遵循《关于若干历史问题的决议》《关于建国以来党的若干历史问题的决议》，在历史评价问题上与中央保持高度一致。对于近年来的研究新成果，持开放态度，但不轻信、不盲从。关于毛泽东生平，从第一手材料中挖掘真实准确而又鲜为人知的历史细节，并通过实证考察厘清某些错漏、存疑之处；关于毛泽东思想，则严格按照权威论断和表述，并与其在广州的具体实际和贯彻情况结合起来。

《毛泽东在广州》一书，分上下两篇，其中上篇记述民主革命时期毛泽东在广州的3次革命活动，下篇记述中华人民共和国成立后毛泽东8次在广州调研、视察、指导工作以及处理党和国家要务的情况。两篇之下，综合考虑行程与篇幅，设若干专题。其基本结构是：一是毛泽东来广州的历史背景与简要经过；二是毛泽东在广州的主要工作与活动；三是毛泽东离开广州的情况，并评估其在广州工作之成绩与影响。

上篇设5个专题：一、1923年参加中共三大；二、1924年参加国民党一大；三、1925—1926年筹办国民党二大及对国民党右派的斗争；四、1925—1926年在国民党中宣部工作；五、1926年主办第六届农讲所。下篇设6个专题：一、1954年主持审议“一五”计划草案；二、1955年主编《中国农村的社会主义高潮》；三、1956年探索中国社会主义建设道路；四、1958年“大跃进”中三次来广州；五、1960年组织读书活动并审定《毛泽东选集》第四卷；六、1961年主持召开“广州会议”。此外，有学者认为：毛泽东1961年底在广州创作“反修诗”，并为七千人大会准备。但另有论著对这次行程有不同看法。本书为慎重起见，将其移至附录。

本书根据内容，配有毛泽东在广州的历史图片若干幅，与文字呼应。此外，为方便阅读时把握要点，我们还整理了“毛泽东在广州主要著述介绍”“毛泽东在广州活动大事记”“毛泽东在广州活动地点”和“参考文献”等，作为附录。

上下两篇各专题，基于篇幅相当与主题异同之考量，一次行程与一个专题并非一一对应（例如：1925年至1926年之行因内容太多，分为三个专题；下篇1958年的三次行程，则因内容较少且相关联，合并为一个专题）；同时，考虑到中华人民共和国成立前后毛泽东身份的变化，以及档案资料的保存与利用条件之异，上下两篇在内容和行文风格上有明显差异。例如，毛泽东民主革命时期在广州，还只是中共中央负责人之一，而且主要是在国民党内任职，在广州生活、工作时间长，地方上留存有很多史料。关于毛泽东生平及著述，还有若干有待考证、澄清和补充的史实问题。因此，上篇有大量考证性内容。中华人民共和国成立后，毛泽东是全党、全军、全国各族人民的伟大领袖，可谓一言九鼎、动见观瞻，相关史实的考订也比较清楚；每次来广州时间短，档案资料保存状况比较好，而且集中于中央档案馆。因此，下篇考据性内容相对较少。

目录

上篇

一　参加中共三大（1923年）

附　　录

毛泽东在

上篇

在民主革命时期，毛泽东曾三次到广州，总计在广州生活、工作了18个月。本篇拟分五个专题，记述毛泽东在广州的革命活动与理论著述。其中第三至第五专题都是发生在毛泽东第三次在广州期间的活动。

第一次是1923年，到广州出席中共三大。

1923年4月，毛泽东经上海来到广州。他参与筹备中共三大，当选为中央执行委员，并担任中央局秘书。同年7月底（至迟8月初），毛泽东因中央迁回上海，离开广州前往上海。毛泽东第一次来广州，时间约3个月。

第二次是1924年，到广州出席中国国民党一大。

1924年1月，毛泽东在广州出席中国国民党第一次全国代表大会，并当选为国民党中央候补执行委员。2月中旬，毛泽东在参加国民党一届一中全会后，被派赴上海国民党执行部任职。毛泽东此次来广州，约1个月。

第三次是1925年至1926年，在广州国民党中央党部任职。

1925年9月中旬，毛泽东经湘南、粤北，第三次来到广州，到1926年11月上旬赴上海，总计在广州一年零两个月。在广州，毛泽东从事多项革命活动，可分为紧密相关又相对独立的三个方面。此次行程包括以下内容：

一是1925年9月至1926年11月，毛泽东作为广州国民党中央的候补执行委员，坚决反击西山会议派的分裂活动，并为国民党二大的召开做了大量具体工作。会后，毛泽东继续为维护国共合作、反击国民党右派而斗争。

二是1925年10月至1926年5月，毛泽东代理国民党中央宣传部部长。任内锐意整顿部务，大力推进国民革命的宣传工作；创办《政治周报》，反击西山会议派，批判“戴季陶主义”，并参与革命军政人才的培养。

三是1926年5月到9月，毛泽东在广州担任第六届农讲所所长，为培养农运干部、领导全国农民运动、推动北伐战争做了大量工作；同时树立“为农民说话做事”的形象，并为后来开辟农村包围城市的革命道路准备了条件。

一 参加中共三大（1923年）

1923年6月，毛泽东在广州出席中国共产党第三次全国代表大会，当选为中央执行委员，并担任中央局秘书。这是毛泽东第一次进入中共中央领导层。广州，成为毛泽东从湖南走向全国政治舞台的重要节点。

第一次到广州

到广州出席中共三大，是毛泽东生平第一次来广州，因此备受学术界重视。但关于他来广州的时间则看法不一。下面拟对其背景和时间进行必要的查考。

1. 因湖南工作出色上调中央

毛泽东此次南下广州的历史背景，是他在湖南的工作受到中共中央的肯定，加上湖南政治形势发生变化，他奉调到中央工作，参与筹备中共三大。

对于毛泽东走上马克思主义道路，陈独秀、李大钊都有重要影响。其中，陈独秀被毛泽东誉为五四运动的“总司令”。陈独秀对毛泽东也很赏识。早在1917年4月，陈独秀主编的《新青年》就刊发了毛泽东的《体育之研究》。1920年1月，陈独秀发表《欢迎湖南人底精神》，对湖南青年学生予以高度肯定：“我们奋斗不过的精神，已渐渐在一班可爱的青年身上复活了。”毛泽东于1936年在与斯诺的谈话中回忆陈独秀时说：“我第一次同他见面是在北京。当时我在国立北京大学，他对我的影响也许比任何人的影响都大。”1920年，毛泽东因宣传“驱张运动”到上海，曾和陈独秀讨论在湖南开展革命活动，建立革命团体的工作计划。从上海回来后，毛泽东应陈独秀函约，在长沙建立中国共产党的早期组织。中国共产党成立后，毛泽东的才干以及湖南党组织的工作，深受中共中央总书记陈独秀的赏识。1923年1月，陈独秀决定调毛泽东到中央工作，并派李维汉接替毛泽东担任中共湘区委员会书记。

毛泽东于1923年4月离开长沙赴广州的另一历史背景，是他与湖南军阀赵恒惕发生了激烈冲突。20世纪20年代初，毛泽东与赵恒惕曾多次“过招”。第一次是1920年，毛泽东积极参与的“驱张运动”取得胜利，北洋军阀张敬尧退出湖南。谭延闿率湘军进占长沙。不久，湘军发生内讧，师长赵恒惕驱逐谭延闿自代。毛泽东在“湘人自治”问题上与赵恒惕的“湘人治湘”较量，因“扯旗请愿，冲击省府”，被赵恒惕传唤至省警察厅“诘问”。第二次是1922年，毛泽东领导长沙泥木工人罢工，赵恒惕调军队镇压，结果也是毛泽东大胜，泥木工人达到了预期要求。赵恒惕像吞下一颗酸涩的果子，很不是滋味。事后他对部下说：“湖南再来一个毛泽东，我就不能立足了。”赵恒惕视毛泽东为“心头之患”。

1923年2月上半月，前来接任中共湘区委员会书记的李维汉回到长沙。毛泽东让他先回乡省亲，约定春节后再交接工作。但春节过后，毛泽东因故没有与李维汉交接，仍继续在长沙领导革命运动，直接威胁到赵恒惕在湖南的反动统治。赵恒惕加紧了对毛泽东的政治迫害。1923年4月，长沙街头贴出了悬赏缉拿“过激派”毛泽东的布告。这样，毛泽东不得不离开湖南。行前，他向李维汉移交了中共湘区委员会的工作。

毛泽东奉调中央，主要是筹备中国共产党第三次全国代表大会。1922年11月至12月，共产国际召开第四次代表大会，陈独秀出席会议并当选为共产国际执行委员。1923年1月12日，共产国际执委会作出《关于中国共产党与国民党的关系问题的决议》。陈独秀带着这一指示回国，筹备召开中共三大，并通知了毛泽东。为此，毛泽东致信张秋人：“甫先生在京大考在即。”其中“甫先生”即陈独秀，“大考”即筹备全国代表大会。1923年“二七惨案”发生后，中央机关迁回上海，准备在上海召开中共三大。这样，毛泽东拟离长沙赴上海。

由于毛泽东未立即奉令赶赴上海，而在这段时间，中共中央已由上海迁到广州。所谓“离长沙去上海，到中共中央工作”，就变成了经上海赴广州了。关于毛泽东此次行程，据社会主义青年团湘区委书记戴晓云于1923年4月14日给团中央书记施存统的信中说：“润之、少奇不日赴粤，开西全校会议。”开西全校会议即参加党的全国代表大会（刘少奇后来留在安源煤矿领导工人运动，没有到广州参加中共三大）。毛泽东赴广州须经上海中转，约于4月中旬后离开长沙赴上海。

2. 随中共中央机关南迁广州

1923年4月下旬，毛泽东到达上海，然后到广州，参加中共三大的筹备工作。关于毛泽东到广州的具体时间，多数论著语焉不详。《毛泽东年谱》则说是“6月上旬，离上海到广州”，但这可能是不准确的。毛泽东既然是奉调中央工作，要弄清他在上海停留了多久，必须从中共中央南迁广州始末说起。

追根溯源，中共中央此次南迁是执行共产国际的指示。众所周知，广州是中国近代民主革命策源地。在20世纪20年代前后，广州设有孙中山领导下与北京政府对立的“中华民国军政府”，政治环境相对宽松。1922年7月，共产国际执委会接受驻中国代表马林关于中共中央南迁广州的建议，并作出指示：“中国共产党中央委员会接短笺后，应据共产国际主席团7月18日决定，立即将驻地迁往广州并与菲力浦（马林）同志密切配合进行党的一切工作。”

不过，中共中央南迁广州没有立即实现。一方面，因为陈炯明于1922年6月发动了“六·一六兵变”，孙中山于8月退出广州前往上海；另一方面，中共领导人重视北方工人运动，不同意南迁广州。在共产国际和中共党内，都有人对当时伪装进步的北洋军阀吴佩孚存有幻想。1922年10月，中共中央从上海迁至北京。1923年2月，吴佩孚镇压京汉铁路工人大罢工，制造“二七惨案”，通缉在北京的陈独秀、马林等人。2月中下旬，中共中央再迁回上海。

就在1923年初，孙中山领导的军队驱逐了陈炯明，重新控制广州。在此情况下，中共中央决定南迁广州，并在广州召开党的第三次全国代表大会。按照共产国际代表马林的说法：“我们在广州有充分的行动自由，而且只能在这里公开举行党的代表大会和劳动大会。曾问及湖南代表，是否可在长沙举行青年代表大会，也曾问及北京代表，回答是：只能召开一个秘密的小会。”

关于中共中央南迁广州的时间，目前也有不同说法：有的说是1923年6月中共三大前夕，有的说是5月，也有的说是4月下旬。笔者认为是4月中旬。为什么呢？这必须从中共二大中央机关的组成情况说起。当时，中央机关的组织是不健全的。按照陈独秀的说法，“实际上中央委员会里并没有组织，五个中央委员经常不能待在一起”。诚然，陈独秀在上海、广州、北京奔波，李大钊以在北京居多，张国焘在北京，高君宇无固定地点。具指标意义的是中共中央机关报《向导》周报（主编蔡和森）发行处。在中共二大的中央委员中，负责宣传工作的蔡和森、负责妇女工作的向警予（候补委员），是中共领导人中著名的夫妻档，居住地相对固定。他们的居住地即《向导》周报发行处。

经比对，《向导》周报发行处与中央驻地大致一致。《向导》周报，1922年9月13日创刊于上海。1922年10月，中共中央机关从上海迁至北京后，《向导》周报发行处也迁至北京。1923年2月中下旬，中共中央机关撤离北京。《向导》周报发行处被查封。1923年2月中下旬，中共中央迁回上海，《向导》周报也迁往上海发行。4月18日，蔡和森将《向导》周报发行处改在广州昌兴街28号1楼，出版第21期。4月25日、5月2日、5月9日、5月16日、5月23日、5月30日、6月6日，《向导》周报在广州连续出版第22～28期。

从中央领导人居住地看，1923年4月底到6月初，上海谈不上存在一个中共中央。1923年3月26日，陈独秀应孙中山之邀来到广州。4月10日，孙中山委派陈独秀、谭平山为大本营宣传委员会委员。蔡和森、向警予已经在广州，李大钊在北京。张国焘4月去莫斯科前后，都在北京活动。高君宇也在北京，为5月9日出版的《向导》周报第24期撰写了《北京通信》。只有邓中夏（中央候补委员）待在上海时间比较长。但邓中夏主要是参与举办上海大学，受校长于右任委托，任该校教务长。而马林5月下旬在致布哈林的信中说：“4月底我到广州一行。一来同孙中山建立联系，他控制着广东省的一部分地区；二来党的中央委员会已到广州。”显然，中央迁粤是在此前的4月中旬。

既然中央执行委员会委员长陈独秀等中共领导人已在广州，共产国际代表马林也在广州，中央机关及中央机关报《向导》也已经南迁广州，奉调中央工作（主要是筹办中共三大）的毛泽东不可能长时期单独留在上海，直到6月上旬中共三大召开前夕才匆匆赶赴广州。共产国际代表马林5月31日给共产国际

《关于中国形势和1923年5月15日至31日期间的工作报告》说：代表们已陆续前来广州参加代表大会。毛泽东岂能未到？

从毛泽东托覃振带信给李维汉来观察，也可见毛泽东不可能是6月初才到广州。

中共中央文献研究室编著的《毛泽东传》和《毛泽东年谱》都说：1923年中共三大前后，毛泽东开始接触国民党的一些上层人物。会议期间，常利用休息时间到培正路简园同谭延闿谈国共合作问题，做争取谭延闿合作的工作。谭延闿被赵恒惕迫出湖南后，这时担任孙中山大元帅府的建设部部长，正在为讨伐赵恒惕作准备。中共三大前后，毛泽东在广州期间，曾和李大钊、陈独秀到廖仲恺家商谈国共合作的具体事宜。毛泽东还通过谭延闿，加强对国民党内部情况的了解和联系，也为中共湘区委员会采取“联谭倒赵”的政策创造条件。在此前后，国民党本部派覃振从广东去湖南活动，毛泽东曾托覃振带信给李维汉，要中共湘区委员会协助覃振在湖南筹建国民党组织。当时，在湖南的国民党党员只有邱维震一个人。

毛泽东在广州托覃振带信给李维汉，可以得到各方面资料印证，也可从当事人李维汉的著作《回忆与研究》得到佐证：“国民党中央党部派覃振自广东来湘活动，他带来毛泽东给我的一封信，要湘区党委协助覃开展筹建国民党的工作。”中共湘区委员会同覃振、邱维震商量在湖南筹建国民党的事宜，覃振在商谈妥当后去武汉。另据覃振夫人仝汝真回忆，李维汉曾说他与覃振的交往缘于毛泽东的牵线，但将带信事件说成1924年。这显然是转述之误。因为到1924年，湖南国民党组织已经健全，已无“在湖南的国民党党员只有邱维震一个人”的情形。这一带信事件，在张小林所著《覃振传》（中华书局2005年版，第82页）中也有记载。

经比对行程，毛泽东托覃振带信时间不可能迟至6月份，中共三大召开之后。因为覃振从广东来湖南，在湖南国民党筹建工作部署就绪后赴湖北进行筹建湖北国民党组织工作，后又到北京活动。据《覃振传》记载，1923年5月直奉大战结束（实为6月“北京政变”）后，旧国会议员集聚京津，商议恢复

“法统”。国会议员覃振，就是在这一背景下重返北京的。6月17日，覃振与周震鳞等国民党籍议员为抵制曹锟贿选总统，发表通电指斥其“违法”。20日，覃振、周震鳞等部分议员（以国民党籍居多）以在北京“不能正常活动”为由，移驻天津。后来，覃振等人辗转京津沪之间，并没有南下广州。《覃振传》认为，覃振奉派回湘筹建国民党的时间是在三四月，可能过早。应以4月底5月间为妥。

3. 与共产国际代表马林同行

那么，毛泽东究竟是4月底还是5月到广州的呢？《毛泽东年谱》说毛泽东是6月上旬到广州的，但没有他1923年4月下旬以后的行踪；《毛泽东传》说毛泽东是随马林到广州的：“离湘赴沪后不久，毛泽东又会同共产国际代表马林等先期到达广州，和陈独秀、李大钊、张国焘、谭平山、蔡和森、陈潭秋、罗章龙等，为中共三大做准备工作。”这就是说，马林到达广州的时间可能就是毛泽东到广州的时间。似此，有必要对马林从上海到广州的行程进行考察。

就毛泽东与马林的工作关系看，两人自上海同行南下是可信的。

马林是一位荷兰籍共产党人，受列宁和共产国际派遣来华，于1921年6月抵达上海。马林是中共创建史上乃至大革命史上有重要影响的共产国际代表，他与大部分中国同志的关系一直比较紧张。例如：陈独秀与马林两人时常争吵，被誉为“两座火山”。1921年中共成立后，在中共与第三国际的关系问题上，马林认为第三国际是全世界共产主义运动的总部，各国共产党都是第三国际的支部，中共的工作应在第三国际的统一领导下进行。但陈独秀认为“中国共产党尚在幼年时期，一切工作尚未开展，似无必要戴上第三国际的帽子”。马林没能给出充分的理由予以说服，而是和陈独秀争执起来。在一次争执中，性格火暴的陈独秀拍了桌子，甚至还拒绝与马林会面，要求共产国际撤去马林的代表职务。后来，陈独秀被捕，马林多方展开营救，两人的关系才有所改善。至于马林与张国焘，更是长期势同水火。在国民党方面，马林虽然与孙中山多次会谈，但并不受欢迎。这也是马林离华的重要原因。

非常难得的是，马林与毛泽东的关系却很融洽。多年以后，毛泽东回忆马林时称赞他“精力充沛、富有口才”，并无半句恶言。毛泽东第一次见到马林，是在中共一大召开期间。当时，马林作为共产国际代表出席指导中共建党，毛泽东担任会议记录人员。1921年12月，马林受国民党的邀请去桂林拜访孙中山时途经长沙。毛泽东接待了马林，请他“花了一个晚上给他们讲阶级斗争、俄国革命”和共产国际的情况，包括华盛顿会议和共产国际将要在苏俄召开远东人民代表大会的情况。长沙之行给马林留下了深刻印象，他随后在给共产国际的报告中这样说：“我在长沙、桂林、广州和海丰都参加了青年的集会。那里有青年学生的各种地区性俱乐部，研究关于无政府主义和社会主义理论。这些青年组织总的说来实际上并没有对工人运动的发展作出什么贡献。只有长沙的青年组织举行了反对华盛顿会议的示威游行并建立了一个纺织工人联合会，这个工会组织于1921年12月底举行了罢工。”可见，马林对毛泽东领导的湖南革命运动是十分赞赏的。

共产国际代表马林的肯定，可能是毛泽东在中共三大能进入中央领导行列的重要原因。在某些问题上，毛泽东与马林之间是有共识的。例如：中共党内争议最大的是用中共党员以个人名义加入国民党的方式来实现第一次国共合作问题。这是共产国际代表马林力主的结果，最初许多中共领导人不赞成。在中共三大期间，马林在传达共产国际指示时还进行了劝说，甚至可以说压服的工作。从上海到广州期间，毛泽东和马林很可能就这个问题进行了交流。而从马林的工作笔记中可以看出：毛泽东是少数没有发表反对意见的。当时，其他人过高地估计中国工人的革命积极性，毛泽东也从实际出发对马林的意见给予了支持。毛泽东指出：“工人们关心改善生活条件的问题，他们对政治和阶级斗争的认识较肤浅。”毛泽东还说：“最高利益当是日常生活问题，并不是什么政治上的利益。”但必须指出，毛泽东在思想观点上，并不完全赞同马林的政策主张。这从毛泽东在中共三大的发言中可以看出。所谓毛泽东“是马林的人”之说，是没有道理的。

根据李玉贞所撰《马林传》，马林是1923年4月21日从上海起程前往广州的。当轮船航经汕头时，粤军将领许崇智专门派了一艘运输艇护送这位远道而来的客人。在香港，马林也没有遇到什么麻烦。马林一行于4月28日顺利到达广州。5月1日，当时在日本的苏俄代表越飞通过马林告诉孙中山：苏俄愿意向孙中山提供军事援助并督促其加强党的改组和宣传工作。马林自己回忆说：我在上海停留了很短一段时间后去了广州，“4月底我到广州一行”。1923年“五一”节，马林在广州一次公众集会上发表演说。5月份，马林每周与孙中山会晤3至4次，还与陈独秀一起为孙中山拟订了国民党改组计划，并被孙中山采纳。这段时间，马林确实是一直在广州活动，这能得到相关资料的佐证。也就是说，不存在毛泽东在6月上旬再从上海到广州的可能。

综上所述，如果没有证据表明毛泽东有其他独立行程的话，那么他这次到广州的时间也应该与马林一样，是4月28日。而且，马林这次从上海南下广州途经香港，这可能也是毛泽东生平第一次甚至是唯一一次到香港。

在广州出席中共三大

在中共三大上，毛泽东在湘区的工作成绩受到充分肯定。他在国共合作、工农运动等问题上的意见，获多数与会代表认同。因此，毛泽东在大会上当选为中央执行委员，并担任中央局秘书，处理党中央的日常事务。这样，毛泽东第一次进入中国共产党的领导层。这一年，毛泽东30岁，恰逢“而立之年”。

1. 湘区选出的党代表

1923年6月12日至20日，中共三大在广州东山恤孤院后街31号（今恤孤院路3号）的一栋两层砖木结构的普通楼房里召开。出席大会的代表约40人，分别是陈独秀、李大钊、蔡和森、毛泽东、王荷波、张国焘、王用章、邓培、瞿秋白、林育南、邓中夏、谭平山、张连光、刘仁静、朱少连、项德龙（项英）、罗章龙、徐梅坤、高君宇、王俊、何孟雄、王仲一、冯菊坡、刘尔崧、陈天、张德惠、刘天国、陈福涛（陈为人）、张太雷、刘天章、向警予、陈潭秋、阮啸仙、孙云鹏、沈茂坤、于树德、金佛庄、恽代英、袁达时等，他们代表了全国420名党员。

毛泽东全程参加了这次大会。但关于毛泽东的代表身份却有待考证。有的认为，毛泽东是“两湖区”选出的代表。当时全国设江浙区、两湖区、北方区和粤区4个区委组织，其中两湖区包括湖北、湖南两省。中共三大前全国设四大区委这种说法非常普遍，持论者包括北京和广州的许多学者，并见诸中共三大纪念馆及众多党史网站。归根究底，这种说法来源于徐梅坤的回忆。他说：“当时中共中央下设四个区委员会，除江浙区外，还有北方区、两湖区和广东区。根据党的决定，我担任了第一任江浙区委书记。江浙区委除直接管辖上海工作外，还负责江苏（长江以南地区）、浙江两省的工作。”徐梅坤是中共三大代表，并在中共三大上当选为中央候补委员。20世纪70年代初有关部门确认中共三大会址时，曾邀请他来广州实地调查，最终确认了中共三大的会址。不过，他关于中共三大之前全国设四大区委的回忆，却是不准确的。

最有力的证据是，在湖南、湖北省的党史中，并无所谓“两湖区委”。根据中共中央组织部、中共中央党史研究室和中央档案馆合编的《中国共产党组织史资料》（第一卷，中共党史出版社，2000年版），湖南、湖北两省的党组织没有隶属关系。当时全国设五大区委：（1）北方区，以北京地委为主，兼管北方包括东北、西北各省。中共三大后，中央向各区派驻中央委员，就近指导工作，李大钊被派驻北方区。（2）上海区，以上海地委为主体，兼管江苏、浙江和安徽，中共三大后王荷波为驻区中央委员。（3）湘区，亦称湖南区、湘赣区，兼辖江西，中共三大后驻区中央委员为朱少连。（4）鄂区，又称湖北区、鄂川区，兼辖四川，中共三大后驻区中央委员是项英。（5）粤区，亦称广东区，兼辖广西、福建、云南，1923年9月中央迁回上海后，谭平山任驻区中央委员。

所谓“两湖区代表”的说法既不符合历史事实，也对评价毛泽东在中共三大前的工作成效造成混乱。陈独秀在中共三大的工作报告中批评“湖北的同志没有及时防止冲突，因而工人的力量未能增加”；表扬“只有湖南的同志可以说工作得很好”。假如有所谓两湖区、毛泽东为两湖区的党代表，他就必须为这种错误负责。事实上，在中共三大前，湖北、湖南两个区委之间没有隶属关系。1923年“二七”大罢工期间，湖北的工作除受鄂区委领导外，与北方区委领导的河南联系紧密。“二七”大罢工后，中央调整鄂区委领导机构，湘区委委员兼安源路矿支部书记李立三调任湖北区委书记（委员长，同年10月由包惠僧接替）。湖南、湖北两区委的关系，仅限于此。

而且徐梅坤“记得出席三大的代表有二十多人”，其中，“两湖区：毛泽东（湖南）、陈潭秋（湖北）”。这显然是不完整的。毛泽东只是中共湘区推选的代表，并不代表两湖区。同时在湘区当选为代表并出席中共三大会议的，还包括安源路矿地委书记朱少连（中共三大上当选为中央执行委员）和袁达时等人。

2. 中共三大彪炳史册

1923年6月初，在中共三大开幕前举行了两天预备会，议决分工起草党纲、党章和各项决议案。毛泽东参加了会议文件的起草和会议的组织工作。预备会由第二届中央委员会委员长陈独秀主持，共产国际代表马林出席会议，并传达了共产国际执行委员会《关于中国共产党同国民党关系问题的决议》。

6月12日至20日，中共三大正式举行，陈独秀代表第二届中央执行委员会作工作报告。大会通过了《中国共产党第三次全国代表大会宣言》《中国共产党党纲草案》《中国共产党第一次修正章程》《中国共产党中央执行委员会组织法》，以及《关于第三国际第四次大会决议案》《关于国民运动及国民党问题的决议案》《关于党员入政界的决议案》《关于劳动运动的议决案》《关于农民问题的决议案》《关于青年运动的决议案》《关于妇女运动的决议案》等。

应当指出，中共三大是党的主要领导人齐聚一堂共商大计的全国代表大会。1921年7月，来自各地共产党早期组织的代表在上海参加中国共产党第一次全国代表大会，但中国共产党两位最重要的创始人“南陈北李”却都没有出席。当时陈独秀在广州担任广东政府教育委员会委员长，又兼任大学预科校长，正在争取一笔巨款修建校舍。而且，广州建党活动虽已打开局面，但基础并不巩固，故“一时不得脱身”。至于李大钊，则“正忙于主持北大教师索薪工作”。1921年6月3日，李大钊率领八校教职员索薪团至总统府交涉时，遭军警殴击，头部受了伤。1922年7月，中共二大在上海召开。陈独秀出席并主持会议，李大钊仍没有出席。作为湖南代表的毛泽东，人已及时赶到上海，“可是忘记了开会的地点，又找不到任何同志，结果没能出席”，这造成中共党代会史上的缺憾。对此，毛泽东在中共七大上轻松而风趣地总结：“我是‘一三五不论，二四六分明’，逢双的大会我都没有参加。”1923年6月，中国共产党在广州召开第三次全国代表大会。陈独秀、李大钊、毛泽东、蔡和森、瞿秋白、张国焘、项英、向警予、谭平山等中共重要领导人都出席了会议，阵容相当整齐，可谓群英荟萃。

中国共产党第三届中央执行委员会分工会议场景（蜡像，拍摄于中共三大会址纪念馆）

中共三大是民主的大会。代表们在讨论中共党员加入国民党问题的过程中发生了激烈的争论。中共三大还广泛开展了批评和自我批评。陈独秀代表中共中央向大会作报告，全文共3500字，就用了1/3的篇幅对中共二大以来的工作提出了批评：一方面是批评整个党的工作；一方面是对包括陈独秀本人在内的“个别中央委员提出批评意见”。报告还说，就地区来说，上海的同志为党做的工作太少了；北京的同志由于不了解党组织，造成了很多困难；湖北的同志没有及时防止冲突，因而工人的力量未能增加；广州的同志在对待陈炯明的问题上犯了重大的错误，最近才纠正过来。报告唯独表扬了毛泽东在湖南的工作。

大会的最后一天，全体代表集中在黄花岗七十二烈士陵园，由瞿秋白、张太雷教唱《国际歌》，唱词是瞿秋白翻译的《国际歌》的中文歌词。中国共产党的代表大会和其他重要会议的闭幕式奏唱《国际歌》，就是从中共三大开始的，一直延续至今。

3. 国共合作的正确主张

1921年中国共产党成立，到1923年中共三大召开，中国共产党在探索同国民党建立联合战线的过程中，经过了从反对合作到同意合作、从主张“党外联合”到接受“党内合作”的曲折进程。这反映了党的策略思想的不断深化和提高，其中有毛泽东的重大贡献。

毛泽东在中共三大前，对于以国共合作为载体组织革命统一战线问题，就有所思考。毛泽东担任书记的中共湘区委员会提出了一个从组织国民党入手进行政治运动的计划。1923年4月中旬，毛泽东离开长沙经上海赴广州之前，在湖南自修大学主办的《新时代》创刊号上发表了《外力、军阀与革命》一文。文章提出：中国的反动势力太大了，外力和军阀勾结为恶，共产党和一些“非革命的民主派”都将同“革命的民主派”国民党合作，以“成功一个大的民主派”。

中共三大的中心议题是统一全党思想，解决国共合作及共产党员是否参加国民党的问题。共产国际代表马林在预备会议和大会上传达了共产国际关于国共合作的指示。马林和陈独秀等人主张全体中共党员加入国民党，但忽视加入国民党后的独立性问题。陈独秀说："目前应加入国民党作国民革命，故当完全作国民党的工作，将来国民革命成功，这时党的独立是不成问题的了。"又说："不要怕共产党有消灭的危险，我们去参加国民党的工作，假使是有危险也是历史的危险。"张国焘等人则认为，产业工人是共产党的基础，应当在自己的旗帜下进行民族民主革命。他认为："中共并无义务在工人群众中为国民党发展组织，因为这样，将使独立的职工运动成为国民党所领导的职工运动。"无论是陈独秀还是张国焘，实际上对于共产党及工农分子加入国民党的意义问题，始终缺乏透彻的、真正的了解。他们不懂得，这实际上是关系到以工农改造国民党，并实现无产阶级在统一战线中的领导权的一个关键。

毛泽东后来在1927年八七会议上总结这个经验教训时说："国民党问题在吾党是很长久的问题，直到现在还未解决。首先是加入的问题，继又发生什么人为加入者，即产业工人不应加入的问题，实际上不仅产业工人，即农民都无决心令其加入。当时大家的根本观念都以为国民党是人家的，不知它是一架空房子等人去住。其后像新姑娘上花轿一样勉强挪到此空房子里去了，但始终无当此房子的主人的决心。我认为这是一大错误。过去群众中有偶然不听中央命令的抓住了国民党的下级党部，当了此房子的主人翁，但这是违反中央意思的。直到现在，才改变了策略，使工农群众进国民党去当主人。"这当然不是事后诸葛亮。

毛泽东在中共三大上多次发言。他赞成党内合作的形式，并"提出主张国共合作的种种理由"。但不赞成陈独秀忽视中共独立性的观点，强调中共党员参加国民党后必须保持独立性；工人农民必须大量加入国民党，但共产党必须独立地领导工人农民进行阶级斗争。毛泽东代表了中共党内的正确意见。

毛泽东被推举和陈独秀、瞿秋白、蔡和森、张太雷等一道起草《中国共产党章程》的修正案，同时参与起草国共合作决议案。他尽力弥补了"左"的和右的错误倾向。大会通过的《关于国民运动及国民党问题的议决案》，一方面强调中共党员参加国民党的必要性："中国共产党须与中国国民党合作，共产党党员应加入国民党。"另一方面又强调中共党员应注意保持政治上和组织上的独立性："我们在国民党中，须注意下列各事：（1）在政治的宣传上，保存我们不和任何帝国主义者任何军阀妥协之真面目。（2）阻止国民党集全力于军事行动，而忽视对于民众之政治宣传；并阻止国民党在政治运动上妥协的倾向，在劳动运动上改良的倾向。（3）共产党党员及青年团团员在国民党中言语行动都须团结一致。（4）须努力使国民党与苏俄接近，时时警醒国民党，勿为贪而狡的列强所愚。"

中共三大的路线无疑是正确的。毛泽东后来回忆说："共产党第三次全国代表大会1923年在广州举行，这次代表大会作出了有历史意义的决定：即参加国民党，同它合作，建立反对北洋军阀的统一战线，反对北洋军阀。"

4. 重视农民运动的先导

中国共产党对于农民问题，有一个认识不断深化的过程。中共三大以开始关注农民问题著称，通过了第一个关于农民问题的决议案。这有毛泽东的贡献。

在中共三大之前，中国共产党人对农民问题并不重视。陈独秀在大会报告中承认"我们很少注意农民运动"；张国焘认为，农民问题是一个新提出来的问题，"在中共的历次讨论中，直到第三次代表大会，代表才注重这个问题，尤以毛泽东为然"。从实践方面讲，浙江萧山衙前、广东海陆丰，是中共三大之前农民运动开展比较好的地区，但其领导人均未参与大会。尤其是"海陆丰那时正在陈炯明的统治之下，一切消息不易外传""也未引起重视"。浙江萧山衙前农民运动领导人沈玄庐（沈定一），在1923年9月访俄时声称已脱党，而原因竟然包括"中共对农民状况不够重视"。

中共三大讨论了农民问题。据马林记载，代表们提出了"抑或一切依靠工农"的问题。徐梅坤在会上介绍了浙江衙前农民运动情况，毛泽东则作了农民运动报告。毛泽东向大会指出：湖南工人数量很少，国民党员和共产党员更少，可是满山遍野都是农民。因而他得出结论，任何革命，农民问题都是最重要的。他还证以历代的革命和造反，每次都以农民暴动为主力。中国国民党在广东有基础，无非是有些农民组成的军队，如果中共也注重农民运动，把农民发动起来，也不难形成广东这类的局面。“毛泽东的发言是强调农民革命的重要性，进而指出中共不应只看局处广州一隅的国民党，而应重视全国广大的农民。”张国焘认为，毛泽东的“此项见解的重要性”，“是毛泽东这个农家子对于中共极大的贡献”。由于毛泽东对农民问题的重视，因而大会委托毛泽东、谭平山起草《关于农民问题的决议案》。这个尚不完美的决议案，具有历史开创意义。

应该说，中共三大期间党在农民问题上取得重大理论成果。一是对农民运动重要性的判断。《中国共产党党纲草案》说：“至于农民当中国人口70%以上，占非常重要地位，国民革命不得农民参与，也很难成功。”二是组织农民参加国民革命的安排。《中国共产党党纲草案》说：中国的无产阶级应当最先竭全力参加促进此国民革命，并唤醒农民，与之联合而督促苟且偷安的资产阶级，以引导革命到底。《关于青年运动的决议案》认为：社会主义青年团应开始从事于农民运动的宣传及调查。

中共三大在讨论农民问题时，对于没收地主土地问题，有的人认为中国的地主经济发展不平衡，有些地方是大地主多，有些地方是中小地主多，最后没有把土地问题写进“决议案”。瞿秋白事后说：“这党纲草案的最严重的错误，就是没有切实、勇敢的解决农地问题。”鉴于此，中共三大后的一份俄文报告说：“代表大会对农民问题只是在理论上进行了讨论，没有作出实际的决定。”

这应归咎于其时共产国际代表和中共领导人的认识水平。“共产国际代表马林对农运不感兴趣”。陈独秀甚至“还反对农民运动”。张国焘也认为：“在农民中发展国民党的势力和影响是无关宏旨的，因为中共在农民中尚无实力存在。”当然，这是一个整体性认识的问题，毛泽东关于农民问题的认识也在形成之中。

5. 进入中共中央领导层

关于中共三大的选举，共产国际代表马林说，应尽量安排工人代表到中央，特别是党的中央常委要有工人代表，最好是参加工农运动中涌现出来的分子。根据这个原则，中共三大通过了“党章”修正案，增加了中央执行委员会的当选人数。《中国共产党中央执行委员会组织法》规定中央执行委员会由全国代表选举9人组织之，并选举候补委员5人。根据马林1923年6月25日给共产国际的报告，9名中央执行委员选举得票情况如下：陈独秀40票、蔡和森37票、李大钊37票、王荷波（工人）34票、毛泽东34票、朱少连（工人）32票、谭平山30票、项英（工人）27票、罗章龙25票。中央候补执行委员5人：邓培、张连光、徐梅坤、李汉俊、邓中夏。初次当选中央委员的毛泽东为第四高票（并列）。第二届中央执行委员张国焘“只获得40票中的6票”而落选。

中共三大通过的《中国共产党第一次修正章程》和《中国共产党中央执行委员会组织法》还规定，大会后之中央执行委员会第一次会议，即应分配工作，并选举五人组织中央局，其余四人分派各地，赞助该地方委员（会）一同工作，每星期将所在地情形报告中央局一次，中央局以中央执行委员会名义行使职权。大会结束后，中央执行委员会推举陈独秀、毛泽东、罗章龙、蔡和森、谭平山（1923年9月中央迁回上海后，改任驻粤区中央委员）5人组成中央局。陈独秀为中央执行委员会兼中央局委员长，总理全党党务；毛泽东为中央局秘书；罗章龙为中央局会计。其余4名委员分派各地：李大钊驻北京、王荷波驻上海、项英驻武汉、朱少连驻长沙。蔡和森、罗章龙、瞿秋白负责宣传，蔡和森主编《向导》周报。谭平山主持国共合作事宜。其他候补委员分工负责青年团、工会和妇女的工作。毛泽东还负责组织工作。有的论著说，毛泽东在中共三大上接替张国焘担任中共中央组织部部长，是有欠准确的。因为在1924年5月之前，中共中央并无组织部之设置。在中共三大之前，张国焘也无中共中央组织部部长名义。

《中国共产党第一次修正章程》和《中国共产党中央执行委员会组织法》

规定："秘书员（负）本党内外文书及通信及开会记录之责任，并管理本党文件。本党一切函件须由委员长及秘书签字。""执行委员会之一切会议，须由委员长与秘书召集之，附加会议之日程。"这里的"秘书"相当于后来的秘书长。这样，毛泽东第一次进入了中共中央领导层。

中共三大会址纪念馆

在广州中共中央工作

中共三大后，中共中央驻在广州。毛泽东在广州参加党中央的领导工作。后来中共中央迁回上海，毛泽东先期于1923年7月底离开广州前往上海。

1. 中共号令从广州发出

中共三大后，《向导》周报继续在广州出版，政治理论刊物《新青年》

在广州复刊，中央机关刊物《前锋》在广州创刊。三者相互配合，奏响党的号角。

先看《向导》周报。1923年6月20日，《向导》第30期出版，发表《中国共产党第三次全国代表大会宣言》。7月11日，《向导》周报第31、32期合刊“北京政变特刊号”，发表陈独秀的《北京政变与国民党》《北京政变与学生》《北京政变与军人》，毛泽东的《北京政变与商人》，孙铎（马林）的《北京政变与上海工会之主张》，刘仁静的《北京政变与农民》，以及蔡和森4篇揭露北京政变内幕的文章。

《北京政变与商人》一文指出：北京政变“惊动了老不注意政治的商人”，使他们抬起头来注意政治，并出来干预政治，这是一个何等可喜的消息。全国国民在外力与军阀互相勾结的双重压迫下同受很深的痛苦，但“很敏锐很迫切地感觉这种痛苦的还要以商人为最”。厘金和关税是商人的两个生死关；而裁减厘金有损军阀的利益，增加关税有损帝国主义的利益，所以“外力军阀和商人是势不两立的”。文章说：“须知外力军阀是全体商人以至全国国民的共同敌人，而革命成功后所取得的又是共同的利益，为推翻共同的敌人取得共同的利益而团结而夺斗，是最必要的。”“商人的团结越广，声势越壮，领袖全国国民的力量就越大，革命的成功也就越快！”“惟有号召全国商人、工人、农人、学生、教职员，乃至各种各色凡属同受压迫的国民，建立严密的联合战线，这个革命才可以成功。”

再是《新青年》在广州复刊。1915年9月，陈独秀在上海创办《青年杂志》。1916年9月1日出版的第2卷第1号，改名《新青年》。以后，随着主编更换和调离，《新青年》杂志也多次迁址。1921年4月，因陈独秀在广州，《新青年》编辑部也迁移至广州昌兴街26号出版第8卷第6号。同年9月，陈独秀回上海主持党中央工作，《新青年》迁回上海。1922年7月，《新青年》在广州出版第9卷第6号后停刊。中共三大时，中央决定将停刊一年的《新青年》改为季刊，在广州出版，作为党中央的政治理论刊物。

中央机关刊物《前锋》在广州创刊。1923年7月1日，《前锋》月刊在广州创刊，主编瞿秋白。陈独秀撰写发刊词，并发表了《中国农民问题》；瞿秋白发表了文章《现代中国的国会制与军阀》，还以“屈维它”的笔名撰写了两篇文章——《中国资产阶级的发展》与《帝国主义侵略中国之各种方式》；张太雷撰有《法西斯主义之国际性》与《近代印度概况》；向警予撰有《中国最近妇女运动》；共产国际代表马林化名“孙铎”发表了《中国国民运动之过去及将来》。

毛泽东在广州期间撰写的《省宪下之湖南》，也在《前锋》创刊号上发表，笔名“石山”。文章说：只有湖南有省宪，这是因为湖南介于南北之中，若无省宪为护符，则容易遭兵，人民不愿，军阀更不愿。所以省宪成为盘踞湖南这一不利地区上的一个弱小军阀（赵恒惕）利用民意保全自己的工具。但省宪终究是束缚军阀的绳索，“省宪之寿命决无久理”。文章在介绍湖南劳工运动时说“工人的活动，大引起社会之注目”，有组织的新式工人团体23个，约3万人。

2. 参与党中央领导工作

1923年6月24日，毛泽东与李大钊、陈独秀、谭平山、蔡和森等讨论北方的政治危机及国共合作问题，对于中央工作作出4点决定：“（1）发表一个对于时局的主张；（2）以中央委员会的名义联合致函孙中山，要求他在华南停止军事行动，到上海去，组织工商学的国民会议，把现有的各农民联合会组织成为农村自治政府；（3）尽快在上海召集一次劳动大会；（4）指示各地方支部组织学、工、商参加的游行以支持国民会议的要求。”

6月25日，毛泽东与陈独秀、李大钊、蔡和森、谭平山等5名中央执行委员以国民党党员身份联名致信孙中山，要求孙中山裁决以下两个问题：（1）在上海或广州建立强有力的执行委员会，以期合力促进党员的活动和广泛开展宣传；（2）最近的北京危机不是近几天来事态发展的结果。早在黎元洪在北京出任总统前，曹锟就觊觎政权。信中说：“我们不能沿袭封建军阀用武力夺取政权攻占地盘的同样的方针。这会给人们造成我们与军阀是一脉相承的印象。用旧方法旧军队去建立新中国不仅不合逻辑，而且在实践中也绝对行不通。旧军队有十倍于我们的兵力，我们只能用新手段，采取新方针，建立新的力量。对于国民，我们应联合商民、学生、农民、工人并引导他们到党的旗帜下。从人民中建立的新军队将用新的方法和新的友好精神捍卫民国。”信中希望孙中山不要轻信南方诸省军阀，南方军阀的“罪恶并不比北方军阀稍逊”。联名信还向孙中山提出：“我党（指国民党）当前的主要任务是结束广州的战事，这样我们才能在国家政局危急之时去胜任我们的主要任务。我们不能囿于一方的工作而忽略全国的工作。我们要求先生离开广州前往舆论的中心地上海，到那里去召开国民会议（如先生在‘五权宪法’中所阐述，而不只限于群众游行）。这样，一支解决全国问题的集中的军队便能建立起来，一支国民革命集中的军队便能建立起来。如果我们这样做，我们就不会丧失我们在国民革命运动中的领导地位。”

同日，共产国际代表马林将《陈独秀、李大钊、蔡和森、谭平山和毛泽东同志致孙中山的信》译成德文寄往莫斯科，并附言：“现将中国共产党中央委员会五名委员以国民党员身份就中国的政治危机事今天寄给孙中山信的德译文寄给你们。李大钊和陈独秀同志仍在设法同孙谈一次话，尽快作出一个决定。”

7月1日，中共中央致国际红色工会、苏联铁路工人联合会等，对他们给予中国工人阶级的援助表示感谢。7月2日，毛泽东与陈独秀联名致信共产国际，报告中共三大及其以后的活动情况。7月4日，中国共产党发表第二次对时局的主张，认为：“在北京之国会已成为封建军阀的傀儡，国民已否认其代表资格，只有国民会议才真能代表国民，才能够制定宪法，才能够建立新政府统一中国。”7月上旬，中共中央决定接受马林建议，决定由陈独秀、蔡和森等以《向导》编辑身份与孙中山会晤，座谈北方的形势及孙中山今后的计划。7月13日，中共中央在广州召开会议，针对孙中山单搞军事计划而忽视政治宣传工作的状况，认为中央局在广州做不了很多事情，应转到北方进行召开国民会议的宣传工作，并准备召开学生代表会议和劳动大会，决定中央局将于近日迁往上海。

7月19日，中共中央在广州召开会议，讨论共产党人在国民党中的处境问题，并部署中央迁沪的具体工作。会议专门讨论这个问题，是出于3个原因：（1）上海的国民党员抱怨，《向导》周报对他们的批评太苛刻；（2）广州的“国民党地方小组”负责人在邀请中共方面参与该小组抵制日本的运动后声明：陈独秀只想利用国民党，他的宣传工作只考虑共产党的组织，干的是同国民党决裂的事；（3）孙中山告诉马林，这个周报上的批评是无法接受的，如果陈独秀不放弃批评，一定要把他开除出党。会议强调：不希望同国民党决裂，保持合作；但为了发展国民运动，必须批评国民党在政治上的无所作为和它的错误行动。会议决定按照1922年8月“西湖会议”以来遵循的路线工作下去，在批评上避免激烈词句；加强对国民党的宣传，在华北、华中建立国民俱乐部。

3．统一战线工作实践

中共三大后，毛泽东积极贯彻中共三大各项决议，多方促成国共合作。他曾与陈独秀、李大钊等人，到廖仲恺的住处和廖仲恺商谈国共合作问题。

毛泽东重点开展了对谭延闿的工作。毛泽东离开湖南后，非常牵挂湖南政局。此前，他在湖南革命活动期间，坚决反对北洋军阀和赵恒惕的反动统治，因而与湘军首领谭延闿有一定交往。青年时期的毛泽东，曾称谭延闿为“乡邦英俊”。1920年9月9日，毛泽东举办文化书社，时任湖南督军兼省长的谭延闿应邀题写了牌名，并亲临现场为书社开业剪彩。谭延闿被赵恒惕逐出湖南后，率领所部湘军南下广州，归附于南方军政府。1923年中共三大召开之前，谭延闿正担任孙中山领导下的大元帅大本营建设部部长。中共三大前后，毛泽东在广州继续做谭延闿的工作，劝告谭延闿不要用“联省自治主义”为口号，配合中共湘区委员会为即将开展的“联谭倒赵”运动作准备。毛泽东通过谭延闿的关系，加强对国民党内部情况的了解和联系，也为中共湘区委员会开展群众运动和统战工作创造条件。

中共三大召开前，国民党中央派覃振自粤到湘活动。毛泽东托他带给李维汉一封信，要中共湘区委员会协助覃振开展筹建国民党的工作。覃振介绍湖南的国民党党员邱维震和李维汉等人认识。李维汉、何叔衡、夏曦以中共湘区党委名义同覃振、邱维震商量在湖南建立国民党事宜，决定设立筹备处，由何叔衡负责。

1923年7月，归顺于南方政府的湘西镇守使蔡钜猷（谭延闿部）起兵反对赵恒惕，并进攻常德的赵军。孙中山任命谭延闿为湖南省省长兼湘军总司令，令其入湘讨伐赵恒惕。8月7日，谭赵战争爆发。这时，毛泽东因中共中央迁回上海，已先期抵沪。但中共湘区委员会贯彻毛泽东确定的“联谭倒赵”方针，支持谭延闿部。谭军于1923年9月1日袭占长沙，赵恒惕出逃。1923年9月初，毛泽东本人也受中共中央派遣和国民党总务部委托，秘密赶往湖南，于9月16日到达长沙。但由于赵恒惕得到北洋军阀吴佩孚的支援，谭军于9月13日撤出长沙。后因陈炯明部进逼广州，谭军奉孙中山之命进一步退回广东境内，对付陈炯明。毛泽东则在湖南专门从事国民党改组的工作。

4. 中共三大会址及毛泽东住所

在中共三大召开之前，广东区委租赁了恤孤院后街31号房子，作为会址和代表宿舍。这是一幢“人”字形砖木结构两层民居，呈长方形，长宽各约20米，高6米多。室内有电灯、自来水、浴室、厕所。一楼南向的大房是会议室，墙上挂有马克思、恩格斯画像和党旗，中央放一张已褪色的长凳台，东西两边放置长条木凳，为代表的席位。台的南北两端，各放置一张小方凳，分别为党的总书记陈独秀和共产国际代表马林的座位。开会时，代表们挤在狭窄又没有风扇的房子里，时值暑天，工作、生活条件都非常简陋。一楼北边是饭厅。二楼两间是宿舍，而间墙只有半截，上有金字架承顶横梁和桁桷，顶上没有天花板，仰视就能看见瓦底。

中共三大会址所在的房屋，抗战时期被日本飞机炸毁，成为废墟。解放后，在遗址处建了一栋平房，其所在墙基就是会址残留的唯一痕迹。这所房子做过仓库，住过人，卖过煤和陶瓷，修过摩托车，还做过印刷厂和字画店。20

中共三大会址遗址

世纪70年代，广东省有关部门调查中共三大会址，请来中共三大代表徐梅坤确认了中共三大会址。后来调查小组又从档案馆找到1923年8月19日测绘的《四区二分署恤孤院后街图》，图上标明逵园正对面仅有的一栋房子为“恤孤院后街31号”。1979年，中共三大会址被确定为广东省文物保护单位。2002年，广州市政府决定复建三大会址。2006年7月1日，中共三大会址、中共中央机关旧址保护工程竣工暨纪念馆落成。纪念馆随后对外开放。

从1923年4月到9月初，中共中央机关设在春园，并在此召开中共三大前的预备会议和中共三大召开后的中央全会。共产国际代表马林和中共领导人陈独秀、李大钊、毛泽东等都住在春园24号二楼。据附近居民回忆：当时春园的环境非常诗意，房子周围乔木高大，绿荫掩映，门前是潺潺流水，可通机动船，涌边有一个慈姑塘，不远处还有码头和广九车站，交通便利。整个春园是由3幢并列的红墙小楼组成，分别为22、24、26号，各三层。尤其以中间的24号最为气派，门前的两个大柱上有两只石狮子，铁门上刻着“春园”二字。

中共三大期间毛泽东在广州的住址——春园（今广州新河浦路22、24、26号）

据中共三大代表徐梅坤回忆：“三大期间，代表分别住在春园及会址楼上。住在春园第二栋三楼的有毛泽东、张国焘、瞿秋白、陈独秀，以及国际代表马林。毛泽东、李大钊、蔡和森、向警予、陈独秀、瞿秋白和马林都在春园吃饭。”罗章龙则回忆说：“马林、张太雷、毛泽东住在东山春园。这春园是三栋房子组成，毛泽东等人住在中间的一栋二楼。春园是公寓式的房子，其二楼室内有三房一厅。客厅的陈设，有写字台、转椅、书架，客厅没有挂什么东西。我们曾在客厅举行了中共三届中央委员会的会议，对客厅的情况有印象。但睡房情况，因我没有进去，不了解内部陈设。”现在春园已按原样修复一新，并对外开放。

位于恤孤院路24号的“简园”，是一座既有欧美别墅风情又结合地方建筑特点的建筑，最初是南洋兄弟烟草公司简琴石的产业，1923年时是谭延闿的公馆。中共三大前后，毛泽东曾多次到简园找谭延闿，争取他支持国共合作。

位于中共三大会址对面的“逵园”，虽非会议用房，但却具有指标意义。逵园于1922年建成，屋顶上刻有“1922”几个数字，使得这幢建筑非常醒目。20世纪70年代，有关部门组织寻找中共三大会址时，逵园就成了一条重要线索。曾参加中共三大的徐梅坤看到“1922”几个数字后，就很肯定地说：中共三大就是在这一带召开的。因为徐梅坤清楚地记得：中共三大会间休息时，他经常站在窗前远望，就看到对面房子顶部的“1922”字样。

5. 中央局秘书之任期

中共三大后毛泽东担任中央局秘书，也是一个有待厘清的问题。目前，学术界存在不同看法。一是广东革命历史博物馆原馆长黎显衡研究员认为：“‘三大’中央委员会选出的中央局秘书是罗章龙，发出‘中央通告十三号’时仍由罗章龙副署。毛泽东是否任过秘书，何时担任，罗章龙何时不担任秘书，仍等进一步研究。”（载于《中共“三大”研究》，中共党史出版社2004年版）二是中共中央组织部、中共中央党史研究室、中央档案馆合编的《中国共产党组织史资料》（中共党史出版社，2000年版），关于中央局秘书的序列是：毛泽东（1923.6—1923.8），罗章龙（1923.9—1925.1）。

这两种观点应引起重视。下面对中共三大后毛泽东任职中央局秘书始末，分阶段梳理。第一，任职自中共三大始。1923年7月2日，毛泽东以秘书身份与陈独秀联名致信共产国际，报告中共三大召开及会后情况。第二，任期并未截止至8月底。9月6日，毛泽东为中共中央起草了复青年团中央的信，告知党中央决定：出席团中央会议的代表为中共中央局委员长或秘书，并告《向导》《前锋》《新青年》等刊物每期赠送一二份给团中央执委会。1924年4月19日，毛泽东以中央局秘书名义与陈独秀联名发出中央通告第13号。第三，1924年5月中央扩大会议后继续履行中央局秘书职责。5月19日，他以中央局秘书名义与陈独秀联名发出中央通告第14号。此后，以“秘书 T. T. Mao”名义发出的中央文件至少有：中央通告第15号——《对国民党右派的斗争》（1924年7月21日）；中央通告第17号——《反对江浙军阀战争问题》（1924年9月10日）；中央通告第21号——《加强党务工作，对孙中山参加北方和会的态度》（1924年11月1日）。

下面再厘清两个问题，以期对此事有更合理的解释和表述。第一，“组织秘书部主任”即中央局秘书兼组织部部长。在新编《中国共产党组织史资料》

中，毛泽东于1924年5月中央扩大会议后担任“组织秘书部主任”。何谓“组织秘书部”？会议通过的《党内组织及宣传教育问题议决案》规定：“党的组织应当采取下列的形式及办法：（甲）地方委员会由三人组织之：委员长兼宣传部，秘书兼组织部。”毛泽东担任组织秘书部主任，也应理解为他担任中央局秘书兼组织部部长。

第二，罗章龙只是“兼代”毛泽东的中央局秘书之职。前述“中央通告第5号”说“秘书职务由会计罗章龙兼代”，表明中央局秘书的本职仍是毛泽东。罗章龙兼代中央局秘书一职，是毛泽东因事赴湘及参加国民党一大，总计为6个多月，仅占全部任期19个月的1/3左右。

6. 因中央迁移离开广州

1923年7月底，毛泽东离开广州，从而结束了为期3个月的首次广州之行。其历史背景是，中共中央自广州迁回上海，毛泽东先期离粤赴沪。

中共三大后，马林曾建议中共中央机关设在广州，以利于推进国共合作。但陈独秀坚决反对。陈独秀认为，当前主要任务是推动国民会议的召开，工作重心应放在宣传舆论方面。而全国宣传舆论中心是上海，而不是广州。据罗章龙回忆：“三大选出的中央委员会原在广州，后因地处偏隅，交通不便（当时粤汉铁路未开通），对指导全国革命斗争不利，中央乃决定迁回产业工人聚居的上海。”陈独秀力主将中央机关迁回上海，一个重要考量就是保持共产党的独立性，与国民党、孙中山保持一定距离，但与陈独秀的个性也不无关系。陈独秀说，中国共产党不是国民党的附属机构，中共中央执行委员会仍应在上海设立机关。在这个问题上，马林没有再坚持自己的意见。事实上，马林本人不受国民党和孙中山的欢迎，并且在共产国际内部也已经受到排斥。而且，孙中山也明确表达对陈独秀以及《向导》周报批评国民党的极度反感，形同下了“逐客令”。

1923年6月25日，毛泽东等人致函孙中山：“我们要求先生离开广州前往舆论的中心地上海，到那里去召开国民会议。”7月2日，陈独秀、毛泽东致信共产国际说：“此次会议后，我们决定把中央执行委员会的机关搬到上海工作，这不仅因为上海是工业最发展的中心区，而且也便于对全国工作进行指导和传达。”7月13日，中共中央会议正式决定将中央局迁回上海。理由是“在广州做不了很多事情”，应转到北方进行国民会议运动，并在上海召开学生代表会议和劳动大会。7月15日，马林向共产国际执委会报告说：“党的中央委员会决定最近几天就把驻地迁往上海。中央委员会宁愿在上海处于非法地位，也不愿在广州公开活动。”字里行间，不无抱怨之意。

7月18日，孙中山与马林谈话时说，“像陈独秀那样在他的周报上批评国民党的事再也不许发生”，并警告“开除他”。这无异于给陈独秀和中共中央下了“逐客令”。马林在给共产国际的报告中说：“为了周报故，中央机关不得不离开广州。”19日，中共中央召开会议，部署中央机关迁移事宜。

1923年7月下旬（至迟为8月初），毛泽东作为负责中央日常工作的中央局秘书，率先离开广州前往上海。中央其他领导人也陆续离粤赴沪。对此，马林7月20日写给越飞的信说：“一周之内，我党中央委员会将全部离穗赴沪。陈独秀也要走。我们认为，留在南方继续争取孙本人对进行政治宣传的支持是白费力气。”8月5日，毛泽东代表中共中央出席上海地委兼区委第六次会议，指导工作。到9月初，中共中央迁沪工作完成。毛泽东随后回湘。9月10日，中共中央发出第5号通告，宣布中央局从广州迁上海后的变动：“中局组（指中共中央局）自迁沪后略有变动，即派平山同志驻粤，而加入荷波同志入中局。又润之同志因事赴湘，秘书职务由会计章龙同志兼代。”

总之，毛泽东第一次来广州的时间，约为3个月。对此，有的论著将毛泽东离广州的时间定为9月初。实际上，这是中央机关迁沪的时间，但毛泽东是先期赴上海的。

二 参加国民党一大（1924年）

1924年1月，毛泽东在广州出席中国国民党第一次全国代表大会，并在会上当选为国民党中央候补执行委员。这是毛泽东的又一重要政治职务。

第二次到广州

与第一次一样，毛泽东第二次到广州仍取道上海。

1923年9月，毛泽东回湘工作，妻子杨开慧除协助毛泽东开展工作外，还承担了家庭的大量事务。当时，毛泽东家里上有老母（岳母），下有幼儿，负担很重。长子毛岸英于10月刚满1岁，次子毛岸青又于11月降生了。可是刚住了3个月，妻子刚刚过完月子，毛泽东就接获赶赴广州参加国民党一大的通知。中共中央1923年12月25日的通告说：国民党明年正月在广州召集全国大会，“俟各省代表过沪时，我们的同志再集合议决一致的主张”。临行前，毛泽东强抑离愁别恨和对妻子的愧疚之情，作了《贺新郎》一首相慰：

杨开慧与毛岸英、毛岸青

挥手从兹去，更那堪凄然相向，苦情重诉。眼角眉梢都似恨，热泪欲零还住。知误会前番书语。过眼滔滔云共雾，算人间知己吾与汝。人有病，天知否？

今朝霜重东门路，照横塘半天残月，凄清如许。汽笛一声肠已断，从此天涯孤旅。凭割断愁丝恨缕。要似昆仑崩绝壁，又恰像台风扫寰宇。重比翼，和云翥。

关于毛泽东此次经上海赴广州之行程，《毛泽东年谱》的记载是：1923年12月底，奉中央通知离开长沙去上海，准备赴广州参加国民党第一次全国代表大会；1924年1月中旬同国民党部分代表乘轮船离上海到广州。《毛泽东传》则说：回湘“刚住了三个月，毛泽东就接到中共中央的通知，要他离湘赴上海”。毛泽东是9月16日到达长沙的，那么离湘赴沪应是12月中下旬。

从当时轮船的航行速度推算，毛泽东应于1923年底抵达上海。毛泽东到上海后，与其他当选国民党代表的中共党员同志会合。在这期间，党中央在上海召开了两次重要会议。毛泽东可能参加其中的一次或两次。第一次是1924年1月1日，中共中央与青年团中央的联席会议，讨论共产党党员和青年团团员在帮助国民党改组中的方针问题。第二次是1月7日至9日的中共中央会议，李大钊等北京来的代表到上海后，与陈独秀等人举行会议。

国民党中央党部——惠州会馆（后来为全党办公地）

关于毛泽东到达广州的时间，《毛泽东年谱》记载：“1月中旬同国民党部分代表乘轮船离上海到广州，参加国民党第一次全国代表大会。”不过，时间不太可能太晚。因为国民党一大原定于1月15日召开。毛泽东到广州的时间有两种可能：一是1月5日，与瞿秋白等人同行：1月4日与瞿秋白、廖仲恺等人坐船离开上海，次日到达广州。二是1月11日，与李大钊等北京代表同行：1月10日上午9时乘“苏州轮”离开上海，次日抵广州。而毛泽东到广州应是在粤湘籍国民党代表选举（甚至公布名单）之后，故以11日可能性最大。因为李维汉在广州被选为国民党一大代表，但他没有来广州，甚至“完全不知道被选为代表的事”。如毛泽东早到，完全可以不必让李维汉当选。

国民党一大召开期间毛泽东在广州的住所，是当时国民党中央党部所在地——惠州会馆（今越秀南路中华全国总工会旧址）。这里离文明路的国民党一大会址不远，外地来广州参加国民党一大的代表大多数住在这里。毛泽东住在这座米黄色欧式洋楼的二楼。

参加国民党一大

1924年1月20日至30日，国民党第一次全国代表大会在广州举行。毛泽东此次在广州的活动，主要是参加与此相关的三次不同性质的会议。

1. 中共党团会议

毛泽东于1924年1月到广州后，第一项主要行程是参加中共党团会议。

据考证，在国民党一大190多位（实际出席160多位）代表中，有25位中共党员。其中李大钊、谭平山、于树德、李永声、沈定一、谢晋6人由孙中山指定，林伯渠、李维汉、夏曦、袁达时、毛泽东、韩麟符、于方舟、陈镜湖、胡公冕、宣中华、赵十、刘伯伦、张国焘、李立三、廖乾五、王尽美、陈独秀和刘芬（伯垂）等18名代表由选举产生，瞿秋白则作为工作人员参加大会。不过，部分代表没有来粤参加大会。参加国民党一大的中共代表约20人，他们组成了共产党党团。关于党团，学术界有李大钊、谭平山（一人或两人）担任“党团书记”之说；也有说是由李大钊、张国焘、谭平山、瞿秋白组成“指导小组”，以指导出席国民党一大的中共党员。实际上，党团由李大钊、谭平山、毛泽东组成三人委员会，负组织领导之责（谭平山任中共党团书记，始于国民党三大后的1924年9月）。

对于毛泽东在党团中的作用，《毛泽东年谱》与《毛泽东传》都没有记载，下面依据中共中央党史研究室第一研究部编译的联共（布）解密档案［《共产党党团会议（1924年1月18日）》，载于《共产国际、联共（布）与中国革命档案资料丛书》第1卷第453至455页］进行补充和厘清。

1924年1月17日，参加国民党一大的中共党团举行全体会议。关于共产党人在广州的工作情况，兼具苏俄代表和国民党顾问身份的鲍罗廷与中共中央委员谭平山，已于1月10日进行了总结（当时李大钊、毛泽东尚未抵粤）。毛泽东参加了1月17日的中共党团会议，会议主要就中共党团的组织形式与活动原则进行了研究，并决定“分成几个小组、而不是集中在一起出席全体会议”。

1月18日，中共党团继续举行会议，鲍罗廷出席。会议的第一项议程是明确中共党团活动的组织形式：分5个独立代表团和由谭平山、毛泽东、李大钊组成的3人委员会。会议开始前，由毛泽东代表中共党团报告前一天会议关于“分成几个小组、而不是集中在一起出席全体会议”的决定。毛泽东并向鲍罗廷解释说：因为过去我们有过这方面的经验。每次我们作为一个独立的团体在另一个组织中开会的时候，我们的团体都会引起其他团体有组织的反对。因此不应该让所有的人都知道，我们在讨论每个问题时有特殊的组织形式。

但鲍罗廷说：推测我们的会议会受到国民党领袖们的敌视，不见得有什么根据！当时国民党一大代表团中有各种各样的会议：湖北人在开会，湖南人在开会，海外党部的国民党人也在开会。我们共产党党员开开会也没有什么大问题。当然，在国民党代表大会期间，不见得每天都能举行会议，必须成立一个代表所有代表团的委员会，以便更容易和更迅速地贯彻决议。对此，其他同志均无异议。

接下来，鲍罗廷在会议上作了长篇报告。他说明了共产党人在国民党中的任务。报告揭露了帝国主义侵略中国的危害，阐述了国民党中的各个派别及共产党人在国民党中的任务，介绍了由共产国际和中共中央向国民党一大提交的《国民党“一大”宣言》和《国民党“一大”宣言》起草委员会的工作。鲍罗廷还总结了国共双方的“4点分歧”，要求与会人员讨论：（1）民族自决问题。我们都同意在自由的中华民国境内赋予少数民族以自决权。“统一的”或者“自由的”中华民国的提法不完全符合共产国际关于联邦制原则的提纲。但我们不再坚持我们的提法。（2）“行动纲领”宣布，国民党执政后组织的政府，应该向无地农民和佃农提供土地等等，但只字未提国家从什么地方弄到这些土地。他们完全不接受共产国际关于剥夺问题的提纲。（3）他们往“民权主义”条款里加进了自己的宪法，说这个宪法是向“先进的民主国家”学来的。我方认为：国民党所主张的是完全另一种社会经济制度，所以不能说，宪法是向这些国家学来的，因为国民党宪法的社会经济背景是完全不同的。（4）他们关于中国工人以其勤劳著称于世的声明。我建议把这个说法删去，因为这没有什么值得自豪的。至于第三点和第四点，鲍罗廷认为，或许没有任何分歧。他们会同意干脆把这两点删掉。关键是第一、二两点。

对此，毛泽东、李大钊、谭平山、沈定一等都作了发言。鲍罗廷认真听取了大家的建议，修改了自己的看法。毛泽东的发言较晚，也较翔实。他说：

> 关于第一点，需要对少数民族问题作出更明确的表述。现在当地的资本家，或者美国，或者某些其他国家想占领蒙古和其他一些地方。因此需要明确，国民党赋予它们哪些权力，而不是把它们置于这些民族属于中国的这样一个老的概念之中。我不怀疑问题的总的提法，但我对某些细节表示怀疑。关于蒙古和中国的土耳其斯坦，现在我们当然相信他们应该获得自决权，因为我们同苏联有共同战线。至于西藏，“自决”的口号则会成为英国人手中的工具，因为我们现在还不可能在西藏有影响。关于第二点，我认为，现在我们的组织还不

那么强有力，我们的影响实际上还没有达到群众那里，特别是还没有达到农村。我们能否确定，现在就可以反对土地所有者和那些拥有土地、但自己不耕种的人。而我们的提纲现在还不能被农村那些真正干活的人看到，这就是说，如果提出这个口号，我们就会立即遭到这些公职人员或商人的反对，而这个口号实际上又不能吸引农民群众。

在毛泽东发言后，鲍罗廷总结说：这就是说，关于第二点，看来你们大家的意见是完全一致的，也就是不需要坚持建立土地储备？毛泽东又补充说：

我们凭经验知道，当我们还不能组织无地的农民去反对大土地所有者时，我们必然要遭到失败。例如，在湖南省长沙、浙江省杭州、湖南省衡山、广东省惠州就发生过这种情况，在这些地方我们起先组织不识字的农民，然后领导他们同较富裕的、较大的土地所有者进行斗争，结果怎么样呢？我们的组织立刻遭到破坏，被查封，而所有这些农民不仅未认识到我们是在为他们的利益而斗争，甚至还仇视我们，他们说，如果不把我们组织起来，就不会发生任何灾难，任何不幸。所以，只要我们还不确信我们在农村拥有强有力的基层组织，只要我们在很长时期内没有进行宣传，我们就不能下决心采取激进的步骤反对较富裕的土地所有者。一般地说在中国社会分化还没有达到能够进行这种斗争的程度。

毛泽东主张，大会应对少数民族问题作出更明确的表述。现在当地的资本家，或者美国，或者某些其他国家想占领蒙古和其他一些地方。我们应该有具体的态度与政策，不能满足于“这些民族属于中国的这样一个老的概念”。他对“民族自决”持保留态度，特别是关于西藏，“自决”的口号则会成为英国人手中的工具，因为我们现在还不可能在西藏有影响。这是颇有见地的。但毛泽东关于民族问题和民族工作的理论，还不成熟。我们不能苛求也无须拔高。

同理，毛泽东关于农民问题和农民运动的观点，也相对保守但却符合当时的具体实际。

2. 国民党一大

1924年1月19日，国民党第一次全国代表大会召开预备会议。次日，大会正式开幕。孙中山在开幕式上说："今天在此开中国国民党全国大会，这是本党自有民国以来的第一次，也是自有革命党以来的第一次。我们革命党用了三十年的工夫，流了许多热烈的心血，牺牲无数的聪明才力，才推翻满清，变更国体。但在这三十年中，我们在国内从没有机会开全国国民党大会。所以，今天这个盛会，是本党开大会的第一次，也是中华民国的新纪元。"

毛泽东在会上的席位是第39号。据张国焘回忆：毛泽东在会上"引人注目，发言最多"。"常依据孙先生的说法来发挥他自己的意见"，许多老国民党员大都以惊奇的目光注视着他，"似乎在欣赏他们这样的青年精神。散会后，汪精卫曾走过来向我说：'究竟五四运动中的青年不错，你看他们发言多踊跃，态度多积极！'"毛泽东的发言见解尖锐、深刻，主要围绕国共合作问

国民党第一次全国代表大会会场旧址——原国立广东高等师范学校钟楼礼堂（今文明路215号钟楼礼堂）

题展开，给人留下深刻印象。下面主要依据《中国国民党全国代表大会会议录（第1～17号）》（参见广东人民出版社《广东文史资料第42辑——中国国民党“一大”史料专辑》）所载，观察毛泽东在国民党一大上的表现。

大会第一天即1924年1月20日下午，在讨论组织国民政府的必要性时，孙中山以主席名义提出的《组织国民政府之必要案》交会议讨论（孙中山本人未出席）。议案的“说明”部分指出：组织国民政府的必要性在于：（1）组织国民政府，与北方政府彻底划清界限，脱离关系，有利于独立地开展外交工作；（2）组织国民政府，不承认北方政府，有利于和北方军阀对抗；（3）成立国民政府，便于号召和组织工农，打倒北方军阀；（4）建立国民政府是建党的目的，党要成功必放在国上，以党建国是我们的目标。之后，代表在讨论中，有的主张与《国民党“一大”宣言》一道交付审查，有的主张先讨论建立什么政府，把问题扯得很宽泛。

毛泽东认为，组织国民政府十分必要，孙中山提案应予支持。但怎样组织国民政府又是一个复杂而慎重的问题。他见一些代表不得要领，漫无边际地把问题扯得很远，便站起来发言：此案为“组织国民政府之必要”，还不是说明怎样组织政府及何时组织政府。怎样组织政府及何时组织政府，是尚待议的问题。因此，表决也仅限于“组织国民政府之必要”。提议获多数代表赞同，《组织国民政府之必要案》也顺利通过表决。

毛泽东的发言，坚持了中共中央和共产国际的立场。在国民党一大召开前，孙中山原先主张要在大会上宣布建立全国性政府（即“国民政府”），与北京政府对立，以便对付帝国主义，特别是收回关税余款。鲍罗廷认为条件不成熟，不同意这么做。他与孙中山单独谈了一个晚上，孙中山改变了自己的主意。这就是说，部分国民党员的发言并非毫无根据，可能正是孙中山原先的观点。

1月22日上午，大会讨论《中国国民党章程草案》，审议通过章程审查委员会名单。会议主席林森根据孙中山提名，指定谢持、何世桢、谭平山、丁惟汾、廖仲恺、茅祖权、孙科、朱霁青、李大钊、肖佛成、汪精卫、张知本、戴季陶、居正、于右任、毛泽东、石瑛、邓泽如、谢英伯等19人为章程审查委员。作为审查委员，毛泽东等人挫败了右派分子在党章问题上做反共文章的阴谋。

1月25日上午，大会在讨论宣传审查委员会提出的《出版及宣传问题案》时，又有一些老党员代表咬文嚼字、拖泥带水，在无关紧要的字眼上争论不休，甚至提出举办学校之动议。毛泽东担心浪费时间，站起来提议："请主席以审查结果全文付表决。"大会主席胡汉民以审查结果全文付表决，获通过。接下来，孙中山亲临会场，随行的苏俄代表鲍罗廷报告列宁逝世之情形。经孙中山提议，大会通过致苏俄慰问电，并决定休会3日（实为两日半）以志哀悼。

1月28日上午，大会在讨论《中国国民党章程草案》时又产生了激烈争论，焦点是所谓"跨党"的问题。在开会之前，国民党元老派中一些人，一再向孙中山陈述"容许共产党员"跨党加入国民党的"危害"。来自加拿大支部的华侨代表黄季陆（曾在美国就读），以美国《大西洋》月刊报道的一桩美国共产党渗透进美国农民党把持操纵的案例，规劝孙中山放弃"容共"政策，为孙中山坚决拒绝。之后，黄季陆又与国民党右派林森、谢持、邓泽如、方瑞麟等10余人在广州秘密开会，策划提出"反对容共案"，企图阻挠《中国国民党章程草案》和"联共"议案通过。在1月28日上午的大会上，广州特别区代表方瑞麟发言，要求在国民党章程第一章第二条"党员入党条件"后增加一段"本党党员不得加入他党"的文字，意在反对共产党党员加入国民党。方瑞麟发言后，李大钊在大会上发表声明。他严正指出："我们来参加本党而兼跨固有的党籍，是光明正大的行为，不是阴谋鬼祟的举动。不过我们既经参加了本党，我们留在本党一日，即当执行本党的政纲，遵守本党的章程及纪律，倘有不遵本党政纲、不守本党纪律者，理宜受本党的惩戒。"李大钊义正词严的声明得到多数代表赞同，左派领袖廖仲恺对方瑞麟的论点进行了有力驳斥。毛泽东见表决时机已经成熟，便大声说："主席，主席！39号发言，本席主张本案停止讨论，即刻付表决。"大会主席胡汉民采纳了毛泽东的意见，交付大会表决。结果，大会否决了方瑞麟的提案，决议："党员不得加入他党，不必用明文规定于章程，惟申明纪律可也。”

1月29日上午，黄季陆提出“请采比例选举制为本党政纲之一”议案，企图把西方资产阶级政党在竞选中，根据所得选票数在总选票数中所占比例而分配享有议员席位的办法，搬到国民党中央机构的选举中，使国民党右派也能在国民党中央取得合法议席。他在发言中说：“比例选举制可以打破现在选举的流弊，因为现代选举制总是以多数压服少数，而比例选举制则各能如其势力以发展，毫无冲突之处。”一些代表纷纷赞成黄季陆的主张，认为比例选举制可以抑制“强者越强，弱者越弱”的趋势，是“民权主义中之一原则与目的”。很明显，这是右派保护自己在国民党中合法地位的“秘密武器”。提案获王恒、刘芦隐等代表赞成。毛泽东看穿了他们的动机，发言反对：“现时比例选举制系少数党所运动出来的结果，本党为革命党，凡利于革命的可采用，有害于革命的即应摈弃。比例制有害于革命党，因少数当选，即有力量可以破坏革命事业，是予少数派以机会也。本席根本反对本案，以为不能讨论，不能表决。”黄季陆争辩说：“比例选举制非代表资产阶级，亦非有害于革命事业，实乃全民政治之代表物。”毛泽东毫不退让：虽然比例选举制欧洲社会党也采用过，但那是在夺取政权以前，如果掌权的党实行这种选举制，就是把“自由给与反对党”。他说：“比例选举制虽为社会党所赞成，但当其未成功时，固是如此，若成功后，即不尽然。此制很有害于革命之本身。盖以自由给与反对党，革命事业便十分危险。”毛泽东清醒地认识到，如在国民党内留下反对党的地位，孙中山的新三民主义和三大政策便将成泡影。宣中华、王乐平、胡谦等赞成毛泽东的观点，反对该提案。戴季陶、刘伯伦也持“保留”态度。表决结果，大会决定提交中央执行委员会“保留”，明年大会“再议”。后来国民党二大并没有“再议”，提案实际上被挡下。毛泽东的反对起到作用。

1月29日上午，谭熙鸿向大会提出《本党设立研究会案》，认为凡关于本党策略上和对于国内外各种重要问题作出决定之前，应聘定“长于各项专门学识者”组织研究部进行研究。已确定应研究的问题，未经研究部研究前不得执行，已经研究之问题其执行与否，由执行部决定。赞成或大体赞成者包括沈定

一、张秋白、陈有庚、傅汝霖等人。毛泽东认为，把研究与实行截然划分开不利于革命党的行动。所以他说："本席反对本案。因本案根本意思把实行与研究分开，但本党为革命党，不能如此。本席意思，本案精神可以成立，条文则不能成立。"同为湖南选出的代表夏曦、袁达时赞同毛泽东的意见。其实，这份议案有一定道理。因为在作出重要决策之前，先由专家或智囊团进行咨议，可以防止决策的片面性和失误，这并不是要把研究与实行分开。大会认为，两派意见各有道理，决定将此案交中央执行委员会"酌量办理"。原案实际上被搁置。毛泽东的反对起到作用。

3. 国民党一届一中全会

毛泽东在国民党一大上，表现了共产党人勇猛进取、踏实奋斗的革命精神，获代表们关注和认可，并获孙中山赏识，当选为国民党中央候补执行委员。

关于毛泽东的当选，有人认为是覃振推荐有功，有人认为是李大钊的提携，有人认为是孙中山赏识。但笔者认为，这主要是毛泽东个人的表现，包括他在国民党湖南地方组织重建的贡献，加上他是中共负责人之一。例如章程审查委员会19人名单，包括汪精卫、廖仲恺、戴季陶、居正等在内，也吸收了3名中共党员即李大钊、谭平山和毛泽东，这三名中共党员均系中共中央委员。这很难说，没有考虑这个因素。早在1923年6月中共三大后，李大钊、谭平山、毛泽东、陈独秀和蔡和森等5位中共中央委员曾以国民党党员名义致函孙中山，就国民党的中心工作和国民会议问题提出建议。陈独秀、蔡和森两人没有参加国民党一大，参加大会的李大钊、谭平山、毛泽东3人，当然有代表性。李大钊、谭平山当选为国民党中央执行委员，毛泽东仅当选为候补委员，已不是"破格"了。而且相比较而言，中共党籍代表当选国民党中央执行委员、候补委员的比例是相当高的。按全体代表而言，总计近200名代表，选出中央执行委员、候补委员41名，当选比率差不多是1/5；按出席160多名来算，当选比率约1/4。仅就中共党籍代表而论，10人当选为国民党中央执行委员、候补委员，约20名代表参会算，当选比率是1/2；按全体约25名代表算，当选比率也达2/5。毛泽东当选国民党中央候补委员，当然不足为奇。

国民党一大召开期间，孙中山要各位代表推选中央执行委员会委员、候补委员人选。孙中山对这种推荐是非常重视的，曾在会上提醒：有的代表尚未推选。1月30日上午，孙中山根据各代表的推选意见，提出中央执行委员会委员（委员24人，连同总理孙中山共25人）、候补委员的建议名单。选举采用简单多数制，举手表决结果，毛泽东当选为国民党中央候补执行委员。

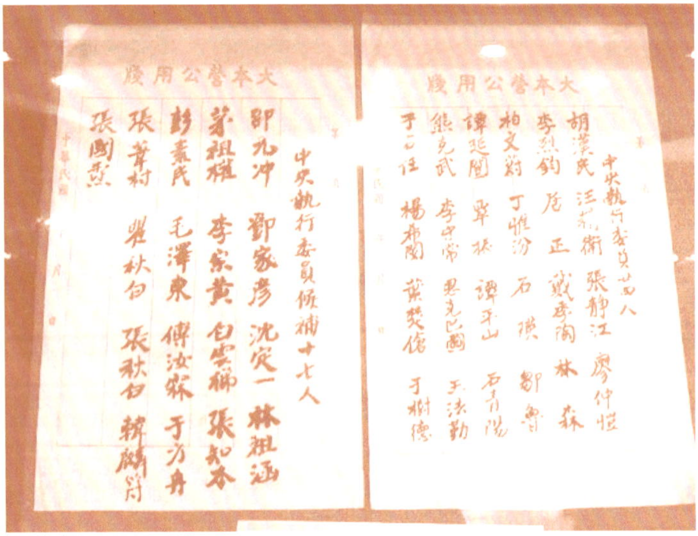
大本營公用箋
中央執行委員廿四人
胡漢民 汪精衛 張靜江 廖仲愷
李烈鈞 居正 戴季陶 林森
柏文蔚 丁惟汾 石瑛 鄒魯
譚延闓 覃振 譚平山 石青陽
熊克武 李守常 恩克巴圖 王法勤
于右任 楊希閔 葉楚傖 于樹德

大本營公用箋
中央執行委員候補十七人
鄧澤如 鄧家彥 沈定一 林祖涵
茅祖權 李宗黃 白雲梯 張知本
彭素民 毛澤東 傅汝霖 于方舟
張葦村 瞿秋白 張秋白 韓麟符
張國燾

孙中山手书国民党中央委员会名单

1924年1月31日，孙中山主持的国民党一届一中全会在广州召开，毛泽东以中央候补执行委员身份参加了会议。2月9日，孙中山主持召开国民党中央党部第四次会议，毛泽东没有参加，但会议讨论的10项议案，却有4项是毛泽东提出的，颇值得注意。

毛泽东提出的第一项议案是《重要市县党部及区党部宜有经费补助案》。理由如下："经费不宜只用于中央与省之两个高级党部（空洞的党部），市县党部、区党部非补助经费，必无办法，必难发展。因党员所纳月捐，至多只能供给区分部之费用（区分部委员会生活费及活动费），不能提供区党部，更不能提供市党部、县党部，而市、县党部及区分党部为本党指导党员行动最扼要的机关，若这两级党部没有力量，必至全党失了力量。惟普通补助需费太多，补助穷辟、不重要地方党部实亦没有意义，宜择有工人、农民、学生、商人等群众运动实际工作之市、县、区党部补助经费，此等党部之须补助经费，较之省党部之补助经费更为重要（省党部若不兼所在地市党部，则专用巨额经费，殊无充足理由）。”

这个提案显示了毛泽东一贯坚持的思想：加强基层组织建设。议案中是讲国民党的建设，但也适用于共产党的建设。在他看来，凡是革命党就必须十分注重加强基层组织建设，包括在经费上的保证。这是因为：（1）基层组织直接担负组织工人、农民、学生、商人等群众运动的实际工作，若基层组织无力量，则人民群众的革命运动便不能得到有力指导，便不能有效地开展起来。以国民党的历史看，改组前的国民党便因为缺乏基层组织，因而只有中央的活动而无基层活动，使国民党严重脱离民众。改组后的国民党要切实加强工农运动，便不得不加强基层组织建设。这不仅要建立严密的基层组织，而且从活动经费上予以支持，这样才能保证国民党通过市、县、区基层组织和工农民众发生密切联系。（2）就国民党自身建设说，也必须加强基层组织建设。上层组织的健全，必须建立在基层组织健全的基础上，基层组织不健全，上层组织便是一个空架子。而加强市、县、区党部的建设，包括经费保证十分重要。毛泽东特别强调，对于工人、农民、学生、商人等群众运动兴起的市、县、区党部，尤应加以补助，把有限的经费使用在刀刃上。毛泽东的提案虽然很简单，但包含的意义却十分重要和深远。会议对提案进行讨论，决定将此案交预算委员会“审查”。结果不得而知。

第二项提案是《本年内各省省党部宜兼理所在地之市党部，中央及各地执行部宜兼理所在地之特别区党部案》。国民党各省党部和中央党部，应抓好市、县、区党部的建设和指导其开展活动。省党部和中央执行部兼理所在地的市党部和特别区党部，既可以使高级党部获得组织和指导实际工作的经验，又可以节约经费，使高级党部人员有事可做，不至于把高级党部变成衙门。但会议否决了毛泽东的提案，认为“应照章程组织，此案不能成立”。

第三项提案是《中央执行委员会及各地执行部实际组织时，应注意事实上之需要案》。理由是：中央及京、沪、哈、汉四地执行部，组织干事以上职员共有60余人。大会后半年内断不须设置职员如此之多。因为：（1）地方党务方在开始，中央及执行部事务必不甚多。（2）宜以全力发展下级党部，不宜将党内人才尽聚在最高党部。（3）此刻决找不到如此多的有用之人，滥竽充数则会失本意。因此，中央及各级执行部到实际组织时，宜看事实上的需要，事实上需要一部才开一部，需要一人才用一人。该提案强调充实和加强下级党部，主张加强基层组织建设。中央党部和高级党部的建设则宜贯彻精简精干原则，着眼于提高工作效率。毛泽东的提案具有从组织角度改造国民党的意义。会议决议“交中央执行委员会参考”。

毛泽东的第四项提案是《本年内地方组织宜分别轻重缓急，立定一个计画案》。理由如下：“地方组织不宜务广，宜择重要地方若干处，立定一个计画，集中人力、财力，于此一年内专心致志于此等地方，办出个头绪来，到第二次大会方有实际效果可看。本年内应该专力的地方应把列成两等：第一等最重要而现时有发展之可能者，如上海、北京、广州、汉口、哈尔滨等，至多八九处，宜用十分之七的力量（人力、财力）去做；第二等次重要而现在有机会着手者，如太原、安庆、杭州、南昌等，至多十一二处，用十分之三的力量去办。各地如无可为机会，在本年内均可不注意，以免分散精力，得不到好结果。”这项提案，也是针对组织建设的。他认为，国民党刚刚完成中央的改组，地方组织的建设和发展任务艰巨，规模很大，以国民党有限的人力和财力，要把工作面铺得很开，各地都照顾到，势必难于应付，收效不大，反而空耗了人力、物力和财力。因而在健全组织中，应当抓住重点，切不可平均使用力量。毛泽东这种贯彻了辩证思维工作方法的提案，并没有得到国民党中央的重视。经讨论，会议只是决定将本案“交中央执行委员会参考”，实际上束之高阁。

毛泽东的上述四个提案，是他1923年在湖南从事发展国民党地方组织实践经验的总结，反映了他在组织建设上的真知灼见。令人遗憾的是，国民党虽已经过改组，但仍不能采纳毛泽东的上述建议。这些提案中所包含的重要思想，成为毛泽东后来在中共组织建设中长期坚持的原则，在实践中起到了重要作用。

离开广州及后来的回忆

国民党一届一中全会结束后，毛泽东按照一中全会的分工和安排，于1924年2月中旬，离开广州前往上海。毛泽东第二次在广州，约1个月。

在国民党一大和一届一中全会召开期间，孙中山重新解释三民主义，实际上确立联俄、联共、扶助农工三大政策。毛泽东对孙中山的革命主张和革命精神有了深入了解，并留下深刻印象。这也是毛泽东长期尊重孙中山的重要原因。后来，毛泽东在不同场合回忆国民党一大，高度评价孙中山的思想与革命精神。

在1925年至1926年代理国民党中宣部部长期间，毛泽东多次阐述孙中山的新三民主义和革命精神。这代表了广州国民党中央的立场，也体现了毛泽东个人的评价。土地革命时期，由于国共两党兵戎相见，特别是打着孙中山旗号的蒋介石反动派，大肆屠杀中共党员和革命群众，毛泽东讲孙中山比较少。

抗日战争时期，在第二次国共合作的历史条件下，毛泽东明确肯定孙中山的新三民主义和革命精神。1938年3月，毛泽东在《在纪念孙中山逝世十三周年及追悼抗敌阵亡将士大会上的讲话》中说："孙先生的三民主义纲领与统一战线政策，实为处在半殖民地国家的大革命家对于中华民族最伟大的贡献。不但如此，孙先生的伟大，还在于他的艰苦奋斗、不屈不挠、再接再厉的革命毅力与革命精神。没有这种毅力，没有这种精神，他的主义与政策是不能实现的。”他还说：“我以为这三项是孙先生留给我们的最中心、最根本、最伟大的遗产，一切国民党员，一切共产党员，一切爱国同胞，都应该接受这个遗产，发扬广大之。”

1945年是抗日战争胜利之年。中国共产党和中国国民党均在年内召开全国代表大会，对抗战胜利后的新中国作出安排。这一年，也是毛泽东谈论孙中山、回忆国民党一大最多的年份。1945年4月21日，毛泽东在《中国共产党第七次全国代表大会的工作方针》中说：

> 孙中山这个人我见过，在座的同志看见过他的还有。他是1925年去世的。当他致力于国民革命39年的时候，我见到了他，那时他已将近60岁。当时国民党开第一次全国代表大会，在座的林老（即林伯渠）也是参加的一个。我们以共产党员的资格出席国民党的代表大会，也就是所谓“跨党分子”，是国民党员，同时又是共产党员。当时各省的国民党，都是我们帮助组织的。那个时候，我们不动手也不行，因为国民党不懂得组织国民党，致力于国民革命39年，就是不开代表大会。我们加入国民党以后，1924年才开第一次代表大会。宣言由我们起草，许多事情由我们帮它办好，其中有一个鲍罗廷，当顾问，是苏联共产党员，有一个瞿秋白，是加入国民党的中国共产党员。

他在中共七大的政治报告《论联合政府》中，多次提到孙中山的三大政策、新三民主义和革命精神。1945年3月31日，毛泽东在《对〈论联合政府〉的说明》中说：“对于孙中山讲得是否太多了？不多。我们要善于引用他，这没有害处，只有好处，列宁也要发挥他。他的遗嘱中唤起民众、联合世界上以平等待我之民族这两条是基本策略，他关于民主讲得最好，要为一般平民所共有。美国共产党把华盛顿、林肯当作自己的旗帜，我们就有孙中山。而且有一段姻缘，曾经和他合作过。……对党内一些人存在不尊重孙中山的情绪，应该说明。”他在《在中国共产党第七次全国代表大会上的口头政治报告》中还说：

关于孙中山，在我的报告里很说了几句好话。孙中山这位先生，要把他讲完全。我们是马克思主义者，是讲历史辩证法的。孙中山的确做过些好事，说过些好话，我在报告里尽量把这些好东西抓出来了。这是我们应该抓住死也不放的，就是我们死了，还要交给我们的儿子、孙子。

他进而分析了党内存在不尊重孙中山情绪的历史原因：

我们党内有一种情绪，不喜欢孙中山，这种情绪在相当广大的党员中存在着。认真说，这种情绪是不大健全的，是还没有真正觉悟的表现。这是反映了内战时期的情绪，那时候，因为环境不同，连孙中山也不要了。那个时期为什么我们不大讲孙中山？因为我们被国民党一下子打倒在地，爬起来也红眼了。蒋介石手里打着孙中山的招牌到处乱杀人，这时候，群众对孙中山也就不喜欢。在十年内战中不要孙中山，这也很难怪，因为我们的力量小得很。在抗战初期，我们的力量也还小，所以那时候我们要孙中山所发生的影响不大，因为人家还看不起我们。将来我们的力量越大，我们就越要孙中山，就越有好处，没有坏处。我们应该有清醒的头脑来举起孙中山这面旗帜。

毛泽东后来对孙中山一直怀有崇敬之情。1949年5月，南京解放之初，毛泽东在中央军委致粟裕、张震的电报中，要求转告刘伯承：“注意保护南京的孙中山陵墓，对守陵人员给以照顾。”1956年11月孙中山90周年诞辰时，毛泽东在《人民日报》上发表的《纪念孙中山先生》说：“纪念伟大的革命先行者孙中山先生！”“纪念他在辛亥革命时期，领导人民推翻帝制，建立共和国的丰功伟绩。”“纪念他在第一次国共合作时期，把旧三民主义发展为新三民主义的功绩。”“现代中国人，除了一小撮反动分子以外，都是孙先生革命事业的继承者。我们完成了孙先生没有完成的民主革命，并且把这个革命发展为社会主义革命。我们正在完成这个革命。”毛泽东还说：孙先生是一个谦虚的人。我听过他多次讲演，感到他有一种宏伟的气魄。从他注意研究中国历史情况和当前社会情况方面，又从他注意研究包括苏联在内的外国情况方面，知道他是很虚心的。

三 维护国共合作（1925–1926年）

1925年9月，毛泽东第三次来到广州。他坚持国民党一大的正确路线，反对西山会议派，为国民党二大的顺利召开作了大量具体工作。在国民党二大上，他继续当选为候补中央执行委员。会后，毛泽东继续为维护国共合作进行坚决的斗争，包括批判孙文主义学会，回击新右派蒋介石的反革命活动。

第三次到广州

毛泽东第三次来广州，仍是在湖南工作一段时间后南下的。这与前两次相同。不同的是没有取道上海中转，而是经湘南、粤北直达广州。毛泽东沿途了解社会阶级状况并发动农民运动，对于后来的革命理论与实践有准备作用。

1. 从湖南奉调广州

1925年2月，回乡养病的毛泽东从长沙板仓回到湘潭县韶山冲。接下来，他和杨开慧与毛泽民夫妇在湘潭领导农民运动，包括开办农民夜校，组织农民协会。到同年8月被迫离开湘潭时，刚好半年时间。对此，毛泽东在1925年填具的《少年中国学会改组委员会调查表》中说：做过“半年农民运动”。

1925年五卅运动后，他领导韶山农民以“打倒列强、洗雪国耻”为口号，在各乡已经建立的20多个雪耻会的基础上，成立湘潭西二区上七都雪耻会。8月份组织开展的“平粜阻禁”谷米斗争获得极大成功。当年韶山一带遭受大旱，田地龟裂、禾苗枯黄。地主乘机囤积居奇，高抬谷价。毛泽东召集党支部和农协骨干开会，决定发动农民迫使地主开仓平粜。土豪、上七都团防局局长成胥生不允，而且还把谷子偷运到银田镇，准备运往湘潭等地高价出售。毛泽东派毛福轩、毛新枚等率领农民数百人，携带锄头、扁担、箩筐，夜奔银田，阻其出境。成胥生被迫将谷子平价卖给农民。但事后，成胥生背地里派人赴长沙，向赵恒惕密报毛泽东领导韶山“平粜阻禁”的情况，污蔑毛泽东组织“过激党”，煽动农民“造反”。赵恒惕得报后密令湘潭县团防局派兵直奔韶山冲，捉拿毛泽东。8月28日，毛泽东在湘潭、韶山党组织和群众的帮助下，安全离开韶山去长沙。

关于毛泽东韶山脱险情况，当事人后来有过回忆。一是雪耻会会员郭运泉的回忆：“开明绅士郭麓宾在县长办公桌上看到了赵恒惕的密电，上写着‘立即逮捕毛泽东，就地正法’。他看后退出县长办公室，写信交给侄子郭士奎（在此当炊事员），叫他连夜送给毛泽东。主席拆开信看，我也在旁边看到，信上写着‘泽东兄，事急，省里密电拿你，务希在今晚离开韶山’。”

二是毛泽民夫人王淑兰的回忆：“那天下午，泽东同志在谭家冲开会，县里郭麓宾派人送信到家里，派来的人是竹山湾张满姑的崽，姓郭。送来信后，家里就派人去谭家冲喊了他。他接到信，又用开水泡点饭吃，轿子是我给他请的。泽东同志先给他们讲好，抬的谁？抬的郎中。送轿子的人，只一天一夜就回来了。团防局隔了几天才来捉泽东同志，因泽东同志没在家，只开了些钱就了事。”

对于这次行程，毛泽东本人1936年同斯诺的谈话是这样说的：

> 以前我没有充分认识到农民中间的阶级斗争的程度，但是，在（1925年）五卅惨案以后，以及在继之而起的政治活动的巨浪中，湖南农民变得非常富有战斗性。我离开了我在休养的家，发动了一个把农村组织起来的运动。在几个月之内，我们就组织了20多个农会，这引起了地主的仇恨，他们要求把我抓起来。赵恒惕派军队追捕我，于是我逃到广州。

毛泽东这次到广州，当然不是无目的地“逃到广州”。当时，全国工农革命运动高涨。东征、南讨之役相继取得胜利，盘踞广州的军阀杨希闵、刘震寰被平定。广东革命根据地得以巩固和统一。1925年7月1日，国民政府在广州成立。但同年8月，国民党左派廖仲恺被刺杀，胡汉民等右翼人士因受“廖案”牵连离开广州。因此，广州国民党中央出现一定程度上的“真空状态”，急需大量德才兼备的革命人才。毛泽东就是在这样的形势下奉命赴广州工作的。

2. 经湘南粤北南下

1925年8月底，毛泽东在庞叔侃的陪同下，经宁乡道林乘小船去了长沙。在长沙，毛泽东找到中共湘区委负责人李维汉、郭亮、易礼容等人，向他们介绍了韶山一带农民运动的情况，并对区委下一阶段的工作提出了意见，建议湘区委多派同志前往广州学习，多派优秀同志到各县农村秘密组织农民协会和发展国民党组织。在离开长沙的前夕，毛泽东来到橘子洲头。面对着大自然雄伟壮丽的景色，他回想起这几年的峥嵘岁月，展望汹涌澎湃的大革命前景，不禁思绪万千。回到寓所，毛泽东挥笔写下了著名的《沁园春·长沙》：

独立寒秋，湘江北去，橘子洲头。看万山红遍，层林尽染；漫江碧透，百舸争流。鹰击长空，鱼翔浅底，万类霜天竞自由。怅寥廓，问苍茫大地，谁主沉浮？

携来百侣曾游，忆往昔，峥嵘岁月稠。恰同学少年，风华正茂；书生意气，挥斥方遒。指点江山，激扬文字，粪土当年万户侯。曾记否，到中流击水，浪遏飞舟？

毛泽东的诗友郭沫若认为，《沁园春·长沙》一词有着高度的政治价值，是运用十分含蓄的笔法，把深刻的政治内容“隐蔽得非常周密的绝好的艺术作品”。作品的外表世界写的是秋天的景色，写的是往事。如果进一步把这首词写作前后的革命形势联系起来看，这个深邃的内在世界即是：上半阕讲的是在革命潮流中谁是主人，下半阕讲的是在革命潮流中应该怎样去做主人。苍苍茫茫的大地是一个象征性的词汇。“它固然代表大地本身，但也代表着中国革命的形势，代表着世界革命的形势，代表着改造客观世界、改造自然的整个革命事业的形势”。诗人提出问题，但仅问而不答。这就是中国革命的领导权由谁掌握的问题。

中共湘区委员会派庞叔侃、周振岳专门护送毛泽东到广州，并安排他们事后到广州农民运动讲习所学习。庞叔侃，生于湖南湘潭韶山乡。1925年经毛泽东介绍加入中国共产党，是韶山最早的党员之一，在毛泽东领导下从事农民运动。周振岳也是湖南湘潭人，曾在湘南第一纺纱厂（华实纺纱公司）做工，1922年在衡湘中学听毛泽东的报告，毛泽东向他了解华实纺纱公司的情况。

1925年9月初，毛泽东由长沙动身赴广州。出发那天，毛泽东的行李很简单。一只朱红色的小牛皮箱子，内装一件蓝竹布的长褂子和几件换洗衣服，一个铜质圆形墨盒、几支毛笔等物。此外，一条毯子包着一床棉被，还有一把红色油布伞。

毛泽东一行在株洲下火车后，改搭民船经衡山到衡阳。当天天还未黑，就到了衡阳，住在共产党所创办的蒸湘中学。当晚，毛泽东在蒸湘中学听取中共湘南地方执行委员会负责人的汇报。毛泽东特别指示衡阳各地党团组织要加紧组织农民群众参加革命斗争，并派得力干部前往广州农讲所和政治讲习所学习，以迎接革命高潮的到来。据此，中共湘南地委为加强对农民运动的领导，先后选送夏明震、雷晋乾和黄克诚等去广州农讲所和政治讲习所学习。

毛泽东一行到达宜章，入住旅店后就去找高静山。高静山，湖南宜章人，1920年考入衡阳省立第三师范学校就读，1922年4月加入中国共产党，是湖南学生运动主要领导人之一，与毛泽东熟悉。毛泽东通过高静山，了解到当地社会状况和革命形势，提出对湖南农村阶级状况的看法，并征询高静山的意见。高静山告诉毛泽东，前几天赵恒惕政府枪毙了几个学生。毛泽东因安全考虑，把所带的社会调查资料暂存放在高静山家，后由高静山设法转送到广州，为毛泽东作讲演和写作《中国社会各阶级的分析》提供了珍贵的资料。

次日，毛泽东一行人由高静山护送出城。他们沿小路进入广东境内，在中午时分到达乐昌县的坪石镇。毛泽东去找国民党的区党部，获得接待。区党部派人送他们上船。乘坐的是尖头平底的毛板船，同船的还有10多个国民党军队的士兵，两三个船夫。同行这条水路的还有几条船，坐着约一个连的军队，都是谭延闿的兵，他们说是到坪石打完土匪后乘船回韶关的。开船不远就是一

1925年，毛泽东在广州

个大沙滩，再走一段可看见一排石头山（即金鸡岭）。毛泽东他们和士兵有时也帮船夫摇摇。行船时吃饭亦不停船，平水行船才吃饭，要过险滩，就搁下饭碗去撑船。据周振岳回忆：船开行到一个滩头时，曾碰到胡凤璋的土匪，船上的湘军士兵上岸放枪赶走了土匪。船到乐昌后住了一晚。第四天上午，船到韶关。毛泽东要我们在火车站等候，他自己去了湘军整理处，找到我们的同志屈子健（当时在谭廷闿部讨贼军总司令部政治宣传处工作），换了护照。毛泽东看到一个湖南湘乡县酒铺姓王的人，要搭火车去考黄埔军校，因不够钱买票，毛泽东给了他3块多钱。屈子健一直把毛泽东送上火车。

毛泽东一行于当天就到了广州，天还未黑，他换上蓝竹布长褂子，拿着行李，雇了辆人力车，去国民党中央党部报到。因身体虚弱，毛泽东曾住进东山医院进行短期疗养。按照《毛泽东年谱》的记载，毛泽东到达广州是9月上旬。

3. 在广州工作一年多

1925年9月，毛泽东第三次来到广州，除短暂到韶关调研外，一直在广州从事革命活动。到1926年11月离开广州，长达一年零两个月。

毛泽东离开韶山老家不久，又有雪耻会的农民会员，带着扁担、箩筐赶到韶山冲上屋场，接应杨开慧和他们的孩子躲避赵恒惕政权的迫害，并把重要物件分散挑走。杨开慧带着毛岸英和毛岸青，跟着雪耻会会员，悄悄离开毛泽东旧居所在的上屋场。1925年冬，杨开慧带着两个孩子离开韶山，回到板仓，然后和母亲向振熙一道来到广州，与毛泽东团聚，协助毛泽东工作。

毛泽东一家住在东山庙前西街38号。据知情人回忆，毛泽东一家住在一座简陋的二层木制楼房，砖墙、瓦顶，大门对着街道。毛泽东和夫人杨开慧住在楼上。后来，毛泽东在国民党中宣部的下属萧楚女和沈雁冰（茅盾）、张秋人等人住在楼下。进门的小过道通向楼梯，楼上一个大间，两个小间，大间也不过一丈见方，是毛泽东夫妇的卧室。另外两间，一间做会客室，仅能容纳三四个人；另一间是杨老夫人和孩子们的卧室，杨开慧也经常在这里工作。《政治周报》的通讯处设在他们家。杨开慧除协助处理稿件外，还将全国各主要报刊的动态整理好，送给毛泽东。她与周恩来、邓颖超、邓中夏、恽代英、林伯渠、李富春等人保持联系，彼此建立了友谊。

由于工作任务的变化，毛泽东一家在广州生活居住的地方也发生了几次变迁。1925年至1926年，毛泽东在广州一年多，主要工作有两个阶段。

前一阶段主要是在国民党内工作，包括代理国民党中宣部部长，筹办国民党第二次代表大会等。根据毛泽东1926年4月14日签发的一份公文，中国国民党中央执行委员会及其宣传部，都在“广州市东门外旧省议会”，可推测毛泽东这一阶段主要住在东山。

从1926年春季起，特别是5月离开国民党中宣部后的半年左右的时间，毛泽东主要工作是主办广州农讲所，并参与领导全国农民运动。在中山四路广州农讲所旧址纪念馆里，至今还保留有毛泽东当年的住房。里面的摆设基本保持了原样，供广大游客参观瞻仰。这是毛泽东在广州活动的重要纪念地，也是大家耳熟能详的纪念毛泽东的重要场所。值得注意的是，毛泽东在主办第六届农讲所之前，已在这里充任国民革命军第二军军官学校教官。毛泽东还曾在广东省农民协会所驻地东皋大道工作、生活。在广州期间，他曾多次到中共广东区委陈延年住处、高第街李富春等同志家商量工作，研究农运、工运以及国共关系等问题。

参与筹办国民党二大

众所周知，国民党二大是1926年1月才召开的。但大会的筹备甚早。按照国民党一大的有关规定，国民党二大应在1925年召开。1925年初，因孙中山北上，并在北京病逝，无从召集大会。到5月16日，国民党一届三中全会决定在8月15日召集第二次全国代表大会，并将议定组织法、选举法通告海内外各党部。各地党部自从接到通告后，也早已按照组织法、选举法把代表选举出来。但后来因为6月23日“沙基惨案”发生，各地交通不便，各处党部许多有函电来请求展期。后来又发生廖仲恺被刺案，国民党二大一再展期。

1925年9月29日，国民党中央执行委员会举行第二次全国代表大会重要议案委员会第一次会议。谭平山提议，关于征集重要议案方法，除政治问题和军人运动应由政治委员会负责外，应将各种实际运动分为若干种，各推定委员3人起草，并登报征求全体党员意见。会议决议分为工人、青年、农民、妇女、商民运动，海外党务问题，纪律问题，军人运动等10种。陈公博提议，每种运动起草委员在一星期内应提出起草议案纲领，两星期内应提出全稿一条，亦经决议通过，现已分函各委员，即日开会讨论，于一星期内提出各种运动议案纲领。其中，宣传问题议案由汪精卫（中央宣传部部长）、陈孚木（《广州民国日报》负责人）、毛泽东负责起草。由此，毛泽东开始参与国民党二大的筹备工作。

1. 国民党广东省一大

由于国民党二大未能及时举行，国民党广东省第一次代表大会成为国民党在孙中山、廖仲恺相继去世后的复杂形势下召开的一次重要会议。这次会议虽然只是广东省的国民党代表大会，但对于国民党来说有重要意义。因为，当时国民党执政的地方，主要就是广东省。大会由国民党中央执委会直接筹办，在国民党中央礼堂举行，在广州的国民党中央领导人几乎悉数出席会议。国民政府常委会主席兼军事委员会主席汪精卫在大会上作政治报告，国民党中央组织部部长谭平山作党务报告。

毛泽东对这次大会的召开起到了重要作用，他参与会议的筹办工作，显示了卓越的宣传和组织才能。大会决定由毛泽东、黎樾廷（东莞县选出的代表）、李谷珍（海丰县代表）3人组成大会宣言起草委员会，负责宣言的起草工作。毛泽东执笔为《广东省党部代表大会会场日刊》撰写了《发刊词》。他在《发刊词》中写道："我们从去年1月全国大会中得到了正确的革命策略。""孙中山先生应乎中国被外力、军阀、买办、地主阶级重重压迫的客观环境，为我们定下了革命的三民主义。我们的伟大领袖虽死，革命的三民主义不死。""革命的民族主义叫我们反抗帝国主义，使中国民族得到解放。革命的民权主义叫我们反抗军阀，使中国人民自立于统治地位。革命的民生主义叫我们反抗大商买办阶级，尤其是那封建宗法性一切反动势力根本源泉之地主阶级，使中国大多数穷苦人民得享有经济幸福。"重视农民运动的毛泽东特别提到："发展那占广东全人口百分之八十即二千数百万的农民大群众的组织，以保障而且扩大我们的胜利，使三民主义完全实现于广东，乃是广东全省代表大会的责任。"

10月26日，国民党广东省第一次代表大会通过了由毛泽东等起草的大会宣言。宣言指出：半殖民地中国的革命，不能离开世界的革命。现在全世界的势力显然分成两种，即革命势力与反革命势力。"在东方被压迫民族的民族革命运动，已日益扩大，而西方被压迫阶级的社会革命运动，亦蓬蓬勃勃而起，此可为全世界革命势力已有集合的一种表现。而在欧美日本一切帝国主义国家，于严重剥削压迫其本国工农阶级之外，又勾结殖民地半殖民地的军阀、政客、买办阶级及地主阶级，严重剥削压迫其中层及下层民众，此亦全世界反革命势力已有集合的一种表现。"在中国，五卅运动之后，革命与反革命两大势力对垒激斗的情形，实为历史所仅见。宣言号召广东的人民、全国的人民起来，站在国民党领导下的革命战线，团结革命战线上的一切势力，向反革命战线进攻。

10月27日，毛泽东出席国民党广东省第一次代表大会闭幕会，并向参加大会的千人发表演说，指出：关于中间派问题非常重要，在国民党第二次全国代表大会快要召开的时候，更有指出讨论的必要。一部分国民党党员以“地主阶级也是中国的同胞，不可提倡自己打自己”为借口，反对为农民解除痛苦，反对佃农减租，“似乎要在党内造一个中间派的样子”。这种“想造成中间派的同志以为右也不好，左也不好，只有不左不右所谓中庸之道才是好的”。但是，“依我的观察，这中间派是不能存在的”。在世界上，欧战以后，“分成两个大本营，一个是大资产阶级领袖的反革命大本营，一个是无产阶级领袖的革命大本营，两派短兵相接起来，中派的基础就动摇了”。在中国，辛亥革命以来的历史证明，一向自命为中间派的人，都成了帝国主义、军阀的走狗，完全成了反革命派。在广东，在分为革命和反革命两大派的情形下，是没有敢站在中间的。根据以上事实，“证明中间派在中间是不能立足的”，“只有革命的理论策略，才是我们党的理论策略”。毛泽东在国民党广东省第一次代表大会上的演说全文，先后在1925年10月28日《广州民国日报》和11月16日北京《京报》发表。

2. 反击西山会议派

筹划举办国民党二大，有一项特别艰巨的主要任务，就是排除西山会议派的干扰。

西山会议派的出现并非偶然。国民党一大后，党内右派不满于孙中山的新三民主义，但慑于孙中山的威望未敢公开反对，陆续离开广州，集中北京。1925年3月8日，这批人合组为“国民党同志俱乐部”（由老右派冯自由、马素等组织的右派团体），有2000余人参加成立大会。3月10日，国民党中央执行委员会发表声明，宣布开除冯自由等320人的党籍。但孙中山逝世后，右派分子无所顾忌，气焰更嚣张，北京一时成为反苏反共的中心。

1925年11月23日，国民党中央执行委员林森、覃振、石瑛、居正、邹鲁、石青阳、叶楚伧，候补执行委员邵元冲、沈玄庐、茅祖权、傅汝霖及中央监察委员张继、谢持等10余人，在北京西山碧云寺召开非法的“一届四中全会”，次年1月4日闭幕，这次会议被称为“西山会议”。为表示他们的正统性，加强控诉国民党左派、中共的“罪行”的效果，会议特意在孙中山遗体前进行，号称“哭灵”。西山会议开了43天，通过了政治上反动、程序上简单、根本不可能实现的几个决议：取消共产党党员的国民党党籍，撤销谭平山、李大钊、林祖涵、毛泽东等人的中央执行委员和候补中央执行委员职务；解除俄人鲍罗廷顾问职务，开除汪精卫党籍半年；取消政治委员会；停止广州国民党中央执行委员会的职权，国民党中央“移设”上海；等等。

应该说，西山会议派是一个有影响力的反动集团。按照邹鲁的说法：第一届中央执行委员24人，除胡汉民“被逐在俄”，熊克武“被捕在狱”，李大钊、谭平山、于树德、林祖涵因本身系共产党“不许列席”外，计实际委员只有18人。其中列席西山会议者10人。李烈钧虽列未席，却“来电赞成”。没有列席且不赞成的只有汪精卫、谭延闿、柏文蔚、王法勤、于右任、恩克巴图、丁惟汾7人。监察委员5人，列席西山会议的有谢持、张继。吴稚晖署名通电召集西山会议，出席第一次预备会且做主席。邓泽如虽没有列会，却暗中“助过钱”。

西山会议派惩处汪精卫的罪状之一是：“共产派之中央候补委员毛泽东委派在沪任事，18个月中请假14个月，赴湖南各地为发展共产党之运动，而汪精卫反任为中央宣传部长。”西山会议派对毛泽东的攻击，盖事出有因。

毛泽东与叶楚伧在上海执行部时曾发生冲突。叶楚伧是国民党的宣传干将。著名的上海《民国日报》就是他主编的。1924年1月国民党一大上在讨论《出版及宣传问题案》时，由叶楚伧代表临时中央委员会说明提案旨趣。该案包括“宣传总计划”“党报计划”和“对付国内外各报办法”等3项草案。叶楚伧在会上当选为国民党中央执行委员，会后担任上海执行部常委兼青年妇女部部长。1924年夏，上海执行部筹备召开上海第四区党部的成立大会。右派酝酿在选举中多争选票，未果，于是纠集流氓，准备制造武斗，以破坏选举。在毛泽东领导下，王荷波组织了一个很强大的工人纠察队，严格控制会场秩序。开会时，右派头子高冠吾多次捣乱都失败。会后，他们不服气。1924年8月1日，在叶楚伧的策划下，一些国民党右派在上海南方大学召开代表会议，讨论所谓“处置共产分子问题”，双方造成武斗。右派分子又闯入上海执行部，殴打邵力子。事件发生后，毛泽东领头联名上书孙中山，控告叶楚伧“主持不力，迹近纵容”。当年“双十节”，国民党右派喻育之、童理璋号召帮助卢永祥、打倒齐燮元（江苏督军）。进步学生上台号召反对一切军阀，遭到毒打。上海大学学生黄仁不治身亡。10月13日，在毛泽东等的坚持下，上海执行部决定开除打人者喻育之、童理璋党籍。叶楚伧从中阻挠，但拗不过众人，离会回家“睡觉”，最后登报“辞职”，弃职赴粤。11月，叶楚伧重回上海，即“用尽办法、把毛赶走”。在国民党中央上海执行部，叶楚伧最厌恶的3个共产党人，一个是毛泽东，另两人是恽代英、沈泽民。令叶楚伧棘手的是，“老毛也是一个候补执委，又不能拿普通职员眼光看待”；“毛也自视甚高，遇事力争，不肯稍为迁就”。因此，就用尽方法，要把毛泽东赶走。毛泽东在与叶楚伧难以共事及党部欠薪、生活又不继的双重压力之下，不得不求去，于12月辞职回湖南老家，从而结束在国民党上海执行部近10个月的党务工作。叶楚伧高兴之余，特宴请执行部职员，以示庆祝，并且派其心腹陈德征，继任组织部秘书，连毛泽东于7月间推荐的秘书张廷灏也一并调职，反映两人结怨之深。

毛泽东与谢持，在上海执行部期间也有过节。国民党一大后，毛泽东作为国民党中央候补委员被派在上海执行部工作，担任执行部委员、组织部秘书，并代理文书科主任。按照国民党中央关于改组的规定，所有党员须经重新登记。有一天，有个人冲到楼上，胡汉民、汪精卫都站起来热情和他打招呼。那人说：“我从同盟会开始，革命几十年还要填表？可不可以免填？”这个人就是老右派分子谢持（国民党中央监察委员）。宣传部部长汪精卫则将皮球踢到组织部。于是，谢持找到毛泽东，说了一遍要求免填的理由。其他工作人员（多系中共党籍）包括罗章龙等人，并不认识谢持，不给谢持面子。其无理要求被毛泽东等人拒绝后，谢持一怒而去。事后，毛泽东说：“派人送张表去，要秘书好好解释一下，可以放宽点。”后来，谢持为保住“党票”被迫填了表，但心里还是很不舒服。

毛泽东与覃振的关系却是另外一种情形。覃振，字理鸣，原名道让，湖南桃源人，与宋教仁、胡瑛并称为“桃源三杰”。1923年中共三大召开期间，广州国民党中央派覃振回湘筹办党务。毛泽东亲自为覃振写了介绍信，让他回长沙找李维汉。李维汉等人按毛泽东的指示，积极帮助覃振国民党组织。1945年秋，毛泽东赴重庆和蒋介石谈判。作为故人的覃振非常激动，两次宴请毛泽东，且用蒋介石对张学良背信弃义的事例，提醒毛泽东不要上当受骗，并督促他早日离开重庆。在中苏文化协会举行盛大酒会欢迎毛泽东时，覃振当着许多国民党要人的面热情地向毛泽东敬酒。毛泽东也亲切地和他交谈。后来毛泽东托林伯渠送给覃振一件黑色羊皮袍，覃振一直非常珍视。中华人民共和国成立以后，毛泽东还一直惦记着覃振家属的下落，并且特意嘱咐中央统战部部长李维汉和湖南省委、省政府：对覃振家属的生活，对他们子女的教育，都要好好照顾。

对西山会议派的斗争，胡汉民曾说：“西山会议能够得妇孺皆知，中外闻名，不可不归于共产党。”这话多少符合历史事实。中共党员毛泽东，因其国民党中宣部代理部长身份，在对西山会议派的斗争中扮演了重要角色。

在中国共产党的推动和参与下，广州国民党中央委员会针对西山会议的分裂事件予以全力反击。1925年11月27日，在广州的国民党中央执行委员汪精卫、谭延闿、谭平山、林伯渠、李大钊、于右任、于树德、王法勤、丁惟汾、恩克巴图，候补执行委员毛泽东、瞿秋白、韩麟符、于方舟、张国焘等通电各级国民党党部，指出林森等在北京西山召开的所谓国民党一届四中全会为非法，肯定中央执行委员会中9名中共党员的合法地位，揭露了西山会议派分裂国民党的实质。

1925年12月11日，国民党中央执行委员、监察委员、各部部长第126次联席会议，就国民党西山会议派冒用中央名义开除中央执行委员会中的共产党党员党籍一事作出决议："此种会议，违法无效。"会议针对上海《民国日报》擅自发表拥护西山会议的言论问题，决定交中央宣传部部长审查，并拟具处置办法。12月13日，《政治周报》第2期发表北京、广东、上海等地国民党组织发出的20份反对西山会议的文电，并加写按语。毛泽东加写的按语说："中国国民党全体中央会议地点之争，实乃继续革命与放弃革命之争。"在1926年1月10日出版的《政治周报》第4期，毛泽东摘编一组从中央到地方以及军队中的国民党组织和大员反对西山会议派的电文，共29件。毛泽东加写的按语指出："全国农工商学民众团体，则全在左派领导之下。从此一月之间，反右空气，弥漫城内。现在第二次全国大会业已开会，对于右派，当有严厉之处置。"

1926年1月在广州召开的国民党第二次全国代表大会，对西山会议派首要分子作出了组织处分。毛泽东要求严厉处置右派，"否则将危害无穷"。这一提议也为绝大多数代表所接受。会议通过了《弹劾西山会议决议案》，决定永远开除邹鲁、谢持的党籍；给居正、石青阳、覃振、邵元冲、叶楚伧、张继等人警告处分；戴季陶未经中央同意出版《国民革命与中国国民党》一书，引起党内纠纷，要其深刻反省；停止叶楚伧《民国日报》主编的职务；对林森书面警告。

3. 国民党二大会务

1925年11月12日，国民党中央执行委员会第119次会议决定成立国民党第二次全国代表大会代表资格审查委员会，推定谭平山、邓泽如、林伯渠、林森、毛泽东5人为委员。毛泽东等人，为国民党二大的顺利召开做了大量工作。

11月27日，毛泽东等在广州的国民党中央执行委员、候补委员10余人联名通电全国各级国民党党部：中央执行委员会已经决定，12月11日在广州召开一届四中全会（后来，一届四中全会因故没有召开），次年元旦召开第二次全国代表大会。已电嘱林森等人，尊重决议，迅速来广州开会，"勿持异端，致生纠纷"。同日召开的国民党中央执行委员、监察委员、各部部长第123次联席会议，推定毛泽东起草中央通告，将国民党一届三中全会关于在广州召集四中全会的决议以及此项决议延缓执行的经过详情，告海内外各级党部。

但西山会议派也强硬以对。他们组成否定广州国民党中央的所谓正统“国民党中央”。1925年底至1926年初，国民党存在两个互相对立的中央党部，都在筹办“二全大会”。1925年12月2日，西山会议通过《第二届全国代表大会日期及地点案》：大会日期定于1926年3月29日，大会地点定“上海或广州、北京”。12月4日，西山会议派“致电海外出席第二届全国代表大会代表”；12月16日，西山会议训令国内各党部：“依照修正选举法选举第二次全国代表大会代表，并不得参与广州非法第二次全国代表大会”；训令海外各级党部：“从前选出出席第二次全国代表大会之代表继续有效，并不得参与广州非法第二次全国代表大会”。西山会议于1926年1月4日结束后，加紧筹备在上海召开的国民党二大。

西山会议派多属元老级人物，在国民党内影响非常大。一时间，广州国民党中央领导层中妥协的气氛甚嚣尘上，某些中间派也徘徊于“广州会议”与“上海会议”之间。而汪精卫优柔寡断，软弱无力，以致国民党二大的筹备工作不能很好开展。据吴玉章回忆，1925年11月底，他率出席国民党二大的四川代表团到达广州后拜访汪精卫时，汪精卫愁眉苦脸地对他说：“大会恐怕开不成了。”他问：“为什么？”汪精卫说：“邹鲁、谢持等人闹得很厉害，如果我们召开‘二大’，形势将会更加严重。”他对汪精卫说：“如果我们不如期举行‘二大’，势必助长西山会议派的气焰，使中间派更加动摇。现在邹鲁等人这样疯狂，他们不但排斥共产党，也排斥广东的国民党，不跟他们斗一斗怎么成？否则，许多同志流血牺牲换来的这块根据地就要垮台，你这个国民党政府主席也坐不住了。”他对利害关系的分析，使得汪精卫决心排除一切阻力，按期召开国民党二大。于是，吴玉章联合杨闇公等人，以四川省党部代表名义，向各省区和海外支部发电，促各地速派代表，如期来粤廾会。12月1日，国民党中央执行委员会派吴玉章担任国民党第二次全国代表大会秘书长，负责大会筹备工作。

12月4日，广州国民党中央党部召开中央执行委员、监察委员、各部部长第125次联席会议，毛泽东出席了会议。会议通过了由毛泽东起草的《中国国民党对全国及海外全体党员解释革命策略之通告》。该通告以历史和现状说明：国民党一届四中全会只能在革命根据地广州召开，邹鲁等西山会议派反对联俄容共、分裂国民党、离间各阶级联合战线是叛党行为。该通告指出："若吾党之革命策略不出于联合苏俄，不以占大多数之农工阶级为基础，不容纳主张农工利益的共产派分子，则革命势力陷于孤立，革命将不能成功。本党辛亥革命所以未能成功，即因当时反革命派势力已有国际的联合，而吾党革命势力尚无国际联合，在国内亦未唤起大多数民众为之基础，完全陷于孤立地位，故不得不妥协迁就以至于失败。"该通告在12月5日出版的《政治周报》和《广州民国日报》发表。

毛泽东还参与国民党二大代表的资格审查工作。国民党二大的代表资格审查委员会，可以说是中共党员和国民党右派的两极组合。其中，毛泽东、林伯渠和谭平山3人为中共党员，林森、邓泽如则是国民党资深右派。林森可谓国民党元老，曾任南京临时参议院议长、国会非常会议（广州）副议长、福建省省长。1924年1月在国民党一大上当选为中央执行委员，1925年7月国民政府成立后任常务委员、海外部部长，同年参与西山会议，为其首要分子。南京政府建立后，林森在1932年至1943年间担任国民政府主席，为中华民国国家元首，那是后话。邓泽如，1924年1月在国民党一大上当选为中央监察委员，他反对与共产党合作，曾与张继、谢持等上书孙中山，反对联俄、联共政策，弹劾共产党，后又支持西山会议派的反共活动。这个两极组合，表达了广州国民党中央希望对西山会议妥协，想要"拼团结"的愿望。由于在北京的林森并未南下广州，邓泽如可谓孤掌难鸣。因此，国民党二大代表资格审查委员会几乎由毛泽东等中共党员主导。他们把好了代表关，有利于国民党二大的正常进行。出席会议的代表共256名，中共党员约占1/3，基本能保证会议的正确方向。

据大会秘书长吴玉章报告，国民党二大代表出席总数为270人，其中代表共计256人。除当选代表外，出席大会者尚有中央执行委员7人、候补中央执行委员3人（毛泽东是其中之一）、中央监察委员1人、蒙古政府特派员1人、广西省政府特派员2人。各省区代表少者1人，如云南、贵州、东三省等；多者11人，包括广东省、广州特别市。海外代表33人。此外，已被选而因事未到或被拘禁阻滞者11人。除云南、贵州、热河3处代表系由中央指派外，其余均由党员选举产生。计国内22个行省、3个特别区、4个特别市，除新疆无党部代表外，其余均有代表出席。更重要的是，国民党二大代表具有社会阶级阶层的广泛代表性。据大会统计，代表之社会结构如下：（1）各省区党部代表106人，约占全体代表的40%（弱）；（2）海外党部代表33人，约占12%（强）；（3）工人党部代表33人，约占12%（强）；（4）军队、军校及军事机关党部代表70人，约占26%（弱）；（5）行政机关党部代表11人，约占4%（强）；（6）中央党部代表11人，约占4%（强）；（7）学校党部代表2人，约占1%（弱）；（8）妇女代表16人，约占6%（弱）。吴玉章说："此次大会各界代表无不具备，可称为真正的全国代表大会，而名符其实者也。"

1925年12月31日，毛泽东出席国民党中执会第131次会议。会议讨论并决定国民党二大主席团名单、大会议程，以及各项党务报告人名单，推定毛泽东作宣传工作报告。国民党二大的各项准备工作完成。

4．出席国民党二大

1926年1月1日至19日，中国国民党第二次全国代表大会在广州举行。这是国民党在孙中山、廖仲恺逝世后，在西山会议派分裂国民党的严峻形势下召开的全国代表大会。

国民党二大基本坚持了正确的路线。大会议决接受《总理遗嘱》和一大所定的政纲，重申了反帝反军阀的政治主张。大会宣言说：中国之生路，"对外当打倒帝国主义"，"对内当打倒一切帝国主义之工具，首为军阀，次则官僚买办阶级土豪"。关于达到后者的"必要手段"，"一曰造成人民的军队，二曰造成廉洁的政府，三曰提倡保护国内新兴工业，四曰保障农工团体，扶助其发展"。大会通过了党务、政治、财政、军事、宣传、外交、工人、农民、妇女、青年、商人

国民党中央党部所在地（今广东革命历史博物馆）

等决议案，决定继续贯彻执行国民党一大确定的联俄、联共、扶助农工的政策。

按照国民党二大代表选举的有关规定，中央候补执行委员是不经过选举产生的当然代表。毛泽东以中央党部负责人身份出席国民党二大并在会上作宣传工作报告，还审议有关报告和决议案。

1926年1月8日下午，毛泽东代表国民党中宣部向国民党第二次全国代表大会作宣传工作报告。报告共分6部分，第一部分介绍文字宣传的情况，简要报告国民党中宣部、中央各部和各地方党部所办报纸、杂志，中宣部出版书籍，散发传单等工作。第二、三、四部分，分别介绍图画宣传、口头宣传、两年来十四件重大事件宣传的情况。第五部分是介绍对敌人宣传的情况，指出对敌人宣传的重点、特点、方法等，要求与会同志研究对策。第六部分为“缺点”，检查中宣部自成立以来工作中存在的缺点。报告总结两年来特别是毛泽东代理中宣部部长三个月来取得很大成绩。为“打破北方及长江的反革命宣传”，中央宣传部创办了《政治周报》，每期发行达4万份之多。报告指出群众对改组后的国民党的宣言和政纲有了新的认识，“反对帝国主义”“开国民会议”“废除不平等条约”等口号已深入人心。在革命宣传和反革命宣传的对抗中，革命宣传取攻势地位。1月9日，大会决定：宣传报告审查委员为邵力子、毛泽东、陈其瑗、朱季恂、范鸿劼5人。1月16日，毛泽东与汪精卫、陈孚木起草的《关于宣传决议案》在大会通过。1月18日，毛泽东代表宣传报告审查委员会向大会作审查报告。大会通过《宣传报告决议案》，同意毛泽东1月8日所作的《宣传工作报告》。

1月18日，大会在讨论党章草案时，毛泽东提出两项动议被大会接受，并写进党章。其一，对每星期举行总理纪念周一次的规定，毛泽东建议加但书："如有特别情形时得由该省党部许可，每两星期举行一次"。其二，"中央执行委员、监察委员，可以兼其他省党部执行委员、监察委员"之许可问题，毛泽东说：无论何党，党员出党入党应有绝对自由，实不必有若何的限制。大会通过"承认先总理容纳共产党员加入本党共同努力"的条文。1月19日，大会讨论关于覃振、石瑛、茅祖权的处分问题，毛泽东建议将原案要求覃振等3人于一个月内声明脱离同志俱乐部的期限，改为两个月。因为"（一）则交通不便，一个月消息来往实不够。（二）则又使他们知道决议案慎重的真意。（三）则我们还且希望他们再走回革命之路的"。大会通过毛泽东的这一建议。

1月18日，在国民党二大上，毛泽东同丁君羊、侯绍裘等5位代表，受大会主席团指定，修改《农民运动决议案》。原来的《农民运动决议案》是农民部部长陈公博与湖南等省代表易礼容、黄学曾、路友于、丁君羊起草的。在大会讨论时，有代表提出：此案文字太长，且偏重广东一省，要求增加审查委员，重新拟定。大会主席团接受了这个意见，由毛泽东等进行修改。经修改的《关于农民运动决议案》简短明了，更加强调农民在革命中的作用，于19日被大会通过。该决议案明确指出："中国之国民革命，质言之即为农民革命。为要巩固国民革命之基础，亦唯有首在解放农民。"

1月18日在讨论《党务报告决议案》时，黄埔军校代表袁同畴节外生枝，说国民党内所以发生两派纠纷，是共产党员在国民党内从事党务活动而不肯公开造成的。他提出三个解决办法："（1）共产党员加入中国国民党时，声明自己是共产党员。（2）共产党员要将在国民党内的活动公开。（3）中国国民党员加入共产党时，要得该地党部之许可。以上三样办法，如果办到，其纠纷将不解自解。”对于这项反共提案，毛泽东等中共党籍的国民党二大代表相继作了有力反驳。毛泽东发言尤为有力：关于共产党人的身份，“如果怕声明自己是共产主义者，也决不是真正共产党员了。但是共产党在中国还算是一个秘密组织，与俄国共产党执政可以公开活动，情形不同。在中国共产党一日未能取得法律地位，是不能不秘密的。如在上海等地，也要声明，便马上要受枪毙了”。关于共产党的活动，“在共产党的友党中国国民党势力之下公开是可以的。但在他处，也要公开，就马上要给人解散消灭，这便足以使国民革命中一部分力量受一个重大打击，也于革命前途是不利的”。至于国民党员加入共产党的问题，“无论何党，党员出党入党应有绝对自由，实不必有若何的限制”。毛泽东的上述发言得到很多代表的赞成。最终，袁同畴不得不表示：“本席可以收回前时的提议。”

5. 蝉联候补中执委

在国民党二大会议上，毛泽东主持的国民党宣传工作受到充分肯定。毛泽东再次当选国民党中央候补执行委员。会后，中央常委会批准他继续代理中宣部部长。

1926年1月16日下午，国民党第二次全国代表大会进行选举，253人参加投票。中央执行委员、候补执行委员，中央监察委员、候补监察委员分别投票，15时发票、16时投票、19时开票，选举结果是：中央执行委员36名，内有共产党党员谭平山、林伯渠、李大钊、于树德、吴玉章、杨匏安、恽代英7名；候补委员24名，内有共产党党员毛泽东、许甦魂、夏曦、韩麟符、董必武、邓颖超、屈武7名（《毛泽东年谱》仅记6人，是没有将后来脱党的屈武算在内，但他当时确系中共党员。1928年2月3日，国民党二届四中全会通过的《各委员依次递补案》中提及“候补中央执行委员因隶籍共产党而开除党籍者七人”，即候补委员中有7名中共党员，包括屈武）；中央监察委员12名，有共产党党员邵力子、高语罕2名（《毛泽东年谱》没有将后来脱党的邵力子计算在内）；候补监察委员8人，内有共产党党员江浩、谢晋2人。毛泽东以173票当选为候补委员，在24人中列第二位，仅次于民族团结象征的蒙古族代表白云梯。

国民党右派当选者不多，且票数难看。除戴季陶以196票（排名第21位）当选外，孙科虽然当选为中执委，但仅获141票，在36名委员中排在倒数第一。邓泽如当选为中央监察委员，仅获135票，在12名委员中排在倒数第一。

关于国民党二大的选举问题，1926年中共中央《关于中国共产党对待国民党的策略的报告》中说："中国共产党中央主席团和共产国际的代表了解到国民党和共产党之间的关系中存在危险。为了排除这种危险，他们准备向新右派（戴季陶）作出让步。"具体表现为"今后在国民党的所有职位中，共产党人只占三分之一"，但是"我们在广东的同志和国民党左派，特别是后者，不同意按照同右派领袖们的谈判把国民党中央中的共产党员数目减少"。广东的同志认为"中央局的这个策略过于退让，并且没有完全加以执行"。结果"在新选出的36名国民党中央委员中有7名共产党员，右派中只有戴季陶、孙科和伍朝枢当选"。1943年11月17日，毛泽东在中共中央政治局会议上讲到国民党二大时说："第一个失败的关键是二次代表大会，我主张反击。因我们有三分之一，左派三分之一，其他三分之一，左派很赞成，结果我们自动退却，只要六票。"

中共党员在国民党中央各部继续占据重要岗位。秘书处（中央常务委员会）：秘书谭平山、林伯渠、杨匏安，书记刘芬；组织部：部长谭平山，秘书杨匏安；宣传部：代理部长毛泽东，秘书沈雁冰；农民部：部长林伯渠，秘书彭湃、罗绮园。此外，在中央各部任职的还有：青年部秘书黄日葵、工人部秘书冯菊坡、外事部秘书许甦魂、商业部秘书黄乐裕、妇女部秘书邓颖超。

努力维护国共合作

1926年国民党二大后，毛泽东为维护国共合作而作出努力。

1. 反对孙文主义学会

毛泽东作为国民党中央宣传部的实际负责人，继续反对西山会议派的上海伪中央及其召集的伪国民党第二次全国代表大会，维护国民党的团结和统一；批判戴季陶的右派理论，并在反对孙文主义学会上做了大量工作。

1926年3月16日，国民党中央常务委员会召开第12次会议，毛泽东列席。会议推举汪精卫起草训令，将西山会议派的伪中央叛党举动向全国各级党部宣布；授权国民政府以全力制止其召开所谓国民党二大，并下令通缉叛党分子归案严办。毛泽东代表宣传部提出《上海〈革命导报〉为伪中央机关报，应请中央通告各级党部禁止流行案》，获通过。会后，《政治周报》第8期发表《中国国民党对于上海伪中央召开第二次全国代表大会之处置》。

毛泽东对戴季陶主义的批判，代表广州国民党中央的立场。戴季陶是著名的报业人员，也是国民党宣传工作的掌门人和理论权威。1924年1月后，戴季陶担任国民党中央执行委员、宣传部部长和黄埔军校政治部主任。1925年国民政府成立后，戴季陶又担任政府委员。在1925年底1926年初，毛泽东、戴季陶两人，分任广州、上海国民党中央的宣传部部长，是两大阵营的“大笔杆”。1925年六七月间先后出版的《孙文主义之哲学的基础》和《国民革命与中国国民党》两书，贬低和反对马克思主义，鼓吹阶级调和，反对劳动工人的阶级斗争，要求共产党党员退出国民党，或者“脱离一切党派，作单纯的国民党党员”。

1925年10月13日，毛泽东出席国民党中央执行委员会第113次会议。会议决定对戴季陶擅自出版《国民革命与中国国民党》一书，通告各党员，指出该书只是“个人意思，并未经中央鉴定”，今后“凡关于党之主义与政策之根本原则之言论，非先经党部决议，不能发表”。会议通过毛泽东关于调戴季陶来广州工作的提议。12月1日，毛泽东在《革命》上发表《中国社会各阶级的分析》一文，不仅从根本上批判了戴季陶主义，指明了无产阶级要与民族资产阶级建立资产阶级国家的企图作斗争，而且帮助青年运用马克思主义的阶级分析方法，分清敌友，明确斗争方向。文章说："有一个戴季陶的'真实信徒'（其自称如此）在北京《晨报》上发表议论说：'举起你的左手，打倒帝国主义！举起你的右手，打倒共产党！'乃活画出这个阶级的矛盾惶遽状态。"

反对孙文主义学会的斗争，是毛泽东国民党二大后反右派的主要方向。孙文主义学会，由国民党右派势力组建，是一个与西山会议派有关、以戴季陶主义为理论基础，受到国民党高层支持的反动团体；也是一个以反对共产党为主要目的的政治色彩浓厚的群众性组织。孙文主义学会主要以当时的黄埔军校国民党学员为发展对象，主要头目有王柏龄、陈诚、贺衷寒、缪斌等人。黄埔军校在1925年初，由军校学生自发成立了两个学生政治组织。一个叫中国青年军人联合会，简称"青军会"，主要成员是共产党党员，负责人是周逸群、胡秉铎等。周恩来是该会实际领导人，但不出面。另一个是孙文主义学会，简称"孙文学会"。校长蒋介石是该会幕后指挥者，也不出面。孙文主义学会组织遍及全国。1925年11月19日，上海孙文主义学会成立，有会员600余人，出版机关刊物《革命导报》。1925年12月，北京孙文主义学会成立，西山会议派要员沈定一、邹鲁等在会上讲了话。

在中共党人对孙文主义学会的斗争中，毛泽东作为国民党中央候补委员和中宣部代理部长起到了特殊作用。1926年3月16日上午，毛泽东列席国民党中常会第12次会议。宣传部提出的议案中有：（1）北京孙文主义学会完全为少数西山会议派的反动分子所组织，建议中央通告各级党部，声明该会为反动派的团体。（2）广州孙文主义学会的章程应作修改，明确规定该会"受国民党中央执行委员会之指导与监督"。该会若为行动的团体，"易于落入单独及私人行动与组织之危险，若为研究的团体则应受宣传部指导"。（3）上海《革命导报》为伪中央机关报，应请中央通告各级党部"禁止流行"。以上议案，均为会议通过。

4月16日，毛泽东出席国民党中央执行委员会常务委员会第21次会议。会议在听取邓泽如关于南京举行孙中山陵墓奠基典礼时反动分子捣乱情形的报告后，决定由邓泽如、陈其瑗、毛泽东等进行审查，议定办法。4月23日中常会第22次会议，毛泽东同邓泽如、陈其瑗、杨匏安提出关于处理南京陵墓事件中反动分子的审查报告，建议中常会作出训令："全体党员不得认反动分子为党员，并不准加入各地未经本会批准擅自设立之孙文主义学会。"提案获中常会议通过。

值得注意的是，毛泽东在反对孙文主义学会的斗争中也讲究策略，并善于利用矛盾。例如发生在1926年三四月间的孙文学校申请拨款一事。孙文主义学会两度向国民政府"呈请拨款津贴孙文学校赞助革命教育"，国民政府常务委员会议决："应请中央执行委员会宣传部审查见复，并交教育行政委员会审查具复。"中宣部迟迟未予回复。在教育行政委员会复称"不能给以津贴"后，毛泽东也署名函复国民政府秘书处："孙文主义学会内容及此次开办孙文学校情形，敝部甚不清晰，无从审核复。该会前经改组设置董事，国民政府委员汪精卫、蒋介石、谭组安三先生均系该会董事，应请贵处就近询问三先生。"这样借力使力，由教育行政委员会打头阵，并将皮球踢给汪精卫、蒋介石、谭组安3人，否决了孙文主义学会的要求。（南京中国第二历史档案馆藏"孙文主义学会请拨款补助孙文学校及支会经费"，收录了国民政府秘书处、教育行政委员会和国民党中央宣传部的多件往返文电）

孙文主义学会与臭名昭著的西山会议派有密切联系。由于中共党人和国民党左派的反对与揭露，蒋介石也不敢公然支持孙文主义学会，大骂孙文主义学会骨干王柏龄等"糊涂至此，可恶殊甚"。1926年中山舰事件之后，蒋介石为打击青年军人联合会，便玩弄两面手法，借口中国青年军人联合会和孙文主义学会的斗争有违"亲爱精诚"的校训，下令解散这两个组织。4月16日，中国青年军人联合会被迫"自动取消"。21日，孙文主义学会也自行宣布解散。

2. 中山舰事件后反对蒋介石的斗争

1926年3月20日，蒋介石在广州制造了中山舰事件。3月18日，蒋介石指使孙文主义学会分子，以黄埔军校驻省办事处的名义下令给海军局代理局长兼中山舰舰长李之龙（中共党员），要调中山舰到黄埔候用。当中山舰开到黄埔时，蒋介石却指使造谣说李之龙不服调遣。以此为借口，3月20日，蒋介石宣布戒严，断绝广州内外交通；逮捕李之龙，扣留中山舰及其他舰只；包围省港罢工委员会和苏联顾问住所；驱逐黄埔军校及国民革命军第一军的共产党党员。

中山舰事件在中国现代史上具有多重意义。一方面，这是蒋介石为破坏国共合作，夺取革命领导权，蓄意打击和排斥中国共产党的事件；另一方面，也是蒋介石从汪精卫手里夺取广州国民党中央和国民政府领导权的成功尝试。在国民党二大上，蒋介石高票当选中央执行委员和常务委员，排名仅次于汪精卫。但到1月29日，蒋介石宣布辞去国民革命军第一军军长职务。这次请辞意思非常清楚：第一军军长职务之身份太低，他想当整个国民革命军的总司令。2月1日，军事委员会任命蒋介石担任国民革命军总监。蒋介石觉得与总司令比起来，总监虚多于实，所以在2月8日又提出辞职。汪精卫看清蒋介石假辞真要的用心，索性置之不理，既不准辞，也不挽留。蒋介石决意通过政变夺权。

毛泽东是最早识破蒋介石阴谋并主张坚决回击的中共领导人之一。据时任国民党中宣部秘书的沈雁冰回忆：3月17日上午，从黄埔军校传来了谣言："共产党策动海军局的中山舰密谋发动武装政变。"3月18日下午，中山舰果然准备开往黄埔。对此，毛泽东曾问过海军局代理局长李之龙。李之龙回答：这是校长的命令。本来国民党二大后，市内谣言就很多，引起毛泽东的注意。3月19日深夜十一点半，毛泽东和沈雁冰正在谈论广州的形势。宣传部图书馆的工友慌慌张张来向毛泽东报告：海军局局长李之龙被捕了！毛泽东得知陈延年去了苏联军事顾问代表团的宿舍后，决定也赶去那里。沈雁冰随同前往。毛泽东进入会议室，沈雁冰留在传达室。毛泽东回到家后告诉沈雁冰：据陈延年说，蒋介石不仅逮捕了李之龙，还逮捕了第一军中的共产党党员，扬言第一军不要共产党党员。毛泽东对陈延年和苏联军事顾问季山嘉说，我们应当动员所有在广州的国民党中央执、监委员，秘密到肇庆集中，驻防肇庆的是叶挺的独立团。目前就广州一隅而言，蒋介石的武力占优势，他有王柏龄一个师的兵力，再加上吴铁城手下的武装警察，就有一个师和一个营了。然而就两广而言，蒋介石这点兵力就居于劣势。第一军的士兵和中下级军官会反对他，其他各军与蒋介石面和心不和，李济深与蒋介石还有宿怨。他建议说：中央执、监委员到了肇庆以后，就开会通电讨蒋，指责他违犯党纪国法，必须严办，削其兵权，开除党籍。但以季山嘉为首的苏联军事代表团反对，陈延年也犹豫起来。毛泽东再三跟他们辩论，没有效果，最后决定请示党中央。

1943年11月27日，周恩来在中共中央政治局会议上谈到这个问题时说是在李富春的住处商讨对策："3月20号事变是国共关系一个关键。这以前是广东省委主张进攻，上海中央主张退守。事变打击主要对象是苏联顾问、黄埔共产党、省港纠察队。我在富春家遇毛，毛问各军力量，主张反击。"这时，毛泽东插话："蒋当时只有一个同盟军即朱培德，此外均反蒋。"周恩来说："我听了毛的话找季山嘉，他说不能破裂。而当时的军事力量是可以反蒋的，黄埔有五百余党员。""只要我们强硬，国民党左派是拥护我们反蒋的。"

沈雁冰的回忆（20世纪80年代），与周恩来的说法，有不一致的地方。按理说，毛泽东在一个晚上不可能去很多地方。《毛泽东年谱》采信的是周恩来的说法。沈雁冰的回忆是否全面准确（也可能时间上有误），现不得而知。

其结果倒是没有疑问，那就是毛泽东等人的正确建议没有被苏联顾问采纳。远在上海的中共中央也于3月29日发出指令说："蒋介石的行动是极其错误的，但是，事情不能用简单的惩罚蒋办法来解决，不能让蒋介石和汪精卫之间的关系破裂，更不能让第二军、第三军和蒋介石军队之间发生冲突。"对蒋介石，"我们现在应该全力拯救他，将他从陷入的深渊中拔出来"。

蒋介石确实很快从中山舰事件陷入的政治危机中"拔出来"了。5月15日至22日，应蒋介石要求，国民党二届二中全会在广州举行。会上，蒋介石提出限制共产党的《整理党务案》。主要内容是：加入国民党的共产党党员名单全部交国民党中央保存；共产党党员在国民党中央、省、特别市党部执行委员的人数，不得超过各该党部全体执行委员的三分之一；共产党党员不得担任国民党中央的部长；中共及共产国际发给国民党内共产党党员的一切训令应先交两党“联席会议”通过。这个提案，事先取得鲍罗廷和陈独秀的同意。中共中央派张国焘、彭述之指导出席这次全会的中共党团。毛泽东等人坚决不同意这个议案。中共党团在讨论时发生激烈争论，一连讨论7天都没有结果。何香凝、柳亚子、彭泽民等国民党左派也激烈反对《整理党务案》，以至声泪俱下。但会议还是通过了此案。

5月20日，毛泽东最后一次以国民党中宣部代理部长名义向国民党二届二中全会报告三个多月来宣传部的工作。5月25日，国民党中常会召开第28次会议。毛泽东请辞宣传部代理部长，谭平山提出辞组织部部长、常务委员会秘书两职，林伯渠请辞农民部部长、常务委员会秘书及中央财政委员会委员三职。会议决定：以上三案留待下次会议讨论。5月28日国民党中常会第29次会议正式通过毛泽东、谭平山和林伯渠的辞职案，并任命蒋介石为组织部部长，顾孟余为代理宣传部部长，甘乃光为农民部部长。蒋介石垄断了党、政、军、财大权。6月22日，国民党中央宣传委员会改组，毛泽东及其他共产党人被免去委员职务。

众所周知，毛泽东在国民党一大和二大，都是当选为中央执行委员会候补委员。但鲜为人知的是，毛泽东曾多次被“递补”。包括蒋介石主导召开的以排斥中共党员为主题的国民党二届二中全会。根据1926年5月17日《广州民国日报》登载的《本党第二届中央执行委员会第二次全体委员会议十五日会议情形》：执行委员人数出席须全体三分之二，如不足数则须以候补执行委员递补。中执委全体委员共36人，需三分之二即24人与会才具法律效力。当天出席委员19人，乃“递补”毛泽东、周启刚、黄实、邓颖超、陈嘉祐等5名候补委员“有表决之权”。报纸还登载了“本党第二届中央执行委员会第二次全体会议”合影。

按照1926年1月国民党二大修订的《中国国民党党章》“总章”的规定：“此次大会则改定候补委员如遇委员缺席时，得依次递补，取得临时表决权。”1927年3月，国民党在武汉召开的二届三中全会上，又递补毛泽东、周启刚、夏曦、许甦魂、邓演达、董必武6名中央候补执委“有表决权”。

3. 在1926年10月国民党联席会议上

国民党二届二中全会后，毛泽东不再担任国民党中宣部代理部长，但仍参与国民党中央的工作，反对国民党右派，推动国民革命和北伐战争的发展。

1926年7月4日至6日，毛泽东出席国民党第二届中央执行委员会临时全体会议。会议讨论国民革命军出师北伐事宜，通过《关于国民革命军出师对全体党员之训令》，决定发布《国民革命军出师宣言》，并举行出师典礼大会。7月9日，国民革命军在广州东较场誓师北伐。国民革命军总司令蒋介石发表就职宣言。

1926年10月15日至28日，毛泽东出席国民党中央执行委员和各省区市党部、海外党部代表联席会议。这是在北伐战争取得相当胜利的情况下召开的。会议主要讨论国民政府的发展、迁都、召开国民会议和国民党最近政策等问题，通过《联席会议决议案效力问题决议案》《中国国民党的最近政纲》。会议重申继续执行第一次、第二次全国代表大会决议，对以蒋介石为代表的新右派作了限制。

关于这次会议，1926年12月中共《中央政治通讯》第12期曾作介绍：联席会议的出席人数，共产党党员占四分之一，左派比此数稍多，再加半左派，“所以会场完全为‘左’倾空气包办；右派中派（以丁惟汾为有力领袖，戴季陶亦出席数次，未发言）共约占四分之一，但不敢多说话”。“张静江说：‘这会议纵多数通过，亦不能算本党的意思。’”张静江是蒋介石的代理人。联席会议对于蒋介石的反对政策主张进行了抵制。例如迁都问题，蒋介石会前曾电广州国民党中常会代理主席张静江、国民政府代理主席谭延闿等，要求中央和政府机关迁往武汉。会议经讨论决定：仍设广州，暂不迁移。后来，随着北伐战争在湖南、湖北战场的顺利推进，革命形势发生变化，11月28日，广州国民党中央政治会议决定将中央党部和国民政府迁往武汉。但蒋介石转而主张将国民政府迁至其控制下的南昌。毛泽东等中共党员在这次联席会议中起到了重要作用。“孙科说：有些问题‘即要找于树德、毛泽东、恽代英、侯绍裘一疏通，会场中便没有问题了’。”

10月23日，国民党中央各省区联席会议讨论国民党的最近政纲草案。毛泽东在会上提议，应“重订适合一般商人利益之商会法”。随后，陈其瑗、简琴石、毛泽东等7人联名提出《商民运动提案》。该提案说：“我们应打倒者是买办阶级及帝国主义之走狗的资本家。中小商人同是被压迫阶级，应受本党保护。”“此后做工人运动者应向工人详细解释，以免妨碍商民运动。”10月25日，国民党联席会议继续讨论国民党的最近政纲草案。在讨论农民问题时，会议否决了湖南等代表提出的关于“解散摧残农会之民团或团防局”一案。毛泽东支持湖南代表，要求将其作一议案另行提出讨论。10月26日，国民党联席会议决定由主席团指定徐谦、陈其瑗、毛泽东等7人会同主席团起草《全国联合会之政纲》。

10月27日，大会通过《全国联合会之政纲》。该政纲提出一些符合人民利益的基本要求，如“减轻佃农田租百分之二十五”“遇饥荒时得免付田租”“农民有设立农民协会之自由”等。关于“不得预征钱粮”一项，宋子文、孙科等人以国民党政治会议已决定在广东预征一年为由，提出继续实行。但毛泽东发言说：“本党最重要之政策为农民政策，预征钱粮足使农民对本党发生怀疑，不如用公债一法取之于少数有钱人较为可行。”由于意见分歧，大会主席团指定陈其瑗、甘乃光、孙科、毛泽东等与财政部部长宋子文会下商议解决办法。会商中，宋子文仍坚持预征钱粮。10月28日，毛泽东在联席会议上再次发言：“昨据宋部长说，预征钱粮不过仅收得二三百万元，何苦以此区区之数使数千万农民或大多数人民怀疑我们的决议案是不能实行呢。本席仍旧主张发行三百万殷实公债，向殷实商人募集。”双方僵持不下，主席宣布交政治会议“办理”。

10月28日，国民党联席会议举行的最后一天。会议讨论由甘乃光、毛泽东等30余人提出的《关于民团问题决议草案》。该草案提出：“旧有之民团、团防局或保卫团等组织，在事实上多属土豪劣绅及不法地主之武力，此等武力常为帝国主义、军阀及反动派所利用，破坏农民运动，摇动本党及国民政府之基础，于党及政府之前途危险实甚。”“凡摧残农民之民团、团防局或保卫团，政府须解散并惩治之。”该草案获会议通过。

会上，关于联席会议的地位和权能、联席会议决议是否有效的问题发生争论。国民党右派丁惟汾提出联席会议“没有变更或推翻中央执行委员会决议之权能，如有此等错误，即是违背总章，违背总章必定是无效的”。毛泽东说：“联席会议的性质，于开会时谭主席已说得很清楚。今天丁同志忽然提出疑问，真是怪事。”（谭延闿在开会词中说：因为北伐已得到相当的胜利，“我们应该有新的应付方法，所以由中央常务会议及政治会议讨论，以为应该召集一个全国代表大会，来决定方针，但一时又不易召集，如果召集中央全体会议，人数又不很多，所以请各省派人加入，大家来开会讨论一下”。“这次开会凡到会的都有议决权。”）“说联席会议没有地位，何以中央召集这个会议。今天来修正第一次、第二次全国代表大会的决议案，实际上的权能已经超过全国代表大会之上。所有联席会议的决议我看是完全有效，而且是不能再有人来加以修正的。”大会执行主席吴玉章提出：以“联席会议决议即须切实实行，只有第三次全国代表大会方有修正之权”等文字用决议的方式来保障本会议的决议案。吴玉章的提议获得会议通过。会议还对西山会议派及各省区孙文主义学会主持人物的处分问题作出决议。

1926年11月上旬，毛泽东奉令离开广州到上海，担任中共中央农民运动委员会书记。至此，毛泽东在广州工作、生活、战斗了一年零两个月。

四 出任国民党中宣部代部长（1925–1926年）

1925年10月至1926年5月，毛泽东代理国民党中央宣传部部长。任内，他锐意整顿部务，出版书刊，大力推进国民革命的宣传工作；同时，创办《政治周报》，反击西山会议派，批判“戴季陶主义”，并参与革命人才培养工作。

厉行整顿部务

1925年10月5日，国民政府常委会主席兼军事委员会主席汪精卫以“政府事繁”为由表示不能兼任宣传部部长职务，向国民党中央常务会议推荐毛泽东代理宣传部部长。国民党中常会通过此议，并请毛泽东“即日到部任事”。国民党中宣部全称“中国国民党中央执行委员会宣传部”，根据毛泽东1926年4月14日签发的一份公文，国民党中宣部设在广州市东门外旧省议会，电话号码是“电话总局二百四十一号”。

1. 国民党中宣部职责

代理国民党中宣部部长，是毛泽东在国民党内实际担任的一个重要岗位。毛泽东在任内，做了哪些工作呢？下面试根据1924年4月，孙中山主持的第23次中执会和廖仲恺主持的第24次中执会通过的《宣传部办事章程》，观察国民党中宣部的职责与体制。

宣传部之职务。应该说，国民党中宣部的职权范围是非常广泛的，包括新闻出版、文化艺术和教育等方面，简直是“包山包海”。根据中执会议决之宣传部职务概要，部务事项有5个方面：

1. 指挥各地“执行部及省党部之宣传部，以谋宣传言论能得一致”。业务内容相当广泛，大致涉及三大领域或战线：（1）新闻。指导党立及同志设立或管理之日报、杂志、通讯社等之经营及编辑，纠正其错误，训示其进行方针，并供给宣传资料。（2）教育。指导党立及同志设立或管理之学校，使教育方针常能适合于本党之主义及政策。（3）文艺。指导党立及同志设立之影片制造所、影戏馆、剧场及演艺团体，使取材、表演等，常能适合于本党之主义及政策。

2. 军队训育。指导党军及同志统辖之军队之政治的训育，供给关于本党主义政策之教材及教本、规划训育之方法，并查考其成绩。关于此之进行，与中央执行委员会军事部，会同组织军事宣传委员会处理之。

3. 文献编辑。印行文字宣传品解释本党宣言，及印行其他关于党的文字宣传品，如丛书、单行本、小册子、传单、图画等，向人民宣传。此项职务，得会同他部，或组织特别委员会，或委托党立及同志经营之机关行之。对于下列两项，须特别注意：（1）搜集本党总理之一切著作、演说、通电，及公开之谈话并编辑之。（2）搜集本党同志重要之著作、演说、通电，及公开谈话。

4. 办理党立宣传学校。编定教授课程、讲习纲目，并监督其教授，以养成能宣传本党主义及政策之人才。

5. 书刊检查。检阅一切杂志、日报所载关于国际、国家、社会、政策等论文，以及各书局所出版之书籍，除分别保存编放外，并编成目录。其表式如下：（1）发行机关。（2）年月日。（3）论题。（4）著作人及党籍。（5）论旨。其中本党机关及同志所出版之文字目录，应于每月月初，刊载于本党发行之周刊。

中宣部还直接管理监督几乎所有文化教育和新闻出版事业。中宣部办事章程规定："党立及同志经营，而为本党所公认之文化机关（如日报社、杂志社、通讯社、学校、学会、讲演会、剧场、影戏馆、音乐会等），须与本部保持密切之关系。每月一次须将事业状况，报告于本部。"包括：（1）收支状况。（2）新闻杂志之纸数册数，书籍之种类及册数，学校各科及级之教员、学生人数等。（3）一般状况。如现在办事人员有无更动，经营顺适与否，社会之反应如何等。

宣传部之组织。宣传部之部务方针由两种会议决定。一是联席会议。关于宣传方针、宣传事业规划，有重要问题发生时由本部召集联席会议，列席者包括：中央执行委员、各部部长、监察委员；党立学校校长及学长；党立新闻社社长及编辑撰述主任；其他由本部临时认为须列席之中央各部职员。二是本部会议。决定本部执行之事件，列席者如下：部长、秘书、宣传指导员、检阅员、编纂员，其他临时由部长指定之职员。关于特殊及专门事项，得特设各种委员会执行之。

宣传部职员及任务：（1）部长：总理部务，一切文件由部长签字后，始得发行。（2）秘书：协助部长，整理部务，保管文书及图书，编制本部之部务报告书，起草一切公文函件，并与各机关接洽。部长不在时，代行部长之责任。（3）宣传指导员：执掌宣传言论事项。（4）编纂员：执掌宣传口印行和编纂重要著作，举办并监督党立宣传学校。（5）检阅员：执掌快报检查，并保存编外。（6）录事：执掌抄写。（7）助理秘书及编纂员：编制目录填写表格。此外，还有送信等杂役。

2. 整顿中宣部部务

一是建立制度。毛泽东甫上任，就致力于整顿部务，使宣传工作走上正轨。为纠正宣传工作无计划、不敏捷、不普遍的缺陷，毛泽东着手健全工作体制。

毛泽东初到职的时候，中宣部状况是很恶劣的。原部长汪精卫，因为公事忙的缘故，很少到部办公。汪精卫的内弟陈春圃担任宣传部秘书，部中大小事务都由其办理。此外还有五六个职员，但都像北京政府那些衙门的老爷一样只会坐着，暮气沉沉。宣传部工作毫无表现，不仅没有什么出版刊物、书籍，连传单都没有一张。

1925年10月7日，中宣部举行第一次部务会议。毛泽东便着手对宣传部工作进行整顿。毛泽东经过调研发现，国民党中央的宣传工作存在很多问题，主要有：（1）党报不健全；（2）对各种重要事件的宣传指导不敏捷；（3）指挥系统完全缺乏，上下级党部的宣传部间完全失去联络，各自为战，许多宣传部负责人放弃职务；（4）检查纠正之职务完全旷废；（5）宣传材料之搜集及下发，完全未办；（6）有计划的党内教育几乎没有做；（7）宣传偏于市民、缺于通民，偏于文字、缺于图画。毛泽东在国民党二大上继续检讨宣传工作中存在的问题：惟在宣传方面，两年来尚未能将本党革命目标及方法，深入占全国人口最大多数之工农小商群众中；在教育方面，更未能建立一具体的教育党员计划，使全体党员革命化。

毛泽东要求各级党部都要高度重视宣传工作的意义，要有专人负责。关于党的宣传工作，本来国民党一大通过的党章中就有明确规定。但毛泽东认为，如果只是例行公事地去做，那是一定做不好的，应当“明确宣传的目的意义，自觉地去做起来”；各种宣传“应尽量利用时机，一面揭破一切反动势力之阴谋及罪恶，一面揭示本党之主义及政策，使全国被压迫民众日趋于革命化”。因此，毛泽东强调：宣传部在下发文件、宣传品时都要说明目的、意义，务使各级宣传人员目标明确，使用合适的宣传方法，收到预期效果。例如，中央宣传部下发由毛泽东拟定，并经国民党中央执行委员会通过的《中国国民党之反奉战争宣传大纲》中，“首为反奉战争各方面之分析，次举宣传纲领，次列九个口号”。

二是加强计划。毛泽东对宣传计划工作的注意，使宣传部工作一改过去杂乱无章的状态。宣传工作必须克服盲目性，有计划地进行。毛泽东主持制订的宣传计划十分详尽，他用这些计划把宣传部各方面的工作都统筹起来。宣传计划既有总计划，又有专门计划，如图书宣传计划、民众宣传计划、党内发书计划、编纂计划等。各种计划不仅强调目的性，而且强调针对性，反对笼统无针对性的宣传，强调要注意党内宣传和党外宣传有别，工人、农民、学生、商人、士兵宣传有别，民众文化高低层次宣传有别，广东革命根据地与军阀统治区域有别等。

宣传部制订的宣传计划或大纲，或由毛泽东亲自动手，或由属员按其指示拟就，毛泽东审阅修订后才能发出，甚至经过严格审议程序。例如国民党二大后，毛泽东指示“要起草一个用中央名义的宣传大纲，向全国宣传此次大会的精神”。沈雁冰与萧楚女将大纲草拟好后，毛泽东仔细看过并作文字修改，提交国民党中常委。1926年3月2日，在国民党第9次中常会上，宣传部提出《第二次全国代表大会宣传大纲案》，会议决议："照原文通过。惟须加军队与人民合作一段，由宣传部将第二次全国代表大会关于军队之议决案之重要意义补入。"据此，毛泽东亲自加写"军队与人民合作"一段，于3月5日再次提交第10次中常会。会议审议："通过，并再加一段文字，将各种议决案之重要意义一并列入。"3月9日，国民党中央第11次常务会议才正式通过"第二次全国代表大会宣传大纲"。

毛泽东非常重视宣传口号的提出，宣传口号代表了政治方向，具有政治目的性和阶级性，帝国主义提出的"反共产"和"赤色帝国主义"两个反革命口号，成了官僚买办资产阶级、土豪劣绅向革命派进攻的武器，"国内各派大小军阀一致拥护"。因而毛泽东认为必须提出响亮的革命口号，以号召民众，指明斗争方向。

三是健全机构。毛泽东非常注意宣传部组织系统的建立和健全工作。整顿部务，首重人才。国民党二大后，毛泽东进一步加强宣传人才建设，调进萧楚女、沈雁冰等共产党党员。"实际上宣传部的工作都是共产党做的。"1926年初国民党二大召开，各方代表来广州甚多，毛泽东多方罗致，聘请各方人才分任干事，宣传部人才济济，"一时有人才内阁之称"。据沈雁冰回忆，毛泽东认真地对他说："过两三天后，国民党中央常务委员会委员开会，到那时，我将提出任命你为秘书，请中常委通过。"沈雁冰一听，有些惊讶，不解地问："任命一个秘书，也要中常委通过么？"毛泽东回答说："当然，部长之下，就是秘书，其他如妇女部、青年部也都如此。"沈雁冰一听秘书是在部长之下，觉得担子很重。毛泽东宽慰道："不要紧，不要紧，萧楚女同志可以暂时帮助你处理部务。"

在1926年2月8日的国民党中央执行委员会第三次常务委员会会议上，毛泽东提出沈雁冰为宣传部秘书，顾谷宜为指导干事，吴求哲、陈曙风为编辑干事，萧楚女、朱则、赖特才、朱稚零为检阅干事，王慧民为图画干事，李劼为图书护理干事，张昭、刘宜民、黄春源为助理，张克强为发书处发书员，杨庚梅为录事，袁苏为剪报工，中宣部的力量配备大大加强。为调动工作积极性，他在中常会上提议："助理黄春源办事谨慎，其月薪增加为60元。"不久，毛泽东请病假秘密往韶关去视察那里的农民运动，沈雁冰代为参加2月16日的国民党中常会，会议决定：在毛泽东同志因病请假两星期期间，宣传部部务由沈雁冰代理。

在1926年4月27日国民党中央执行委员会第23次常务委员会会议上，毛泽东提议"宣传部下设宣传委员会，以讨论计划全国宣传事项"，中常会同意并派汪精卫、毛泽东、陈公博、甘乃光、彭泽民、陈其瑗、林祖涵7人为委员。5月4日，增补胡汉民、顾孟余、邵力子为宣传委员会委员。5月13日，毛泽东主持宣传委员会研究北伐宣传问题，决定将《广州民国日报》与《国民新闻》合并，仍用《广州民国日报》名义出版，并由政治委员会加派2人、中央党部派2人、广东省党部派1人，组织管理委员会加强监督与指导。毛泽东也注意加强地方宣传机构。在国民党中央执行委员会第11次常务委员会会议上，要求委任李春涛为汕头岭东民国日报社社长。

3. 出版革命书刊

一是重视资料积累。毛泽东本人喜欢读书看报，强调搜集储存书刊资料的重要性，指出许多材料当时未曾收集，事后便收集不到，极为可惜。1925年12月7日《广州民国日报》刊登了一则关于"征求旧报"的广告："征求六月一日到十月三十日之《广州民国日报》两全份，《香港工商日报》或他报一全份（不全亦可），可出厚价，应征者请将价目函告中央党部宣传部毛泽东。"到1926年初，宣传部"设立宣传材料储藏机构，即扩充原有之图书室，应订海内外日报、刊物若干份，并订阅外文杂志及书若干种"。毛泽东要求广泛搜集报纸书刊，书店买不到的就到旧书摊上去买。到1926年5月毛泽东离任时，宣传部图书室已有一定规模，共有国内日报124种，国外中文报21种，外文报5种，周报及小刊物122种，中文书289种，英文书3种。此外还搜集了画报、壁报、中文杂志和外文杂志等。

毛泽东提出改进资料征集工作的计划。首先，把原来的检阅干事改组为检阅会议，定办事细则，规定每个检阅干事各备小册记录每天检阅所得，于检阅会议时提出讨论；检阅会议对于党内外出版物谬误之言论记载应拟具纠正或驳斥大纲，交本部秘书核定处理。他要求检阅干事调查国内外中文日报及各种定期刊物，调查外文的定期刊物，对于其发行量、内容、读者对象均要详细调查。他向检阅干事们指出：无论哪一种报纸和书籍，只要它有销路，我们就应该注意。毛泽东要求宣传部的同事们经常自问："为什么这一种书有人看？看这一种书是些什么人？这种书在社会上将产生一些什么影响？"

二是编辑"国民运动丛书"。毛泽东认为，国民党中央宣传部出的书籍，品种单调、种类少、发行面窄，不能满足工农民众需要。他说，两年来"中央党部出版的书30种……中央宣传部编纂的约5种，共发行393959册，惟散发偏于广东方面"。毛泽东不满足于这种状况。1925年11月27日，毛泽东在国民党中央执行委员、监察委员、各部部长第123次联席会议上提案将国民政府颁布的重要文件收入"国民教科书"。1926年3月16日，毛泽东又在国民党中央执行委员会第12次常务委员会会议上提出关于在中国国民党编纂委员会内设立教科书编纂委员会的议案。4月27日，在国民党中央执行委员会第23次常务委员会会议上，毛泽东提出5项议案。关于编辑理论丛书，他提出：（1）扩大党及国民政府之宣传于全国各地，在上海等处收集稿件，编印关于"革命理论策略史事"之丛书小册；（2）变更编纂办法，"用买稿法"。中常会决议："照准。"

1926年5月4日，在国民党中央执行委员会第25次常务委员会会议上，毛泽东提出两项议案均获通过：（1）宣传部提出审定编辑"国民运动丛书"办法案，决议"照原案通过"；（2）宣传部请审定丛书目录案，决议"交宣传委员会审查"。会议还任命沈雁冰为驻沪编纂"国民运动丛书"干事。5月14日，毛泽东主持中央宣传委员会，决定"编辑国民运动丛书，先编五集，书目分60种，聘请国内名人担任撰著，于最短时间刊发出"。5月15日，宣传委员会决定再增加"中国农民问题""中国职工运动"和"国际联盟"等4种书目。毛泽东对该丛书的印刷、印数、费用、发放范围、编辑方法都作了具体设计：每册至多一万二三千字，至少八千字。

这套“国民运动丛书”对当时国共两党党员和民众都有很大的教育意义。毛泽东拟定丛书时不仅考虑了内容，而且考虑了普及民众，每本文字少、价钱便宜，民众能择其所需而购买。这套丛书不仅对革命运动产生了深远影响，而且也是中国现代出版史上的盛事。虽然这套丛书由于毛泽东辞职而没有继续编下去，但是其所出版的部分书籍产生的深远影响和重大意义却不可忽视。

三是多途径办党报党刊。毛泽东十分重视报刊的作用。他认为，宣传部成立两年来，在编辑宣传刊物方面成绩不甚多，原因在于没有设置固定人员编撰，稿源不广、质量不高。有的党报因反动派封闭或叛入敌党，出版发行很不正常。国民党二大专门通过的《关于党报决议案》明确规定：日报和周刊的编辑员，由中央执行委员会及各省执行委员会任命，并且监督他们的言论，中央和各省委员会对于党的政策既负全责，故得斟酌情形，撤换编辑员，或取消该宣传机关，中央党部设立调查员，供给报告及论说材料于本党各党报。中央执行委员会的宣传部，应依本党对于某项时事问题的决议，按期通告于本党各机关报。

毛泽东重视加强“党报”扩大宣传。他向国民党中央建议：凡有国民党组织的省份，就应当有自己的言论机关。有条件的省份，可以自己办党报；无条件的省份可以津贴原有的报纸，使之改变方向，为宣传国民党的方针服务。全国重要的地点，以20处计，平均每处津贴报纸1家，每家津贴200元，计每月共费津贴4000元，仅相当于办一家党报之经费，然“收效已普全国”。国民党中央党部采纳了毛泽东的建议，于是毛泽东督促有条件的湖北省党部办起《楚光日报》，湖南创办《湖南民报》，上海接管了“国民通讯社”。无条件的地区采取津贴的办法，例如在国民党中常会第12次会议上，毛泽东提出《津贴九江〈江声时报〉案》。在国民党中常会第23次会议上，毛泽东提出《湖南省党部开办党报，请每月津贴600元案》，中常会决议“照准”，并决议：“津贴湖南党报600元之经费，先于香港党报存款项下暂时支用，至香港党报开办时，另行设法。”

西山会议后，右派分子叶楚伧等人把持上海《民国日报》，把它变成了西山会议派的机关报，大肆发布反动言论，混淆视听，使上海舆论为国民党右派分子控制，影响恶劣。自上海《民国日报》变为拥护西山会议派的报纸后，上海即没有由广州国民党中央宣传部直接领导的党报。毛泽东决定在上海另办一家国民党的报纸，以压制右派的反动舆论。在1925年12月11日的国民党中央执行委员、监察委员、各部部长第126次联席会议上，鉴于上海市第一区党部第13分部来函控诉上海《民国日报》，会议决议："关于上海《民国日报》问题，交中央宣传部部长审查，并拟具办法呈复核办。"毛泽东根据中执委决议，审查了上海《民国日报》的右派言论。在1926年4月13日的国民党中常会第20次会议上，毛泽东提出《开办上海党报案》，拟请任张静江为经理，张廷灏为副经理，柳亚子为编辑部主笔，沈雁冰为副主笔，侯绍裘、杨贤江、顾穀宜为编辑委员。毛泽东要求宣传部原秘书沈雁冰"到上海后赶紧设法办个党报，有了眉目就来信给我罢"。沈雁冰到上海后立即向陈独秀汇报，并积极筹划办报事宜，新报拟名为《国民日报》。后因故没有办成。

至于周报方面，国民党原有《党声周刊》《评论之评论》等数种，但都是办了不久就停刊或时办时停。1925年10月，毛泽东决定由中宣部筹办一种周刊，即著名的《政治周报》。

四是重视党史研究编纂。毛泽东是国民党党史工作的早期推动者之一。1925年10月16日，毛泽东在国民党中央执行委员、监察委员、各部部长第114次联席会议上提出《〈中国国民党概要〉第1集现已编就，内有秘密文件应否发表，及印刷费由何处拨付案》。会议决议由常务委员1人、中央监察委员1人及各部部长组织"审查委员会"审查；会议还通过汪精卫提出的《关于党史之编纂，应由本党组织编纂委员会办理案》，并指定毛泽东、甘乃光、詹菊似3人起草章程。

10月21日，国民党中央执行委员会常务委员林伯渠就此事致函毛泽东等人。公函说：本月16日本会第114次会议，汪委员精卫提议《关于党史之编纂应由本会组织编纂委员会办理案》，经与议决通过并指定毛泽东、甘乃光、詹菊似3人起草章程，提出审定在案。为此书达，查照毛泽东、甘乃光、詹菊似同志。

毛泽东等3人，用了大约一周的时间完成了该章程。10月23日，在国民党第115次中执会上，毛泽东、甘乃光、詹菊似提出《国民党编纂委员会章程请审定案》。决议“章程第一条下之（二）项改为（一）项，余照原文通过”。

扩大宣传于各地

1. 加强地方工作指导

在毛泽东到任前，国民党中央宣传部管辖范围仅广东一省，与其他省市党部的宣传部均无联系。许多地方宣传部的负责人各行其是，使宣传工作极不统一，有的因缺乏指导而放弃职责。为了统一宣传工作，扩大影响，加强领导，沟通上下级宣传部门，毛泽东致力于建立健全宣传系统的正常关系。毛泽东通过报纸、刊物、文件及各种沟通渠道向各省市宣传部布置工作，加强地方宣传部宣传工作的计划性和目的性，促进国民党中央与各省宣传工作的统一。同时，坚决要求各省市宣传部向中央宣传部报告工作，加强对地方宣传工作的督促与指导。

1925年10月7日，中宣部第一次部务会议决定请中央通告各地：以后凡散发各种传单和出版各种报刊有关党义者，均要先交宣传部审查。10月14日，中宣部开第二次部务会议通过拟定《发给书籍章程》，并讨论《发给书籍计划案》：（1）所有各种宣传品物，先分给各地高级党部，如特别市党部、海外党部，转给各下级党部分发各党员，以资普遍，其余各特区党部、工团、学校、军队及县党部于省党部未成立以前，亦须备函盖章，方能领取（张克强负责办理）。（2）调查海外国内省内市内各地党员人数，及各该地之学校、工团、军队、图书馆、阅报社与其他公私团体，以便分给宣传品物（由吴求哲制定调查表）。（3）发书手续应即从速登报，及通知各级党部。

10月16日，《广州民国日报》刊登“中央宣传部启事”，规范书刊发给制度：本部所有印刊之宣传品物，现经部务会议议决规定，嗣后先由本部分给各地高级党部（如广州之特别市党部，海外总支部等），转给各下级党部分发和党员，以资普遍。其余各特别区党部、工团、学校、军队及县党部，于省党部未成立前，可备函盖章，直接来部领取。“若不依此手续领书，恕不发给。”

10月23日，中宣部开第三次部务会议，讨论决定下列事项：（1）国民大学请派员往该校主理“‘孙文主义’案”，决议：①本部应派员往担任；②派本部指导干事梁绍文同志担任，于梁同志未销假前，特派陈曙风同志暂时代理；③规定“宣传大纲为划一宣传计划及进行”。（2）本部职业概要，应从速登报及通告各级党部及各机关团体，“俾宣传工作一致之进行案”，决议：将本部“职务概要”登报及通告各级党部、各军政治训练部、各机关团体、学校、报馆等，“依照中央执行委员会决议案执行本部职务”。（3）“整顿官印刷局案”，决议：①派陈曙风、赖特才、王慧民同志前往调查，以为将来改良先着；②将“官印局”改为“中央印刷所”。

10月30日，毛泽东以代理部长名义发出宣传部通告：各执行部、各省党部、各特别市党部之宣传部，其组织人员及工作，以前均单独直接报告过中央宣传部；中央宣传部亦少直接指挥过各地宣传部；这是以前的缺点，亟宜改正。各地宣传部接此通告，应将组织情形办事及宣传人员姓名、履历、任事久暂，通信寄报明密地址急速函告中央宣传部。并将两年来宣传工作概要，最近宣传工作详情，于通告到后十天内，结具报告寄来中央宣传部，以凭考察。以后各地宣传部至少每月通讯一次（不必注重形式）。特此通告。

毛泽东还十分注意利用参加国民党中央执行委员会常务会议（有各部部长和中央监察委员参加的联席会议）的机会，提出宣传部的各种议案，使宣传工作列入了国民党中常会的议事日程。从1925年10月13日，毛泽东参加国民党中央执行委员会第113次会议起，到1926年5月25日参加国民党中央党部第28次常务会议，毛泽东以中央宣传部和个人名义，向国民党中央常务委员会提出多项议案。毛泽东及其领导的中宣部，注意加强革命宣传运动的领导与引导，在广州国民党中央组织的革命宣传中起到很好的作用，推动了工农群众运动的发展。

2. 建立“上海交通局”

为了加强各省市的联系，毛泽东在上海设立交通局。上海交通发达，易于和南北联系，通过上海可迅速发放宣传品到长江流域和长江沿省。因为孙传芳（号称“五省联帅”）派人驻上海邮政总局，专扣广州寄出的书报。为破解这个难题，毛泽东向国民党中央提出在上海设立交通局的构想。1925年11月，毛泽东代表宣传部提出《上海交通局组织及经费案》，决议通过，并提前拨给经费。

交通局很快建立起来。由中共党员恽代英负责（后恽代英到广州任职，改由沈雁冰负责），办事人员全是中共党员。毛泽东一直很关心交通局的建设。1926年4月6日，在国民党中常会第18次会议上，“宣传部代部长毛泽东同志报告，现在交通局事务繁剧，增设一助理员，以司其职，已委许志行同行充任”。

上海交通局专门负责翻印国民党中央宣传部出版的《政治周报》和所发的各种宣传大纲及文件，转寄北方及长江一带的国民党省党部。上海交通局设立后，中央宣传部与各地的联系大大加强，各种宣传品源源不断地送到长江一带及北方各省。仅1926年2月到5月的三个多月时间里，交通局就发送了宣传品41种，共计22万多件，对扩大革命宣传起了重大作用。1926年5月20日，毛泽东在国民党二届二中全会上所作的《宣传部工作报告》中总结说：“国民党一大以来，中央与北方中部各地党部甚形隔阂，宣传品差不多完全只发散在广东方面，自交通局设立，始有大批宣传品送达北方长江各省。”1926年5月底，毛泽东卸任中宣部代部长，交通局事务改为中央秘书处管理，仍由沈雁冰代理主任。

1926年4月27日，毛泽东在国民党中常会第23次会议上提出“扩大国民党和国民政府的宣传于全国各地”，会议决定交政治委员会办理。到1926年5月，全国向中宣部报告工作的省市达12个，中宣部收发文件千余份。

3. 国民党二大的宏大规划

在1926年1月召开的国民党二大上，毛泽东代表中央宣传部提出了今后一段时间里国民党宣传工作的方针政策和中长期规划。

毛泽东等人执笔起草的《关于宣传决议案》拟订13条宣传计划：（1）统一中央及各省执行委员会的实际宣传工作。（2）中央及各省的宣传部须致力于目前政策的解释。（3）中央和各省宣传部应当根据“《总理遗嘱》的实现，就是中国解放的成功”的口号，进行宣传的工作。（4）抽象宣传不能造成一个群众的党，要使民众相信本党确能为他们在实际上谋利益。（5）将党对民众所应做的工作，继续列出中国民族的解放途径，定为民众所认识。（6）中央和各省委员会的宣传工作，必定根据群众的实际利益去执行。（7）宣传部应当正式指示：凡是赞同中国农民的解放运动的，就是忠实的革命党员，不然就是反革命派。（8）宣传部应时常指示各党员，并且命令他们趋重农民这个重心。（9）本党的宣传应注意普遍于全国各处。举凡乡村、省、县、商埠、重镇的大小事件，均不应脱离本党的视线。本党中央和各省的宣传部，就是本党处理各该事件的设计者。（10）军队的组织有军需部供给全军的服装和军械。宣传部之在本党，正和军队里的军需部相类，供给党员及民众以政治的学识、行动的方策。（11）宣传部应当是本党最活泼、最敏捷的机关。故凡本党能纂述书籍、小册子、编辑论说、拟就宣言和口号的党员，都应参与宣传部的工作。宣传部是汇集本党精神劳力，运用本党精神劳力，指导精神劳力，来实现本党政策的总机关。（12）宣传部和党员及民众的联络，极关重要。（13）凡在本党统治区域以内的宣传部，致力于普通宣传工作，应唤起民众拥护本党政府的同情。

经国民党二大通过的《关于党报决议案》提倡革命宣传，规定了以下口号及政策。（1）广东为中国国民革命运动的根据地。（2）广东因在忠于总理遗训及第一次全国代表大会指导的国民党的统治之下，在行政上、军事上、财政上、经济上都得到了莫大的进步。（3）凡反对国民政府，或设法倾覆国民政府的政权，破坏国民政府的名誉，或另外结合小组织谋不利于国民政府的，通是反革命者或有意无意的帮助反革命者。（4）国民党在广东正从事于统一全国政治的任务。国民党在广东的成功，将促成国民革命的实现。所有足以妨害广东的成功的障碍，一定要不顾情面，不怕危险的去扫除他。（5）必须个个党员视国民革命的利益不但重于自身的利益，党员的家族亲属或其他团体的利益，也不能和国民革命的利益相比拟。（6）国民党不是一个互助的团体，乃是为中国的自由统一而奋斗的革命党。凡不能从事国民革命的工作，或忘记了这个伟大的责任，就是违反了总理和国民的希望。（7）本党的纪律是打倒帝国主义和军阀，统一中国的武器，凡违反本党纪律的就如同临阵脱逃的兵卒一样。（8）口头革命，不服从上级机关的指挥，或既受命令而不能执行的，都是违反纪律的行为。（9）本党党员，因牺牲自身、惠爱同族，对少数分子施以严厉的手段，也是不能免的。四万万同胞，不能依和平的手段来统一，暴力也是需要的。暴力的意义，就是组织和纪律。党员个人是本党所统制的分子，党员个人的利益是包括在党的利益中间的。所以党员的利益，应当为本党的利益而牺牲。（10）唯有组织良好、纪律森严的国民党，才能于扑灭国内外敌人后，建立国民政府。（11）本党只要问党员能致力于废除不平等条约运动否？能努力打倒军阀否？能努力建立国民政府以统一全国否？如能，他就是一个国民党党员。

毛泽东参与制定的国民党二大关于宣传工作的方针与计划，体现了改组后的中国国民党的阶级立场和政党特征；同时运用了马克思主义的基本原理特别是帝国主义理论和阶级分析方法，符合中国共产党的统一战线主张，新民主主义革命色彩鲜明。由于毛泽东辞职，这些规划未能完全实施。

创办《政治周报》

毛泽东创办的《政治周报》，在反击国民党右派、推动国民革命向前发展等方面，都产生了积极的影响。对此，毛泽东在1936年对埃德加·斯诺说："我在广州担任《政治周报》的主编，这是国民党宣传部出版的一个刊物。后来它在抨击和揭露以戴季陶为首的国民党右派时，起了非常积极的作用。"

1. 创刊背景

《政治周报》是毛泽东代理国民党中宣部部长期间主办的国民党中央机关报，在中共党史和中国革命史上都具有重要历史地位，也备受学术界重视。但关于《政治周报》创办背景，存在一些不尽准确的观点。1925年11月27日，国民党中央决定创办《政治周报》；12月5日，《政治周报》正式创刊。《政治周报》通常被认为是针对11月23日在北京召开的西山会议，是为反对西山会议派而创刊的。

国民党一大后，工农运动迅猛发展，反帝、反军阀的呼声高涨。与此同时，帝国主义、反动军阀和右派分子诬蔑国民党的新三民主义和三大政策的气焰也高涨起来，反动派提出"反共产""赤色帝国主义"两个口号，号召帝国主义在中国的工具——官僚军阀、买办阶级和土豪劣绅一齐向国民党进攻。香港、上海、天津、北京、奉天（沈阳）、汉口各埠帝国主义分子办的报纸及外国通讯社造谣诬蔑挑拨中伤，无所不用其极。国内各派大小军阀也一致拥护帝国主义提出的这两个口号。香港《工商日报》、上海《新闻报》等卖力宣传这两个口号，研究系、安福系、联治派和国家主义派所办报纸，以及国民党西山会议派控制的上海《民国日报》也一起卖力地起哄，上演了一曲反革命大合唱。

面对国内外的反革命舆论攻势，毛泽东在代理国民党中宣部部长后不久，就根据国民党在各省特别是北方宣传工作的具体实际，决定主办“一种周报”。1925年10月25日，由毛泽东署名发出的一份“宣传部通告”说：

> 现在广东以外各省各埠，帝国主义、奉直军阀、买办阶级安福系、研究系、联治派、国家主义派等，各种反革命报纸，对于本党在广东的工作种种造谣诬蔑的宣传，如“实行共产”“英俄夹攻”“内讧”“自杀”等等，手段极为恶毒，几乎普遍地蒙蔽了北部及中部的民众。即本党同志，亦不免因路途不明真相发生疑虑；即无疑虑分子，亦无从根据事实作反攻的辨正。这完全是因为本党在各地的宣传不是极其微小，就是完全没有的原故。本党各级党部，亟应指挥所属负责同志，借各种机会，对外为反攻的宣传，对内为切实的解释。现经决定在本部管理之下，出版一种周报，其材料十分之九为实际事实之叙述，十分之一为辨正之议论。大批散发于北部中部各种社会各种民众乃至反革命派各种机关群众之间，以为他们辨认广东真相的证据。同时发给此周报于各地各级党部，以为对内解释对外宣传的根据。在周报未出版前，先将《广州民国日报》重要新闻，逐日剪下封寄各执行部、各省党部、各特别市党部，以应急需。

在这份通告发布的前两天（10月23日）中执会的讨论事项中，有一条为“宣传部提出《〈广东周报〉计划案》”，决议是“交政治委员会”；30日的政治委员会会议批准提案，并决议“组织委员会创办大报，以甘乃光、毛泽东、陈孚木、陈公博为委员”。11月27日，毛泽东在国民党第123次中央执委会提出《〈广东周报〉问题案》。会议批准由宣传部主办，每期2万份，由国民党政治委员会拨给经费。国民党中央决定同意宣传部提出办《广东周报》的提议，名称问题决议改名《政治周报》。12月5日，《政治周报》在广州问世，“中华邮政挂号认为新闻纸类”，由广州“政治周报社出版”。

毛泽东在《政治周报》创刊号上发表的《发刊理由》与前述“宣传部通告”在表述上并没有大的变化。这就是说，毛泽东最初筹办“周报”（《政治周报》前称）的时候（10月份），西山会议尚未召开，还没有所谓的西山会议派。因此，说《政治周报》是为反对西山会议派而创刊，显然不够确切。当然，说《政治周报》旨在反击以西山会议派为代表的反革命宣传，则是没有问题的。

毛泽东在《〈政治周报〉发刊理由》中说：“我们为了革命，得罪了一切敌人。”反革命派“怨愤之余”，颠倒黑白，混淆视听，使“全国国民尤其是北方及长江各地各界人民，所在被其迷惑，对于广东真相，完全隔绝。乃至同志之间，亦不免发生疑虑”。对于这种反革命的宣传，“我们现在不能再放任了。我们要开始向他们反攻，‘向反革命派宣传反攻，以打破反革命宣传’”。国民党现有舆论机构无法担此重任。这是毛泽东创办《政治周报》的背景与缘由。

毛泽东创办《政治周报》

12月8日，《广州民国日报》报道《政治周报》创刊的消息：国民党中央宣传部，以各处反动政派所办反革命宣传机关，对于广东革命工作肆其丑诋，尽情污蔑，亟宜发起大规模的反攻宣传，因此出版《政治周报》。“该报一方面供给各地党部以实际材料，以为对外辨正的根据，一方面供给各地民众，以广东革命工作的实况，使能辨认广东的真相。”闻第1期印2万份，尚不够分配，2期以后，每期或将印3万份至4万份，注重散布北方及长江。广东方面只分配一小部分，由省党部、市党部或特别党部分配于各区分部或小组，同志个人不能向中央索取，各同志要看者，均须向本市各书店去买。闻定价极低，每份只收铜元四仙云。

《政治周报》从1925年12月5日创刊，到1926年6月5日停刊，共出版了14期（13本）。既为“周报”，最初是每周一期，后因事耽搁半月一期，甚至一个多月出一期。通讯处就设在毛泽东的寓所，毛泽东亲自担任主编，杨开慧担任助理编辑。毛泽东编辑4期后，沈雁冰接续编辑了1期（即第5期）。1926年3月，沈雁冰离开广州回到上海后，由张秋人主编。总计14期共刊登各类文章114篇，约40万字。毛泽东在主编《政治周报》前4期时，在上面撰写发表了21篇文章。《政治周报》发行4万份，居全国报刊之冠，影响极大。

2. 前期《周报》

《政治周报》把斗争锋芒指向帝国主义和军阀

毛泽东主编的《政治周报》前4期，可称作“前期《周报》”。毛泽东编辑前期《周报》期间，正值直奉战争期间。1925年冬，全国各地主要城市掀起了反奉倒段的示威运动。毛泽东在《政治周报》第1期上发表了由他亲自拟定并经国民党中央会议通过的《中国国民党之反奉战争宣传大纲》，给各地国民党党部提出了详细的宣传要点和口号，及时有力地指导了反奉战争宣传工作的开展。毛泽东在该宣传大纲中，要求各党部要认清反奉战争的实质，指出：奉直两派军阀的斗争，不过是帝国主义在华争夺利益的战争，我们的任务在于利用军阀间的矛盾，暂时把直系放在一边，集中火力反对奉系军阀，从而集中火力打击英日帝国主义。待到奉系军阀打倒之后，“再以国民之力，肃清直系”。

《政治周报》第1期《反攻》专栏7篇短小精悍的杂文，以辛辣、嘲讽的笔调揭露在反“赤化”的反革命大合唱中，军阀杨希闵、刘震寰和陈炯明的种种滥调。

在《政治周报》第4期上，毛泽东以笔名“石山”发表《十二月二十日广州的反段大示威》，报道广州各革命团体参与的要求国民政府出兵北伐“以打倒卖国殃民的段政府”的游行大示威。报道说：“全国反奉高潮已压得奉系军阀不得不分化而溃裂”，但绝不能寄希望于军阀的自行崩溃，必须以人民的武装革命夺取政权。“民众未有武装的积极行动，使直奉战争变为民众与军阀不流血的成功，其结果将使人民仍然不能夺取政权恢复其国家主人地位。”毛泽东阐明了变帝国主义、军阀战争为人民革命战争，以人民革命夺取政权的思想。

前期《周报》斗争的第二个所向是西山会议派

第1期刊登的《中国国民党中央执行委员会严驳北京党员之违法会议》一文，揭露西山会议派均属于“腐败懒惰分子”，“日惟升官发财为念”，他们的罪恶行为目的在“企图倾覆国民政府”。毛泽东采写了题为《革命派党员群起反对北京右派会议》（刊于《政治周报》第2期）和《反对右派会议者遍于全国》（刊于《政治周报》第4期）的长篇综合报道，连续刊载全国各地声讨西山会议的49则通电，使西山会议派陷入强大的舆论攻势包围之中，四面楚歌，内部分崩离析。

第3期《反攻》专栏中，尽情揭露西山会议派勾结帝国主义、背叛革命、背叛国民党的行径。《北京右派会议与帝国主义》一文，通过对帝国主义“所想”的与右派分子“所做”的对比，揭露右派对帝国主义亦步亦趋的奴才本质。《帝国主义最后的工具》一文指出，右派进攻是帝国主义企图从革命阵营内部攻破革命阵营的最后办法，右派就是帝国主义的“最后工具”。《右派的最大本领》一文，揭露西山会议的右派分子寻求帝国主义庇护的丑恶行径，胡吹能在军阀眼皮底下开会，“只有怕革命党的军阀，哪有怕军阀的革命党”。毛泽东揭露右派分子在军阀眼皮底下平安无事地开会，只不过是“先得敌人谅解”。“它们只有胆子在段祺瑞面前开会，没有胆子到广州开会，因为广州的革命空气把他们吓杀了”。这就给右派描画了一幅卖身投敌、以奴为荣的奴才相，使其原形毕露，无处藏身。

毛泽东在《国民党右派分离的原因及其对于革命前途的影响》（刊于《政治周报》第4期）中揭露了戴季陶曲解孙中山的遗教的反动实质，指出孙中山主义与戴季陶主义的对立实质是“救苦”与“发财”的对立：孙中山要救千百万工农的苦，所以他要坚持“扶助农工”；戴季陶为了他自己和他的阶级“发财”，所以他要“欺抑工农”。这样，撕去了“纯正的三民主义”的假面具。

在《政治周报》第1期刊登的由毛泽东起草的《中国国民党对全国及海外全体同志解释革命策略之通告》，总结了国民党改组及改组以来党内斗争的历史经验：（1）国民党内左派与右派的尖锐斗争，早在改组前就存在。由于孙中山的坚决抵制，右派的目的没有达到。（2）改组之后，右派与左派的斗争更日趋尖锐。“彼辈知阻挠之无济于事，乃公然叛变”。由于国民党左派坚持孙中山的革命精神，以强毅勇猛的努力，使党内叛逆得以平定。（3）西山会议派分子“显系一班叛党党员”，他们于右派种种阴谋破产之后，公然举起分裂国民党的旗帜。（4）孙中山确定的联俄与容纳共产派分子，是孙中山确定的达到革命成功的重要政策。破坏联俄容共政策，是帝国主义、军阀的“职事”。该通告表达了坚决反击右派的态度。

3. 后期《周报》

从第5期开始，《政治周报》由沈雁冰、张秋人编辑，可称为“后期《周报》”。

1926年1月国民党二大召开期间，《政治周报》停止出刊。国民党二大结束后，毛泽东兼任多项职务，不再负责《政治周报》的具体编辑工作。

沈雁冰是1926年1月来广州出席国民党二大的，会后到国民党中宣部任秘书。编辑《政治周报》是沈雁冰的重要任务之一，由他续编第5期。对此，

《毛泽东年谱》说："从这一期起，主编由沈雁冰接任。"实际上，沈雁冰只编了一期，即第5期，于1926年3月7日出版。

中山舰事件后，党中央调沈雁冰到上海工作，调张秋人自上海来广州，接替沈雁冰。张秋人到广州后，到中宣部任职，也住在毛泽东寓所，睡在萧楚女空出的床铺上。沈雁冰与张秋人进行了交接，沈雁冰将《政治周报》存稿交与张秋人。张秋人编辑《政治周报》时，因人手少，除亲自撰写文章、组稿外，还负责中宣部的其他工作，但没有与沈雁冰一样担任中宣部秘书。据《广州民国日报》载，1926年4月23日，国民党召开第22次中常会，毛泽东参加会议。会上，"宣传部请委赖特才为该部秘书案，决议，照准"。1926年4月10日，张秋人编辑的《政治周报》第6、7期合刊（"中国国民党第二次全国代表大会特号"）出版，收录国民党二大文件。第8期，4月19日出版。第9期，4月26日出版。第10期，5月3日出版。第11期，5月10日出版。第12期，5月17日出版。第13期，5月24日出版。第14期，6月5日出版。此后，《政治周报》停刊。

张秋人离开中宣部后，继续在毛泽东领导下从事其他革命工作，并备受赏识。曾到广州农民运动讲习所讲授各国革命史课程。1928年牺牲，年仅30岁。1931年秋，毛泽东在江西瑞金对钱希均（毛泽民第二任夫人，也是浙江诸暨人，曾是张秋人的童养媳，两人情同兄妹）谈话时说："张秋人是一个好同志，好党员，很有能力、很会宣传、很有群众基础，可惜他牺牲得太早了。"

五 主办第六届广州农讲所（1926年）

毛泽东开创“农村包围城市、武装夺取政权”的中国革命道路；毛泽东领导的人民军队，也被称为新型“农民武装”。这不是偶然的，他在大革命时期被称为“农民运动大王”。瞿秋白曾号召中国的革命家，都要像毛泽东那样“代表三万万九千万农民说话做事，到战线去奋斗”（《〈湖南农民运动考察报告〉序》）。这一切，与他1926年在广州主办农民运动讲习所有密切关系。

背景与由来

毋庸讳言，广州农讲所后来是因毛泽东而广为人知的。实际上，毛泽东只是其最后一届即第六届的主持者。所谓“广州农讲所”，正式名称中并无“广州”字样，只是因为在广州举办（也有称为“广东农民运动讲习所”）。第一至第五届，全称为“中国国民党中央执行委员会农民运动讲习所”；毛泽东主办的第六届，全称为“中国国民党农民运动讲习所”。但一般很少用全称。

1. 农讲所的创办及早期实践

广州农民运动讲习所，由国民党中央农民部举办，相关文献里的“党”或“本党”，都是指国民党。但历届农讲所主任或所长均由中共党人担任，教员也大多是共产党党员。这是大革命时期国共合作特殊历史条件下的产物。

国民党一大后，共产党党员林祖涵担任国民党中央农民部部长，彭湃任秘书，负责农民部日常工作。后来农民部部长相继更换，但彭湃仍然担任秘书。1924年6月30日，经彭湃提议，国民党中央执行委员会第39次会议决定：组织农民运动讲习所，以一个月为讲习期，讲习完毕后，选充为农民运动特派队员。讲习所由中共党人主导。对此，中共广东区委的报告说：“我们因用国民党中央农民部名义工作，开办农民运动讲习所。”国民党右派邹鲁则十分不满：“农民部其部长初为共产党员林伯渠。林去职，彭素民继之，然一切部务，则为秘书共产党员彭湃所把持。……初设农民讲习所，突然提出党部，通过招生，数日后即举行考试，阅卷在谭平山室，非阅卷中文字，乃阅卷面名字，凡非共产党人之名，悉予弃置而已。”

应当说，国民党方面也热衷于创办农讲所。第一届农讲所期间，廖仲恺曾到农讲所作题为《农民运动所当注意之要点》的演说。1924年8月20日，孙中山参加农讲所第一届毕业典礼暨第二届开学典礼，并作了《耕者有其田》的训词，对毕业学员寄予厚望：你们毕业之后，到各乡村去联络农民，这是我们国民党做农民运动所办的第一件事。“农民都联络了之后，我们的革命才可以成功。”

第一届农讲所于1924年7月3日开学，至8月20日毕业，主任由彭湃担任，招收学生38名（其中女生2名），毕业33名，远不敷任用。国民党中央决定续办。第二届于8月21日开学，主任罗绮园，学生225名（女生13名）。11月1日提前毕业，毕业142名。前两届都是招收广东籍学生，所址均在越秀南路惠州会馆。第三届于1925年1月1日开课，4月3日毕业。所址迁至东皋大道广东省农民协会大楼。主任阮啸仙，学生128名，毕业114名，来自广东的30个县，以及四川、广西和广州市郊。第四届于5月1日开学，9月1日毕业。主任谭植棠，招收学生98名，毕业76名，包括部分湖南、广西籍学生。

第五届于1925年9月14日开学，12月8日毕业。学员114名，有来自广东、广西、湖南、湖北、江西、福建、安徽、山东等8个省的学生，分甲、乙两班：甲班64人，为外省学员；乙班50人，为广东本省学员，毛泽东之弟毛泽民担任甲班班长（一个多月后奉中央调令赴上海工作）。原定10月1日开学，因甲班学生由远方而来，且先到所数十天，故提早开课。毛泽东到广州时，正值彭湃主持的第五届农讲所开办。彭湃邀请毛泽东担任教员，其他教员有罗绮园、阮啸仙、谭平山、鲍罗廷等。毛泽东在讲授中，介绍了湖南韶山等地农民运动的情况，向学员了解各地农村社会经济和农民生活状况，并讲解新撰写的《中国农民中各阶级的分析及其对于革命的态度》。12月8日，两班同时毕业。

前五届广州农讲所，积累了丰富的办学经验，为毛泽东办好第六届广州农讲所，乃至后来的武汉中央农民运动讲习所打下了基础。1926年1月召开的国民党二大，对前五届农讲所的成绩给予充分肯定。

2. 毛泽东主办农讲所的优势

毛泽东在广州农讲所历任所长（主任）中，颇有些特别。他是唯一的外省人，也不是农民部秘书，而是农民运动委员会委员，时任国民党中央候补执行委员和中宣部代部长，层级相对较高。更重要的是，他有两个方面的基础与优势。

首先是思想基础。毋庸讳言，毛泽东最初专注于学生运动和工人运动。他1925年11月在《少年中国学会改组委员会调查表》填写道：1920年1月入会后，“教过一年书，做过两年工人运动，半年农民运动，一年国民党的组织工作”。从事农民运动的时间不长，但他早就有“为农民说话做事”的思想基础。

第一，农家子弟的经历及影响。

毛泽东出身于农民家庭，自幼熟悉农民的悲惨生活状况，对农民有深厚感情。

毛泽东从6岁起，就在父亲毛顺生的严格督促下做家务、干农活。特别是14至15岁的两年间停学在家，白天同大人一起在田间劳动，晚间替父亲记账。毛泽东跟家里雇的长工一同干活，练就一身干农活的本领，犁、耙、耕、耘几乎样样都会。毛泽东对于父亲的严厉曾十分反感，后来在回忆此事时说：“他是一个严格的监工，看不得我闲着，如果没有账记，就叫我去做农活。”

毛泽东的母亲文七妹是普通的农家妇女，并不识字，但出身于湘乡县唐家托（今已划归韶山市）的一个小康之家。毛泽东深受外婆家家庭教育的熏陶。母亲热心待人，淳朴善良，极富同情心。灾荒年月，常常背着丈夫送米送饭给逃荒的人。平时，她虔诚地烧香拜佛，把“积德行善”“因果报应”一类信念灌输给孩子。母亲的言传身教，使得毛泽东从小就同情穷苦农民。

1910年4月，湖南闹粮荒。长沙饥民成群结队到巡抚衙门请愿，并冲进衙门，砍断旗杆，赶走了巡抚。后来，饥民遭野蛮镇压，许多人被斩首示众，首级被挂在旗杆上。毛泽东为饥民们抱不平，并认识到：农民们没有一整套政治策略而只是单纯地反抗是不会成功的，遂萌生组织农民反抗官府的想法。

第二，稔熟农民起义与战争史。

毛泽东在私塾就读时，主要是读“四书”“五经”。他渐渐对经书产生反感，背着老师读《精忠传》《水浒传》《三国演义》《西游记》《隋唐演义》。他后来回忆说：“我读过经书，可是并不喜欢经书。我爱看的是中国古代的传奇小说，特别是其中造反的故事。”毛泽东在阅读了大量旧体小说后发现一个问题：书中描写了那么多的武将、文官、书生，却从来没有一个种田的农民作为书中的主人公。农民为什么在文学天地里没有地位？经过反复思索，毛泽东终于找到了答案：“后来我就分析小说的内容，我发现他们全都颂扬武士，颂扬人民的统治者，而这些人是不必种地的。”他意识到，农民只有通过造反才能获得解脱。毛泽东对伙伴们说，“我长大也要写书，写关于农民的书”，立志“为农民说话做事”。

毛泽东成为一个马克思主义者后，提出关于中国古代农民战争独特的科学见解。1921年10月，毛泽东在衡阳的湖南省立第三师范学校，向学生们作了《中国历史上的农民战争问题》的讲演。他介绍历史上的陈胜、吴广、黄巢、李自成、张献忠、洪秀全等农民起义领袖的事迹，总结农民起义的经验和教训，指出这些反抗封建王朝的农民革命，因为没有先进阶级和政党的领导，所以都失败了；并以俄国十月革命的经验为例，说明工人阶级的领导和无产阶级革命的必要。

其次是实践基础。他既有湖南农民运动的经验，也有丰富的办学历练。

第一，毛泽东有从事农民运动的实践经验。

毛泽东在早期革命活动中，一直留意如何解决中国的农民问题。毛泽东创办的自修大学于1922年9月设立补习班，他讲授了根据湖南情况所写的《告中国的农民》。1923年4月，毛泽东派常宁水口山矿工人、共产党党员刘东轩、谢怀德回家乡衡山岳北发动农民，于9月中旬成立衡山岳北农工会，会员达万余人。1923年11月，中共三届一中全会中央局的报告说：新起的农民运动有两处，一在广东省之惠州，一在湖南省之衡山，衡山“有万余人的群众运动”。

广东之惠州，指的是彭湃领导的海陆丰农民运动；衡山的农运，则与毛泽东有关。

毛泽东于1924年底因病回湖南休养。1925年春节后，他回韶山亲自领导农民运动。他注意到：在五卅运动中，上海与广东的情况形成鲜明对比：上海工人阶级的斗争，因未得到农民的支持而陷入孤军奋战；省港大罢工中广东工人阶级的斗争，因得到农民的支持而长期坚持下来。毛泽东后来回忆说："以前，我没有充分认识农村里阶级斗争的程度，但是，在1925年'五卅'惨案以后，以及在继之而起的政治运动的巨浪中，湖南农民变得非常有战斗性，我离开了我在休养的家，发动了一个把农村组织起来的运动。"

第二，毛泽东有丰富的办学经验。

1913年春，毛泽东考入湖南省立第四师范学校（后并入湖南第一师范），1918年毕业。1919年4月，毛泽东在湖南长沙修业小学任历史教员，每周10节课。1920年暑假，毛泽东被聘为湖南第一师范附属小学主事（校长）。次年被聘任为湖南第一师范国语教员。1921年11月，毛泽东填写少年中国学会会员终身职业调查表，在"终身欲从事之事业"一栏中，他填写的是"教育事业"。

毛泽东还有举办成人教育的历练。1917年10月，他担任湖南一师学生会干部时就在校内筹办"工人夜学"。1921年8月，他拟定《湖南自修大学组织大纲》，与贺民范、何叔衡等在长沙创办湖南自修大学。1925年在韶山领导农民运动期间，毛泽东根据办工人夜校的经验，创办农民夜校。他在毛氏宗祠创办了韶山第一所"农民夜校"。杨开慧主持夜校工作，毛福轩等积极分子有的组织农民上学，有的担任教学工作。夜校学员大都成为秘密农协的骨干分子。

1925年9月到广州后，毛泽东并没有放下心爱的农民运动。1925年11月，毛泽东在《少年中国学会改组委员会调查表》的"学业"栏写道："研究社会科学，现在注重研究中国农民问题。"12月，毛泽东写信给中共韶山支部，并送《农民协会简章》，建议在原有组织的基础上成立区农民协会，推动了湖南农民运动的发展。他对农民问题的研究渐获党内外认同。毛泽东在1936年回忆说：到广州后，"我写作越来越多了，同时在共产党农民工作中负有特殊责任”。

正因为如此，毛泽东在1926年1月召开的国民党二大上，受大会主席团指定修改《农民运动决议案》。原来的《农民运动决议案》为时任农民部部长陈公博主持起草。有代表认为：该案文字太长且偏重广东一省。经毛泽东修改后的《农民运动决议案》简短明了，强调农民运动的作用：“中国之国民革命，质言之即为农民革命。为要巩固国民革命之基础，亦唯有首在解放农民。”并写道：农民运动讲习所为造就农民运动人才、发展全国农民运动之枢纽，在全国革命需要上极为重大而迫切。大会议决：在北京、广州两处办农民运动讲习所一所。

第六届农讲所

毛泽东主办的第六届农讲所，自1926年5月开学，到9月毕业，学习时间只有4个月。有的文章说毛泽东1926年5月才主办农讲所，这是不准确的。因为毛泽东从1926年2月就开始筹办农讲所了。

1. 筹办工作

国民党二大闭幕后，毛泽东即参与农讲所的筹办。负责农讲所筹办工作的中央农民部经调查后决定扩办广州农讲所：诚以南北相距甚远，而北方广大农民群众，亟须宣传组织。开办两所，自属必需。惟北方政局变化不定，京所开设，尚难进行。惟有将本部原办农民运动讲习所，另觅地址，大加扩充，从全国各省招生来粤，每3个月毕业一次，派往各省。虽多道途之劳，足应各地之急。

1926年2月5日，国民党中央第2次常务会议决定设立农民运动委员会。同日，国民党中央农民部发出第1号通告，宣布农民运动委员会9人名单：林伯渠（主席委员）、陈公博、毛泽东、甘乃光、宋子文、谭植棠、萧楚女、阮啸仙、罗绮园。由此，毛泽东参与对国民党农民运动的领导。会议通过举办第六届农讲所的有关事项，并于次日发出第2号通告："中央农民部根据第二次全国大会之议决，为发展全国农民运动起见，特扩充广州农民运动讲习所，从各省选派学生来所肄业。"通告要求国民党各省党部选派学生，应注意如下："1. 学生须经过严格考试，具备下列4项资格：（1）决心做农民运动，并无他项异想；（2）中学程度，文理通顺；（3）年龄在18岁以上28岁以下，身体强健无疾病；（4）富勇敢奋斗精神。2. 不收女生。3. 学生来粤路费每人若干元，到粤食用由党部供给。4. 4月1日开课，学生须于3月25日以前齐集广州（携带省党部介绍信）。5. 三个月毕业，派回本省工作。"农民部并预付学生来粤路费。后经政治委员会主席汪精卫批准支给毫洋5100元，作为各地来粤学生路费。

1926年2月8日，国民党中央召开第3次常务会议，林伯渠、杨匏安、恽代英、吴玉章、毛泽东等参加，会议决定拨番禺学宫供农讲所使用（国民革命军第二军军官学校迁出）。毛泽东为着手主办农讲所做了大量准备工作。2月14日，毛泽东致信国民党中央秘书处和林伯渠请病假。请假条说："中央秘书处常务委员诸同志：因脑疾增剧，须请假两星期特地到韶州疗养，宣传部事均交沈雁冰同志办理，特地奉告，即祈察照为盼。"2月16日，沈雁冰代表毛泽东出席国民党中常会，会议正式决议："宣传部长毛泽东同志因病请假两星期，部务由沈雁冰同志代理。"据沈雁冰回忆，此次毛泽东"因病"请假，实际是秘密往韶关视察那里的农民运动，为农讲所开学作准备。

关于农讲所的招生范围，毛泽东认为：全国革命形势的发展，需要培养更多的农民运动干部，以发展全国农民运动，配合即将进行的北伐战争。毛泽东特别注意招考北方省区学员。中共陕西省组织负责人魏野畴于国民党二大后北返之前，受毛泽东的委托，去北方为农讲所招生。魏野畴到北京后，向中共北方区委书记李大钊汇报，经研究决定从在北京、天津学习的陕西籍进步青年中抽调元维修、乔国桢、马致远、李波涛、张超等10多人赴广州农讲所学习。

在第六届农讲所筹办过程中，国民党右派竭力阻挠和破坏，企图通过占用农讲所所址（番禺学宫）、限制农讲所经费和拖延拨款等办法，阻挠农讲所筹办。由于毛泽东、林伯渠等人的坚决斗争，国民党右派的阴谋没有得逞。

1926年3月16日，国民党中央农民部农民运动委员会召开第1次会议，讨论开办第六届农民运动讲习所的具体问题。决定：以番禺学宫的全部为讲习所所址，继续占用广东大学部分房屋作为讲习所学员宿舍之用。关于招生问题，会议决定将学员名额扩充至300人。会议并就有关问题作出决定："1. 所长，决议请毛泽东同志担任，请求中央照准。2. 教员，拟请汪精卫、林伯渠、陈公博、甘乃光、张太雷、萧楚女、熊锐、黄平、邓中夏、刘一声、高语罕、张伯简、谭植棠、阮啸仙、罗绮园担任。3. 其余各办事员由所长负责请人充任。"

3月19日，国民党中常会第13次会议，批准了农民运动委员会关于举办第六届农讲所的上述方案，正式任命"毛泽东同志为农民运动讲习所所长"。

3月30日，农民运动委员会召开第2次会议，通过毛泽东提出的筹办农讲所的3项议案：（1）任命高语罕为农讲所政治训练部主任。（2）变更在广西招生的办法。前决议在梧州所办宣传员养成所选派30名学生，"（决议）30名学生仍由梧州市党部负责考选，不限于宣传员养成所，总以属于梧州附近各县县籍、决心作农民运动之青年同志为限"。（3）民众运动与政治有密切关系，目前各省农民运动应以全力注意将来革命军北伐时经过之区域，如赣、鄂、直、鲁、豫诸省。会议并批准下列事项：补助江苏选派农讲所学生来粤旅费，指派农讲所毕业学员韦启瑞前往襄助广西农民运动，浙江请准送农讲所学生5人来粤并发川资。

经过周密筹备，全国各地选派的农讲所学员陆续到粤。1926年3月27日，毛泽东致函中央政治委员会，请拨"常月费"支应农民运动讲习所的工作。公函以中央执行委员会名义发出（附农民部开来预算一份），用"中国国民党中央执行委员会宣传部用笺"书写，没有毛泽东署名，但从笔迹看，确为毛泽东拟稿。公函说：关于经费，分为开办费、常月费二项，开具切实预算，呈请中央查核。计开办费5411元，常月费7980元。开办费一项，由各省农（民）运动经费内扣留三成，扣足两个月，即可应用。常月费，则因各省农民运动发展，四月以后经费须预算实支，不能再扣，应请中央设法拨给。

4月10日，农民部指派毛泽东、林伯渠、高语罕、罗绮园、阮啸仙、谭植棠组成“考试委员会”，对各省区选送的学生进行复试，于4月下旬发出录取通知书，5月1日报到。毛泽东在面试学生时，向学生详细了解各地乡村情况及农民生活状况。5月3日，第六届农讲所在番禺学宫举行开学典礼。番禺学宫是明清两代培养封建士大夫和祭祀孔子的地方，现在却挂上了马克思、恩格斯、列宁、孙中山的画像，柱上贴着“工农兵联合起来”“农民运动万岁”“打倒军阀列强”等标语。出席开学典礼的有谭延闿、甘乃光、何香凝、彭湃、彭述之，以及广东大学校长褚民谊、文科学长郭沫若，国民大学校长陈其瑗等人。开学典礼由农民部部长林伯渠主持，毛泽东报告农讲所筹办情况，并提出今后办学思路。

第六届农讲所旧址大门

农讲所原定于4月1日开学，因国民革命军第二军军官学校未及时从番禺学宫迁出而延期。开学后，又值广东全省农民代表大会借用本所开会，直到5月15日才开课。

2. 基本情况

第六届农讲所结束后，国民党农民部所办《中国农民》第9期刊登《第六届农民运动讲习所办理经过》说："查本届农所，为本党第一次大规模之农所，应全国农运之要求，集20省区之学生于广州，而训练之。"其要点如下:

（1）学生统计。原定学生名额300人，后以来学者多，加收16人。6月间又增收11人，共有学生327人。开学后，因为疾病或其他原因先后退学的9人，至毕业时318人。

（2）授课情形。5月3日虽已开学，因为课堂被广东第二次全省农民代表大会用为会场，至5月15日才开始上课。除去实习时间，课堂教学13星期，252课时。课程表及授课教师如下表所示。

课程名称	授课教师	课时
三民主义	陈公博、陈其瑗	6课时
中国国民党史	甘乃光	6课时
中国农民问题	毛泽东	23课时
农村教育	毛泽东	9课时
帝国主义	萧楚女	14课时
中国民族革命运动史	萧楚女	5课时
社会问题与社会主义	萧楚女	9课时
中国政治状况	彭述之	12课时
中国财政经济状况	陈启修	4课时
经济学常识	陈启修	18课时
苏俄状况	陈启修	18课时
中国史概要	恽代英	10课时

（续表）

课程名称	授课教师	课时
地理	毛泽东	4课时
中国职工运动	李立三	17课时
广东第二次农民代表大会决议案	罗绮园	15课时
广宁高要曲江农运状况	周其鉴	6课时
海丰及东江农民运动状况	彭湃	4课时
军事运动与农民运动	周恩来	6课时
法律常识	毛宪	9课时
统计学	安体诚	9课时
农业常识	韦义光、蒲良柱	16课时
农村合作概论	于树德	10课时
各国革命史	张秋人	9课时
革命画	黄焯华	14课时
革命歌	李一纯	4课时

上列功课25门，“于革命之理论及方法，尤以农民运动之理论及方法，大体已备”。上列备课，多数均有讲义或参考材料发给学生。

（3）军事训练。将学生分为两队，每队分为6区队，设总队长1人、队长2人、区队长6人。于五、六、七三个月内，实行正规之军事训练，共计训练10星期，上操128个小时。由总队长赵自选，队长黄征泮、罗焕荣，区队长马天恨、毛华达、杨汉池、张士表、胡衍、田中杰等担负训练之责。

（4）实习。50人赴韶州实习1星期，全体赴海丰实习2星期。赴海丰实习在将届毕业之时，学生于上课已久，接受各种理论之后，亲入革命的农民群众中，考察其组织，目击其生活。

（5）授课以外之理论研究。本届设专任教员1人，除讲堂授课外，指导学生为上堂以外之理论研究。专任教员为萧楚女，毛泽东亦参与之。发给下列各种书籍每学生一全份：

《三民主义》《建国方略》《建国大纲》《汪精卫先生演讲集》《帝国主义之政策的结果》《帝国主义浅说》《资本制度浅说》《社会进化简史》《中国国民党第二次全国代表大会宣言及决议案》《中国农民月刊》《农民运动周刊》《犁头周报》《中国民族运动及其策略》《孙文主义讨论集》《孙中山先生对于农民之训词》《中国国民党之农民政策》《革命政府对于农民运动宣言》《广东省农民协会章程及农民自卫军组织法》《广东省第一次农民代表大会之重要决议案》《广东省第二次农民代表大会之重要决议案》《湖南农民运动目前之策略》《农民合作概论》《列宁与农民》《农民国际》《俄国农民与革命》《中国农民问题研究》《土地与农民》《苏俄之农业政策》《社会革命与农民运动》《日德意三国之农民运动》《步兵操典》

凡重要书籍，在阅看之先，由专任教员萧楚女从各书的重点部分列出问题公布出去，然后由学生看书，根究所问，随看随作答案，限期交卷。由专任教员在答案中选出数份加以改正，缮好张贴在墙壁上，名曰“标准答案”。然后将所有答卷发还学生，令照“标准答案”自行改正其错误。通过这种方法，帮助学生开展理论研究，效果非常好。

（6）实际的农民问题研究。第六届农讲所的学生来自各省，毕业必须回到各省从事工作，故对于各省实际的农民问题“亟须研究”。农讲所组织安徽、江西、湖南、湖北、四川、云贵、两广、福建、江浙、山东、奉直、豫陕、三特别区（指察哈尔、绥远、热河）等13个农民问题研究会。每一研究会由各该省学生组织之。推干事1人，书记1人至8人主持其事。各研究会开会每星期一次至二次。

开会时由教务主任陆沉负指导之责，在各省研究会内，引导学生研究实际问题。引导学生做出下列各种全国的调查：

①租率；②主佃的关系；③抗租减租平粜等风潮；④利率；⑤拖

欠逼账及烂账等情形；⑥田赋；⑦抗粮情形；⑧厘金杂税杂捐及临时捐；⑨自耕农、半自耕农、佃农、雇农数目之比较；⑩地主的来源；⑪货物价格与农产价格之比较；⑫工价；⑬失业情形；⑭祠堂组织及族政情形；⑮地方公会组织及财产状况；⑯地方政治组织；⑰地方政治情形；⑱会党及土匪；⑲团防情形；⑳教育状况；㉑销售何种洋货，影响如何；㉒兵祸及其影响；㉓天灾及其影响；㉔贪官污吏及其影响；㉕烟赌偷抢各种情形；㉖出产什么及其销售地；㉗妇女的地位；㉘农民的观念及感想；㉙从前与现在地价之比较；㉚从前与现在农产品价格之比较；㉛农村组织状况；㉜地质之肥硗；㉝宗教之信仰状况；㉞度量衡；㉟民歌；㊱成语。

（7）编印《农民问题丛刊》。为满足全国农运同志研究上之要求起见，农讲所极力节省原预算内不必要开支，编印《农民问题丛刊》，计共52种。到1926年10月实际出版17种。

第一种　《孙中山先生对于农民之训词》
第二种　《中国国民党之农民政策》
第三种　《革命政府对于农民运动宣言》
第四种　《广东省农民协会章程及农民自卫军组织法》
第五种　《广东第一次农民代表大会之重要决议案》
第六种　《广东第二次农民代表大会之重要决议案》
第七种　《广东省党部第一次代表大会对于农民运动之决议案》
第八种　《湖南农民运动目前之策略》
第九种　《农民合作概论》
第十种　《列宁与农民》
第十一种　《农民国际》
第十二种　《俄国农民与革命》

第十三种 《中国农民问题研究》
第十四种 《土地与农民》
第十五种 《苏俄之农业政策》
第十六种 《社会革命与农民运动》
第十七种 《日德意三国之农民运动》

另有35种尚在印刷或编辑中，“这部丛刊如能完全出版，在目前之农民问题之迫切的研究农民运动之急激的发展中，确实可尽相当的供给材料之责”。这个书目单，体现了毛泽东的设想，与“农民问题”的讲授要点基本对应。

3. 教育教学

课堂讲授。毛泽东在第六届农讲所讲授中国农民问题、农村教育与地理3门课程。

6月初，毛泽东开始为农讲所学生讲授中国农民问题课程，共授课23课时。他在讲课时，总结中国农民斗争历史，特别是辛亥革命以来的历史经验。毛泽东指出：在此之前，中国革命党人都没有注意研究农民问题，辛亥革命、五卅运动之所以失败，在于“完全未得三万万二千万之农民来帮助和拥护”。毛泽东还从人口、生产、革命力量、战争关系、革命目的5个方面阐明农民问题在国民革命中的地位。他说：“国民革命的目标，是要解决工农商学兵的各阶级问题；设不能解决农民问题，则各阶级问题也无由解决。可以说中国国民革命是农民革命。”解决农民的土地问题是革命党的一个中心问题。讲稿在谈到国家问题时说：“国家是一个阶级拿来压迫另一个阶级的工具。我们的革命民众若将政权夺在手中时，对反革命者要用专制的手段，不客气地压迫反革命者，使他革命化；若不能革命化了，或赐以惨暴的手段，正所以巩固革命政府也。”

6月3日、8日、25日，毛泽东为农讲所讲授农村教育课程，指明“农村教育是现社会很大的问题，今后的教育要适合于农民的需要，适合于农民经济的发展，并使农民得到解放”。毛泽东关于未来的工农教育特别是农民教育的构想，既否定了旧式的地主阶级教育、私塾教育，以及新式的资产阶级教育，提出了新民主主义教育的基本方向与框架。毛泽东讲授的地理课，阐述学习地理与革命工作的关系。他要求学生除对全国性地理概况有所了解外，主要对本省的山川形势、人情风俗习惯，以及地理对政治的影响等，都要了解。

毛泽东擅长运用阶级分析方法，注意将农民问题与民族问题结合起来，并同时宣传党的民族政策。他对蒙古族学员说：“要使各民族人民都获得解放，就得团结起来，不要分汉人蒙人。其实，汉族的地主、官僚不仅欺压你们蒙族，也一样欺压汉族；你们蒙族的王公也同样不仅压迫、剥削汉族，也压迫、剥削你们蒙族人民。汉族的地主、军阀跟蒙族的王公们有勾结，他们是一家，我们蒙汉的人民又是一家，所以蒙族人民要解放，就一定要跟汉族的穷苦农牧民联合起来，共同打倒他们。”他说：“这里也有其他少数民族的学员，要使民族解放，就得有本民族的干部。你们要好好地学习，回去好向群众宣传。”他还说：“你们蒙族人民要解放，必须跟汉族人民联合起来，把蒙汉农牧民组织在一起，就有力量。”

毛泽东在广州农民运动讲习所与学员们交谈（油画）

毛泽东特别重视组织学员的思想政治教育。他经常给学员作报告、谈心，多次亲率学员参加政治集会。他以农讲所所长身份参加政治与社会活动：8月14日，毛泽东以农讲所所长身份应邀参加在中大礼堂举行的中华农学会第9届年会开幕大会并致辞。8月17日，毛泽东参加国民党广东省农民协会执行委员会扩大会议并发表演说。8月20日至9月中旬，他为国民党广东省农委举办的调查员训练班讲课，讲授共产国际、苏俄、土地问题。

团队合力。农讲所学员还得到共产党许多优秀干部的教育和指导，如周恩来、彭湃、萧楚女等，都是毛泽东的得力助手，又是农讲所学员的良师益友。

周恩来在东征和主政东江期间，十分注意做发动和武装农民的工作。周恩来在第六届农讲所，主讲“军事运动与农民运动”。他运用马克思主义的基本原理，以亲身参加武装斗争的实践经验，阐述军事运动与农民运动的相互关系。

教员彭湃，曾主办第一、第五届农讲所，是广东农民运动著名领导人，被称为“农民运动大王”。在第六届农讲所里他讲授“海丰及东江农民运动状况”时现身说法，以自己开展农民运动的经验体会教育学员们：他从日本留学回来，开始搞农民运动时，农民不愿与他谈话交往。后来，他找出了原因：一是他对农民说话太文雅，农民听不懂；二是他的面貌服装与农民不同。于是，他脱下学生洋服，穿上粗布衣裳，把书本上的术语变成农民易懂的俗语。结果，听他演讲的农民不断增加。很快就把农民发动起来，把海丰的农民运动搞得轰轰烈烈。

农讲所里有一位有名的“麻脸教员”，他就是专任教员萧楚女。1926年1月初，萧楚女到广州，国民党二大后担任国民党中央宣传部干事兼阅览室主任，协助毛泽东工作。3月，萧楚女因在《广州民国日报》发表关于纪念黄花岗七十二烈士的论文一篇，“为中枢当局所不满”而辞职，离开宣传部专做筹备农讲所的工作。因拟任教务主任的陆沉未到职，毛泽东让萧楚女代理教务主任，并把农讲所的日常工作也委托他办理。萧楚女是毛泽东主办第六届农讲所的得力助手，毛泽东对他的工作非常满意。1964年，毛泽东在回忆往事时说：萧楚女没有上过学校，不但没有上过洋学堂，私塾也没有上过。我是很喜欢他的。农民运动讲习所教书主要靠他。他是武昌茶馆里跑堂的，能写得很漂亮的文章。

中共党支部书记彭公达，是毛泽东领导的湖南农民运动中涌现出来的农运骨干。1926年3月，经毛泽东介绍，担任农民运动委员会秘书。不久担任农讲所党支部书记，协助毛泽东开展党的组织活动，发展党团员。1927年9月，彭公达作为中共湖南省委书记，辅助毛泽东领导秋收起义。11月，因秋收起义失败被撤职，次年被捕牺牲。毛泽东对这位昔日助手也未忘怀。1953年4月，他在给彭公达养子彭树庄的信中，褒扬了彭公达为革命牺牲的精神。

农讲所军事教官伍中豪，早年就读于北京大学（三年级），1925年5月考入黄埔军校第四期。毕业后赴广州农民运动讲习所任少校教官，协助毛泽东开展工作。1927年参加秋收起义，参与创建井冈山革命根据地，曾任红十二军军长、中革军委委员；参加指挥大小战斗百余次，与林彪、黄公略并称井冈山时期毛泽东麾下“三骁将”。军事专家金一南称之为“毛泽东第一爱将”。毛泽东多次表扬伍中豪“能打仗，会做群众工作，是文武全才”。1930年牺牲时年仅25岁。

4. 所务管理

毛泽东对农讲所的管理非常重视，特别是专任农讲所所长后，他常在学员饭堂里和学员吃饭，了解伙食情况。开始时，伙食办得不好。毛泽东发现事务主任有贪污行为，就坚决把他撤掉，指示学员成立“膳食管理委员会”，发动群众对伙食实行民主管理，组织学员轮流外出购买东西，使伙食大有改善。为了照顾南北学员的不同饮食习惯，农讲所将学员分为吃面食和大米两组。为了照顾少数民族学员的饮食习惯，农讲所还专门设有回民学员用餐的桌席。

毛泽东住在农讲所东耳房的一间小屋里。这里原是番禺学宫的更衣室，约10平方米。这里既是他的卧室，又是他的办公室。晚上，毛泽东睡在两条长凳架成的单人硬板床上，床上铺着陈旧的草席和白床单。床头放着一对湖南土产竹箱，里面盛着衣物，竹箱成了他的竹书架，堆放着书报杂志，还摆着他在湖南考察时期所做的笔记。办公桌上放着学员们的笔记本和调查材料。在这里，毛泽东白天为农讲所的各项工作奔忙，夜晚准备讲稿，编写《农民问题丛刊》。

毛泽东办公室（位于广州农讲所旧址）

筹措经费是毛泽东对农讲所所务管理的一项重要工作。1926年3月底，在农讲所各省学员到达广州，各项筹办工作基本完成，等待开学之际，毛泽东致信国民党中央政治委员会，附具预算表，要求有关部门拨付开办费、常月费。但是，问题未获解决。6月15日，毛泽东又以农讲所所长名义，致信国民党中央农民部部长甘乃光、国民党中常会主席张静江，再次索要经费。公函说：前由中央决议农民运动讲习所预算开办费5410元，常月费7870元。但从4月1日开办以来，经费常有积欠情形。财政部方面不惟6月份之5100元，分文未发，即5月份之5100元，亦尚欠3100元之多。农所学生320人，最紧急为学生伙食及办公费，以前欠数及以后预算（截至8月底结束）计：5月份3100元、6月份5100元（以上为欠数），7月份7870元、8月份7870元，结束后学生回籍路费约9000元（学生320人来自20省区边远如川陕直鲁三特区及滇贵等省须路费较多，合计大约如上数详待将来开列），共计32940元。财政部负责之款既不可靠，惟有函恳部长、主席在中央经费内拨发全数，刻因伙食等费十分逼迫，尤请将五六两月份欠数共计8200元，迅予拨给，以济眉急。

1926年9月11日，第六届农讲所学员毕业。毛泽东在毕业典礼上演说，总结农讲所开办以来的工作，并指明当时农民运动的迫切任务。他要求学员回到各地后，要拜农民为师、同农民做朋友，脱掉知识分子的衣服，放下臭架子，敢于同反动势力作斗争，不怕艰苦，不怕牺牲，为农民求解放、谋利益，这才是我们的好学生。学员毕业后，均回原籍从事农民运动工作。截至10月5日，除3人生病未出所外，所有学生均已返回原籍开展农民运动，或从事其他工作。

学员毕业，毛泽东又要为学员的毕业分配及经费操心。有学者在台北国民党党史馆农民部的档案中，发现两封毛泽东给国民党中央农民部秘书陈克文的信。1926年9月16日的信，就陕西农民运动领导机构的人选提出建议：陕西办事处特别委员会可以指定下列5人为委员：亢维恪、李维屏、李秀实、王述绩、杜松寿，以亢维恪为书记。（《毛泽东致中央农民部陈克文函》，1926年9月16日，毛笔原件，藏台北：中国国民党中央委员会党史馆藏，“部”字13586号）

1926年9月17日写给陈克文的信较长，谈了两个问题。一是组织农民部的办事处或各省农民运动委员会。他建议：（1）云南办事处负责人，学生内可以指定周霄、陈能新二人，书记可指定周霄。（2）江西，以前农民运动“成绩太坏”，宜由农民部指定学生5人组织一个农运委员会，在省农民部下做指挥农运的工作。江西不宜设办事处，因已有省党部，然农运委员会则十分必要。陕西的亦宜设委员会，不宜用办事处，亦因已有省党部。二是关于毕业学员回乡报到路费及有关经费问题。毛泽东认为，各省经费不宜“呆定”，每人发薪30元，“恐怕他们援以为例，事情未做，一点钱都做薪水瓜分了”。建议在发钱时说明“要经济的用”。可以不发薪水的便不发薪水，不需发30元的便不发30元，务宜节出一点钱作活动费。路费超出3000元，前交政治委员会的预算太低，除直、察两省外均不够。建议追加经费。（《毛泽东致中央农民部陈

克文函》，1926年9月17日，毛笔原件，藏台北：中国国民党中央委员会党史馆藏，“部”字10435号）

5. 办学特色

广州农讲所办学非常成功，尤以毛泽东主办的第六届农讲所集其大成，形成突出的办学特色。农讲所注重引导学生参加现实的政治斗争。第六届学员参加了五四运动纪念大会、马克思诞辰107周年纪念大会、援助英国工人大罢工大会、纪念“六二三”沙基惨案一周年反帝示威游行、北伐誓师大会等活动。

首先，采取理论与实践相结合，政治训练与军事教育并重方针。专任教员萧楚女按照毛泽东的要求，设置了包括卫生课在内的25门课程。（1）革命理论教育。课程主要是学习马列主义，重点研究中国革命的基本问题——农民问题，也包括中国革命各方面基本知识，既有革命理论，又有方法。（2）武装斗争教育。对学员进行武装斗争和建立农民武装的教育，使学员认清掌握“枪杆子”“刀把子”的重要性，也大大提高了对领导武装斗争重大意义的认识。（3）军事训练。农讲所从第一届开始就规定对学员实行军事化管理，军事训练时间为128小时，占全课程的三分之一。经过严格的军事训练，学生掌握了基本的军事知识和技能，成为能文能武的农民武装的组织者和指挥者，同时培养了顽强勇敢的革命精神。

其次，重视课外实习和理论研究，培养学员的实践能力。为了开展调查研究，农讲所组织了13个“农民问题研究会”。毛泽东有时也亲自参与。有一次，毛泽东要求学员对“宗祠的看法”进行讨论。湖南学员讨论后认为：宗祠是土豪劣绅利用家族关系麻痹农民以进行压迫剥削的工具，必须彻底砸烂这个束缚农民的枷锁。毛泽东亲自带领50名学生到韶关地区实习一个星期，参观并考察农民运动的情况。他还经常印发一些调查表发给学员，要求学员填写。毛泽东对调查材料极为重视，亲自修改，并编进《农民问题丛刊》。

最后，从学员的实际出发，从革命需要出发，创新教育教学方法。毛泽东从学员的反映中发现，当前的教学还不能完全适应今后对农民宣传的需要。

他决定增加图画这门课程，并通过阮啸仙到广东省农民协会宣传部聘请一位美术教员负责教图画课，所画图片称为“革命画”。农讲所专门聘请了音乐教员李一纯，教唱“革命歌”。其他教员也运用音乐教育方法。这种生动活泼的教学方式，能寓教于乐、寓教于学，避免了单调枯燥，收到了良好的教学效果。1961年3月23日，毛泽东在广州召开的中央工作会议上不无自豪地回忆说：

> 在广东农民运动讲习所的时候，我发动各省来的学生抄写民歌，每人十首，十人百首，百人千首，三百人就有三千首民歌，还有一个人抄写了几十首。其中包括内蒙古、黑龙江的，只是没有青海、新疆的。我对他们说：你们抄写民歌，我发纸，每人发几张纸。一个人长到十几二十岁，总能记得一些民歌。从这些民歌里面可以懂得许多东西。

成绩与影响

广州农讲所培养了大批革命干部，推动了中国革命的进程，是中国农民运动史上的创举，在中国革命史、中共党史和干部教育史上也有重要地位。

1. 发展中共党团组织，壮大革命力量

农讲所毕业生大部分是共产党党员或青年团团员。第六届农讲所设有中共党支部，彭公达任书记。许多学员是在农讲所入党、入团或由团转党的，如曹广化、王建功、陈子彬、刘友珊等在农讲所入党；肖尊一等在农讲所入团；王首道、高文华、聂鸿钧、郭绍仪、萧韶等来农讲所之前是团员，到农讲所后转为党员。

这批学员毕业后，担任各地党团组织的负责人，积极建立和发展党团基层组织。第六届毕业生杨笠僧在河南从事革命活动，建立了潢川县第一个党支部。王国桢任中共浙南特委书记，王首道任中共祁阳县支部书记，崔筱斋任中共皖西北中心县委委员兼肥北区区委书记，霍世杰任中共绥西工委书记，孙选任中共无锡县委书记，熊映楚任中共鄂南特委书记，陆铁强任中共海门县委书记。

2. 建立农运机构，领导农民斗争

农讲所学生结业后，绝大多数人担任各级农民运动特派员，成立农民协会，建立农民自卫军，领导农民开展反帝反封建斗争。在北方，工作多是秘密进行的；在南方，工作多在国民党的旗帜下开展。他们一般都以农民运动特派员的身份开展工作。他们积极开展农民运动，成为各地农运杰出的发动者、组织者和指导者。

广州农民运动讲习所是中国农民运动史上的创举。在它的影响下，各地区纷纷仿办农讲所。据不完全统计，1925年至1928年间，广东、湖北、福建、湖南、江西、陕西、广西、四川等省先后举办了40多个农讲所或农训班。广州农讲所师生，有的参加举办各地农讲所或农训班。第六届毕业学员刘友珊于1926年冬在陕西主持长安县农民运动讲习班。舒国藩、丘倜于1927年春在南昌参加举办农民训练班。这些农讲所和农训班，造就了成千上万的农民运动骨干。

湖南农民运动，在北伐战争中期成为全国农民运动的中心，除北伐战争的推动外，广州农讲所毕业生的宣传发动也起了重大作用。农讲所共有湖南籍毕业生90名（第四届10名，第五届44名，第六届36名），绝大多数回原籍开展农运。广西农民运动，也是在农讲所学生参加领导下发展起来的。如第六届毕业生广西籍40人，由国民党中央农民部介绍回省者30余人，全部由国民党广西省党部委为特派员。湖北农民运动也是在农讲所毕业生（第五届7名，第六届27名）参加并领导下迅速发展起来的。聂鸿钧任湖北省农民协会特派员。王平章任湖北省农会执行委员，往武昌、黄陂等地领导农运。吴光海在黄陂建立了县农民协会。安徽籍毕业生（第五届2名，第六届15名）在农运组织中担任了重要职务。薛卓汉任安徽省农民协会筹备处主任。江苏籍毕业生陆铁强“曾在崇明县领导过一万几千佃农的减租运动”。浙江籍毕业生金绍勳，在宁波、绍兴一带组建农会，掀起了轰轰烈烈的抗租抗税斗争。江西籍毕业生舒国藩、丘倜、黄兑等被选为江西省农民协会执行委员。他们在《江西农民》等报刊上发表文章。陕西籍毕业生（第六届16人）成为该省各级农运机构的骨干。1927年夏成立的陕西省农民协会，共选出执委和候补执委17人，其中有农讲所毕业生亢维格、马介人、王述绩、李波涛、李维屏、霍世杰等6人。农讲所学员的革命活动，为以后西北农民运动的发展，乃至后来红军到陕北，都奠定了基础。

农讲所的学生大力支持国共合作的革命战争。1926年，国民革命军出师北伐。农讲所毕业生有的在各地动员群众，有的直接参加战斗。1927年，蒋介石、汪精卫相继发动反革命政变。原农讲所师生有的被杀害，有的参加领导各地的武装起义和长期的革命战争。中共党史上著名的三大起义，都有农讲所学生参加。1927年9月，毛泽东领导湘赣边秋收起义，农讲所毕业生袁福清、李渭璜等参加了这次起义，喻东声在宁乡发动了响应秋收起义的沩山暴动。

农讲所学员，经北伐战争、土地革命战争、抗日战争和解放战争，约三分之一牺牲在刑场上和战场上。幸存下来的，如王首道、吴芝圃、高文华、张明远、曹广化、王建功、郭绍仪、陈子彬等，继续为建设中华人民共和国作出新贡献。

3. 推动马克思主义的中国化、大众化

一是对中国革命理论创新的贡献。毛泽东在广州农讲所提出的“农民问题乃国民革命的中心问题”，是他对农民运动理论与实践研究得出的科学结论。1926年9月1日，毛泽东在《国民革命与农民问题》中，开门见山地写道:“农民问题乃国民革命的中心问题；农民不起来参加并拥护国民革命，国民革命不会成功；农民运动不赶速的做起来，农民问题不会解决；农民问题不在现在的革命运动中得到相当的解决，农民不会拥护这个革命。”这个理论的提出，对从

事农运的同志有指导意义，对不重视农运的同志有促进作用，对反对农运的人是一个打击，对国民革命中后期乃至整个新民主主义革命都有重要作用。

二是马克思主义的中国化、大众化。毛泽东在教育教学中，善于运用中国的传统文化、民族语言，以及通俗易懂且为农民群众喜闻乐见的术语，宣讲马克思主义理论。学员们反映：毛泽东在讲到中国社会的阶级关系时，把阶级压迫形象地比作一座多层的宝塔，他一面讲一面在黑板上画出来。在讲到“农民是中国革命的一支主力军”时，把“阶级压迫比作为一座多层的宝塔”来进行讲解，深入浅出、通俗易懂。学校还设有各种讨论会，加强学生之间的交流与沟通。毛泽东尤其注意农村调查。大批农讲所学员毕业之后，深入广大农村开展工作，以各自的方式宣传和实践毛泽东的革命理论，极大地推进马克思主义的中国化和大众化。

三是党的干部教育模式的初步奠定。毛泽东经常和教员制订教学方案，从教学内容和教学方法上进行革新，从学员的实际出发、从革命需要出发，紧密联系社会实际进行教学，初步形成党的干部教育模式：（1）根据工作需要确定培养目标和规定入学条件。根据扩大全国农运的需要，农讲所明确培养能在全国各地领导农运的人才之目标。（2）有一支既有理论又有经验的高水平教师队伍。（3）理论联系实际，开展调查研究活动，提高学生分析解决问题的能力。（4）让学生参加社会政治活动，把提高学生的政治思想觉悟放于一切工作的首位。（5）有团结紧张、严肃活泼、勤学苦练、尊师爱生的良好校风。

1927年3月至7月，毛泽东主持的中央农民运动讲习所在武汉开班，延续和发扬了广州农讲所的成功经验。

毛泽东在

下篇

20世纪50年代中期至60年代初，毛泽东至少8次来广州，或主持会议、会见外宾、处理党政要务，或批阅文件、研读论著、撰述文章，或调查研究、体察社情、关注民生，探索中国社会主义建设道路，在广州工作累计达半年之久。

第一次是1954年11月3日至24日。毛泽东请假来到广州，主持审议“一五”计划草案，并处理多项党政要务。他还忙里偷闲，故地重游，参观革命胜迹，并在越秀山游泳。

第二次是1955年。一般认为，毛泽东于12月来到广州，主编《中国农村的社会主义高潮》一书，为其中一些材料撰写了按语，其中包括广东的6篇典型材料。在广州停留天数不详。另据其他资料，毛泽东曾于是年6月初来广州。

第三次是1956年5月3日至30日。这是毛泽东在《论十大关系》讲话发表前后，开展的调查研究的一部分。他深入工厂进行调查研究，召集会议，还就党和国家的一些事务作出重要批示；特别是提出“利用外资”等前瞻性政策主张，体现出他对中国社会主义道路的创造性探索。其间，毛泽东还多次畅游珠江，为实现“万里长江横渡”打下了基础。

第四至六次都是在1958年。这是“大跃进”开始的年代，毛泽东的3次广州之行有着共同的时代特色与历史局限，本书合为一个专题介绍。1月，他开完南宁会议后到广州停留了两天，会见印度驻华大使尼赫鲁及夫人，并亲切接见广东和广州的干部群众，观看文艺演出。4月，他在广州停留近半个月，写下《介绍一个合作社》，赞扬中国人民的社会主义建设热情；主持召开中央各部委负责人会议，为中共八大二次会议做准备；还到棠下农业生产合作社和广东省农具改革展览会进行视察，深入群众，体察民情。12月，他又在广州待了近半个月，对《毛主席诗词十九首》作了批注，并平淡地度过了自己的65岁生日。

第七次是1960年1月27日至3月9日。毛泽东主要完成了两项工作：一是读完苏联《政治经济学教科书》下册，结束为期两个月的读书活动；二是审定《毛泽东选集》第四卷。在此期间，他还为中央起草了一些重要批语和指示。

第八次是1961年2月13日至3月29日。1961年1月，毛泽东以身作则，踏上“调查研究之旅”。三路调研人马会师广州。毛泽东在广州主持召开了三南会议和中央工作会议。会议取得两个重大成果：一是制定了《农村人民公社工作条例（草案）》，即“农业六十条”，初步纠正了“大跃进”和人民公社化运动以来的“左”倾错误；二是在全党重新掀起调查研究之风，一定程度恢复和发扬了实事求是的传统。

此外，还有众多论著和史料认定：1961年底（有的说延至1962年初）毛泽东曾在广州，为即将召开的中共中央扩大会议做准备，并写下《七律·和郭沫若同志》和《卜算子·咏梅》两首“反修诗”。但是，这一行程尚未被广泛认可。

这就是说，毛泽东在中华人民共和国成立后来广州，至少有8次；算上尚有争议的1955年6月和1961年11月至12月的2次，则为10次。加上民主革命时期的3次（1923年、1924年和1925至1926年），毛泽东至少来广州11次，多则13次。

一 主持审议“一五”计划草案（1954年）

1954年11月，毛泽东在广州主持审定国家“一五”计划草案，并处理了多项党政要务。他还忙里偷闲，故地重游，参观革命胜迹，并在越秀山游泳池游泳。

请假到广州

1954年11月3日至24日，毛泽东在中华人民共和国成立后第一次来到广州。这是他自1926年离开广州后，时隔28年再次来到广州。而此时，他的身份已是党和国家领导人。

1. 特殊的任务

对于毛泽东在中华人民共和国成立后第一次来广州，中共中央办公厅和中共中央华南分局（以下简称“华南分局”）都十分重视。据当年负责接待的华南分局办公厅秘书处处长关相生回忆：1954年10月下旬，中共中央办公厅派处长田畴、科长曲琪玉等三位同志从北京来到广州，直接找到华南分局代理书记陶铸，交给他一份绝密材料，并要求按照材料上面所交代的事项逐一认真抓好落实，严格做好保密工作。这份材料给广东和广州布置了一项重要任务：毛泽东等中央领导同志将来广州召开重要会议。中央办公厅要求华南分局确保接待和安全工作万无一失。陶铸立即组织华南分局各部门领导开会，就落实材料里所交代的任务进行布置。随即，各部门便投入紧张的筹备工作中。

这次任务对广东和广州来说是一次严峻的考验。尽管之前有接待过来广州的中央领导同志，因为广东具有温暖湿润的气候优势，早前都有一些中央领导同志在秋冬时节来到广州休闲度假，处理工作。但是，这一次任务尤其艰巨，因为同时来广州的是包括毛泽东在内的几十位中央领导，还有100多名随行人员，规格之高、人数之多，是之前从未经历的。当时的华南分局接待处只有几位工作人员，根本无法承担如此艰巨的任务。因此，陶铸作出指示，抽调华南分局社会部马甫处长、广州市公安局苏汉华处长与华南分局办公厅秘书处关相生处长三人组成接待办公室，并从机关抽调工作人员立即投入工作。三人作了明确的分工，马甫负责抽调并审查工作人员，苏汉华负责警卫安全，关相生负责生活接待。

当时，中华人民共和国成立才刚5年时间，物资匮乏。要安排好这么多人的食宿和出行，确实面临着不小的困难。关相生迅速抽调人力物力，开始各项准备工作。住宿是最先面临的比较棘手的一大问题。广东当时的接待条件，仅有广东省委小岛招待所内的两栋楼——“船屋”和“海屋”，显然是无法容纳这么多人居住的。

小岛招待所位于广州东山的一个小岛上。这个小岛在珠江河畔，南侧隔一小河道是二沙头岛，再向南是主航道，北侧另有一河汊与陆地相隔。小岛面积不大，但草木葱茏，四季常青，花香鸟语，清静幽雅，环境宜人。又有江流之胜，很合适辟成高级住宅区。又因其临近广东省委、军区机关，且四面环水，进出通道不多，易于部署警卫。20世纪50年代初，小岛建成招待所，用于招待中央领导人、重要外宾。中华人民共和国成立后，毛泽东来广州，大多住在这里。1970年4月，印度支那三国四方首脑会议期间，周恩来总理在小岛招待所宴请三国四方代表团正副团长及与会代表。在发请柬时，周恩来考虑到这么隆重的外事活动在一个叫“招待所”的地方举行，不太合适，于是经过反复斟酌，将小岛招待所改为“珠岛宾馆”。1974年，由国家代主席董必武在珠岛宾馆七号楼亲笔题写馆名。珠岛宾馆是广东省委、省政府的主要接待基地，承担党和国家领导人来粤的接待任务。

所谓“船屋”，是指小岛上最早的一栋西式两层小楼，因建筑在岛的尖端，三面临水，而得此名。它原先是国民党时期广州市财政局长陈子木的产业，后来转售给孙科。所谓“海屋”，是建筑在水边的水上俱乐部的房子，归广州军区管辖，主要是作为开会的会场。此外，小岛南侧靠珠江处还有一栋小楼，刚解放时为华南分局第三书记方方建的住所。

珠岛宾馆，原广东省委小岛招待所（今广州市越秀区沿江东路463号）

住房问题最后通过借用省委和军区领导房屋的办法来解决。毛泽东被安排在“船屋”大厅内搭铺，杨尚昆、罗瑞卿、汪东兴，还有毛泽东身边的工作人员也都被安排住在小岛招待所。为解决其他中央领导和工作人员的居住问题，陶铸指示将广州军区与华南分局机关沿江边一带的房屋全部让出来。这个决定牵涉到华南分局和广州军区的许多领导同志，但大家都服从组织安排，把自己的房子腾出来给北京来的人住。

接下来就是吃饭、出行等问题。在物资紧缺的情况下保证食品、生活用品的供应，同时又必须保证安全，这对接待人员来说确实是一个不小的挑战。他们设立专门的食品供应站，确保供应安全的食品。被褥、蚊帐、窗帘、锅碗瓢盆、桌椅板凳均采取抽调办法解决，不足者迅速购买添置。接待小组还专门从华南分局和广州军区抽调了十五六辆小车，以解决出行问题。

经过近十天的努力，紧张的筹备工作完成，准备迎接毛泽东等中央领导同志的到来。

2. 毛泽东等人请假

1954年10月31日下午2时，毛泽东在中南海颐年堂主持召开中共中央政治局扩大会议，刘少奇、周恩来、朱德、陈云等出席。会议决定在12月中旬召开党的全国代表会议（后延期到1955年3月下旬召开），讨论第一个五年计划，作出关于高饶问题的决议；考虑在1956年召开中共八大，确定三项议程。会议批准毛泽东、刘少奇、周恩来三位中央领导同志请假离京一个月，这期间留京的以陈云为主，由朱德、陈云、彭真组成中央书记处，邓小平、彭德怀参加。毛泽东等三人请假离京并不是休息，而是与国务院副总理兼国家计划委员会主任李富春等人一起前往广州审议“一五”计划草案。

毛泽东这一次是从北京乘专列来广州的。专列是他到外地视察最常乘坐的交通工具。从1949年3月25日党中央由西柏坡迁至北京，毛泽东乘火车“进京赶考”，到1975年4月14日最后一次从南方回到北京，26年中，他大多是乘坐铁路专列。铁道部的资料显示，毛泽东曾72次乘坐专列，在专列上工作和生活共计2148天，总行程达344.79万公里。除了到目的地考察外，毛泽东大多在火车上办公。专列成为他的流动办公室，被称作是“流动的中南海”。专列车厢里设有卧室和办公室，办公室摆有写字台、靠背椅、沙发、台灯和大书箱，方便他读书、办公和批阅文件。还配有专门的会议室，毛泽东经常在那里召集会议，会见地方领导，听取工作汇报。毛泽东非常喜欢乘坐火车，曾说：“我在火车上都习惯了。工作、休息都很方便。”“坐火车可以掌握主动权，想停就停，想走就走。想停就找个支线停下来，可下车看看，或找当地领导谈谈都行。”他俨然把专列当作了自己的“另一个家”。

10月31日下午3时半，毛泽东与李富春、蔡畅、陈伯达及罗瑞卿等一行77人和警卫部队182人从北京乘专列南下，前往广州。据时任中央办公厅主任杨尚昆的日记，11月1日凌晨1时55分，专列抵达汉口。当时长江大桥还在计划中，往南的列车都必须经轮渡过江，然后方能继续行驶。毛泽东一行人赴中南局休息了两个小时后，乘“延安号”渡轮渡江，从武昌南站上车，7时10分专列向南开进。

11月2日，专列经停武汉后抵达长沙。在长沙，毛泽东看望了民主人士、湖南省省长程潜，听取了湖南省委书记周小舟，副书记周里、周惠、谭余保的工作汇报。随后，专列继续南下。3日12时30分到韶关作短暂停留，于晚上7时抵达广州。

出于安全的考虑，专列首先停靠在广州铁路局办公大楼前（中山一路，今广东省人大办公楼对面），毛泽东等提前在此下车并由华南分局负责同志陪同，换乘汽车直奔小岛招待所。而其余人等则到位于白云路的广州站（即旧广州东站）下车。

在此前后，党和国家领导人刘少奇、周恩来也抵达广州。刘少奇已于10月31日先期抵达广州；周恩来则于11月3日当天乘飞机到达广州，与毛泽东等会合。

审议“一五”计划草案

审议国家“一五”计划草案，是毛泽东1954年11月广州之行的主要任务。

1. “一五”计划的编制

1954年11月，毛泽东等中央领导同志齐聚广州，主要目的是审议“一五”计划草案。所谓“一五”计划，是指我国发展国民经济的第一个五年计划（1953-1957）。1954年，已是执行“一五”计划的第二年了。“一五”计划的编制，也已历四年，五易其稿，在广州是要做最后的审议。

中华人民共和国成立后，在外交上倒向社会主义“老大哥”苏联一边，与苏联建立同盟关系。当时，以美国为首的西方国家对中国实行封锁禁运，只有苏联能给中国提供经济、技术援助。苏联也是中国社会主义建设的榜样。在经济建设领域，苏联于1928年开始执行第一个五年计划。经过两个五年计划建设，苏联建立了社会主义制度。苏联计划经济体制所取得的巨大成就，对中华人民共和国有极大的吸引力。“五年计划”模式，成为中国学习的榜样。

基于朝鲜战局趋于稳定、国内各项工作进展顺利的形势，1951年2月，毛泽东在中共中央政治局扩大会议上提出“三年准备、十年计划经济建设”思想。按照这一构想，中央决定用三年的时间巩固新生政权，完成国民经济恢复的任务，并从1953年开始实施发展国民经济第一个五年计划，进行大规模经济建设，要求立即着手进行编制五年计划。

1951年5、6月间，以陈云（政务院副总理）为主任的中央财政经济委员会试编了发展国民经济第一个五年计划的粗略纲要。这是“一五”计划的第一次编制。由于资料不全，朝鲜战争还在进行，尚未争取到苏联的全面援助，五年计划编制工作进展不大。

1952年，随着国内经济形势和国际环境的好转，进行有计划经济建设的条件已基本具备，中央决定加快第一个五年计划的编制工作。7月，五年计划第二次编制完成，中央财政经济委员会向中央提交了《一九五三年至一九五七年计划轮廓（草案）》及“总说明”。中共中央政治局讨论后，决定向苏联征求对该“轮廓草案”的意见，并以此作为向苏联提出援助要求的基本依据。1952年8、9月间，以周恩来为首席代表，陈云、李富春、张闻天、粟裕为代表的中国政府代表团出访苏联，就该“轮廓草案”征询意见。

1953年初，中央财政经济委员会根据苏方建议和中央指示，组织对五年计划进行了第三次编制。此时，国民经济的恢复已基本完成。而且按照预定时间，“一五”计划应进入实施阶段，国家也已开始进行大规模经济建设。因此，“一五”计划只能一边编制、一边实施。4月，苏方正式向中方通报对中国“一五”计划“轮廓草案”的意见和建议。6月，国家计划委员会参考苏方意见进行了第四次编制。但编制工作已显滞后。

1954年2月，中央政治局扩大会议决定成立以陈云为组长，高岗（国家计划委员会主席）、李富春（财政经济委员会副主任）、邓小平（政务院副总理）、邓子恢（财政经济委员会副主任）、习仲勋（政务院秘书长）、贾拓夫（财政经济委员会副主任）、陈伯达（中央宣传部副部长）为成员的八人工作组，进行“一五”计划的第五次编制。从3月份起，五年计划的编制工作进入最后阶段。苏联援助项目已经确定，朝鲜战争已停止，“过渡时期总路线”已宣布并执行，编制小组迅速于4月初完成第五次编制的初稿，送给毛泽东审阅。毛泽东同时批示送刘少奇、周恩来、彭真、邓小平等同志审阅。1954年6月29日至7月1日，中央召开政治局扩大会议，讨论编制“一五”计划的问题，陈云就编制工作作了汇报。8月2日至25日，在陈云主持下，八人小组连续举行17次会议，逐章逐节地讨论“一五”计划草案初稿。9月5日，李富春致信毛泽东、刘少奇，报告了八人小组讨论的结果。至此，“一五”计划的编制进入关键的审阅阶段。

2. 审议“一五”计划草案

毛泽东对于“一五”计划的编制，始终高度关注。他多次主持会议听取汇报，研究确定五年计划的指导思想、基本任务等重大问题，并参加到计划草案的审议和修改中。1954年11月，毛泽东到广州后，与刘少奇、周恩来、李富春等人一起，集中精力对国家计划委员会提出的《中华人民共和国发展国民经济的第一个五年计划草案（初稿）》进行讨论和修改。党中央的主要负责同志，在首都北京之外的城市会聚，集中将近一个月的时间，系统审阅五年计划草案，这在党的历史上并不多见。

毛泽东等中央领导同志认真讨论了“一五”计划方针任务、发展速度、投资规模、工农业关系、建设重点和地区布局，提出许多修改意见。毛泽东发表了对“一五”计划草案的意见。据《杨尚昆日记》记载，11月8日，李富春传达了毛泽东的意见：认为草案“基本可用”，但仍存在“不全”“不透”的问题。“不全”之处有二：“1. 缺财政计划（要说明收支情况、比例），着重说财政监督；2. 文教单独成为一章（培养干部要写全；各种人才统计，缺多少，要培养多少，学校培养多少，生产提多少），工人阶级的总数（要北京搞）”。“不透”则是指“615—141的联系问题，工业投资用到141的不到42%，为什么要如此用法未说透”。（注：615，指615个限额以上的建设项目；141，指141个苏联帮助中国建设的重大建设项目）后来，毛泽东又就草案内容提出：“财务计划应加一章。文教事业应单列一章，不要混入物质生活一章内。要有一个报告，如此则序言、尾巴均可纳入报告并作若干解释，说明为什么如此。”

在审议“一五”计划草案时，毛泽东还谈到了三峡工程的问题。他说：“要把三峡工程列入计划，但按我们国家现在的物力、财力，又不能列入五年计划，只能列入长期计划。我是看不到了。”并对在场的中共中央书记处办公室组长邓力群说：“将来建成时，写一篇祭文告诉我。”可见，毛泽东对修建三峡工程的必要性持肯定的态度，但强调不能急于求成，应当积极准备，长远规划。

1954年11月10日，毛泽东和刘少奇、周恩来就制定地方经济五年计划纲要一事，致电中共中央：“现在亟须要有各省市的地区计划，我们代中央起草了一个指示电报，如同意，请即发出为盼。”指示电说：“中央已将《中华人民共和国发展国民经济的第一个五年计划草案（初稿）》发给你们，除请你们于十一月底以前提出意见报告中央外，并请各省、市委召集本地区的计划工作会议，根据草案的精神和主要指标，结合当地的特点和具体情况，定出各省、市地方经济的五年计划纲要，于十二月十日送中央。”同时要求各省、市在编制这一纲要时注意以下各点：（1）计划指标应包括工业生产计划（包括地方国营、合作社营、公私合营和私营）、手工业生产计划、农业生产计划、林业生产计划、地方交通运输计划、国内贸易计划（各种经济类型）、基本建设计划、劳动计划、文化教育卫生事业计划和地方财政计划这十个方面。各省委要特别注意发展本省的农业生产的计划。（2）在编制上述计划时，可参考11月初国家计划委员会所发的五年计划草案的分省指标。所用表格，一律按照1953年底国家计划委员会所发表格填列，将1份报中央，5份报国家计划委员会，在编制过程中的具体问题，直接与国家计划委员会联系。（3）各省、市如已编过五年计划的轮廓草案，也请重新审查和订正，并报告中央。

在审议“一五”计划草案的过程中，毛泽东强调注意学习、借鉴苏联经济建设理论与实践经验。11月18日，他就学习苏联《政治经济学教科书》问题，写信给刘少奇、周恩来、李富春，以及中央宣传部副部长陈伯达、中央统战部部长李维汉、华南分局书记陶铸。信中说：“《人民日报》十一月十三、十四两日载有苏联新作《政治经济学教科书》第二十二章的译文，请你们看一下，足见所谓‘在社会主义全部或大部建成以前不可能有社会主义经济法则’的说法是错误的。”并特地要求陈伯达“将《新建设》及《学习》上论过渡时期经济法则的文章看一下，看有无错误”。

11月15日至25日，陈云在北京主持中共中央会议，讨论第一个五年计划草案。在北京的中央委员、候补中央委员、中央和国务院有关部门负责人出席会议。会议开始时，陈云传达了在广州的毛泽东、刘少奇、周恩来对第一个五年计划草案的指示。

随后，国家计划委员会根据毛泽东等领导同志的审阅意见，在“一五”计划草案（初稿）的基础上作修改。1955年2月，“一五”计划草案定稿。3月31日，中国共产党全国代表会议原则通过“一五”计划草案。同年7月30日，第一届全国人民代表大会第二次会议正式审议通过《中华人民共和国发展国民经济的第一个五年计划（1953–1957）》。

“一五”计划，是“全国人民为实现过渡时期总任务而奋斗的带有决定意义的纲领”，提出了“集中主要力量发展重工业，建立国家工业化和国防现代化的初步基础；相应地发展交通运输业、轻工业、农业和商业”等方针。到1956年底，“一五”计划的各项指标都超额提前完成，取得显著的成就，为社会主义工业化和现代化奠定了初步基础，为社会主义建设积累了不少宝贵经验。“一五”时期被称为“我国计划史上的春天”。

处理党政要务

毛泽东1954年11月在广州期间，除研究审议国家“一五”计划草案外，还就对外交往、统一战线、文艺批判等问题，作出重要批示，影响党和国家各方面工作的开展与走向。

1. 外事活动

1954年11月6日，毛泽东以中华人民共和国主席名义，与国务院总理兼外交部部长周恩来，就苏联十月革命37周年，给苏维埃社会主义共和国联盟最高苏维埃主席团主席伏罗希洛夫、部长会议主席马林科夫、第一副主席兼外交部部长莫洛托夫发去贺电。电报说：37年来，伟大的苏联人民在建设共产主义社会的事业中所获得的辉煌成就，对于促进人类进步和维护世界和平起了不可估量的作用。中苏两国的伟大同盟，对促进两国的共同繁荣和维护远东与世界和平事业日益明显地发挥着极其巨大的作用。中苏两国人民的伟大友谊，将加速中国人民的社会主义建设和促进远东及世界和平的更加巩固。这封贺电，1954年11月7日刊登于《人民日报》，贺电号称发“于北京”。但这时，毛泽东和周恩来都在广州。

11月19日，毛泽东就越南要求中国协助“救济灾民”的电报作出批示。此前10月27日，越南劳动党中央经越南驻中国大使黄文欢转电中共中央：由于天灾连续发生和敌人长期破坏的影响，部分地区已面临饥荒，要求中国方面迅速救济1万吨大米，同时还要求救济500万米粗厚布匹，解决今冬100万人的穿着问题。毛泽东在批示中询问刘少奇、周恩来，关于越南劳动党中央的来电“是否已经处理”，并明确表态“似宜满足越方要求”。同日，周恩来致信毛泽东、刘少奇：“此件在我离京前已与陈云同志商好，拟照所提要求办理，约值六百亿元人民币。当时已去电询罗贵波如何运送。现当再电话北京，询执行结果。”罗贵波是中共中央联络代表和中国首任驻越南大使。

11月22日，毛泽东以中华人民共和国主席名义，与全国人大常委会委员长刘少奇、国务院总理兼外交部部长周恩来，祝贺《中朝经济及文化合作协定》签订1周年，致电朝鲜民主主义人民共和国最高人民会议常任委员会委员长金枓奉、内阁首相金日成和外务相南日。贺电说：《中朝经济及文化合作协定》

的签订和实施，“使中朝两国人民在并肩抗击美国侵略者的战争中所结成的战斗友谊获得了进一步的巩固和发展。中国人民以钦佩和欢欣的心情祝贺朝鲜人民在执行恢复与发展国民经济的三年计划中所获得的辉煌成就”。这封贺电于次日刊登于《人民日报》。

11月24日，毛泽东致电金日成并告志愿军司令部：“过去由于谈判的需要，开城的工作一直由中国同志负较大部分的责任。在共同对外的斗争中朝中同志都取得了若干经验，同时开城工作显然有长期化的趋势，在这种情况下，开城工作今后交由朝鲜同志负责，由您直接领导较为适宜。”12月1日，金日成复电毛泽东：“我们完全同意您对开城工作所提的办法。”

2. 统战工作

11月18日，毛泽东审阅完政协全国委员会工作会议讨论筹备第二届全国政协会议情况的简报后，批示周恩来：“周总理：章程与名单数日内即宜大体确定，否则十二月二十日以前开会恐来不及。”这是指政协组织章程和第二届全国政协委员名单。政协全国委员会工作会议1954年11月3日讨论筹备第二届政协问题的情况简报说：“关于修改政协组织章程的工作，一致同意不必另写共同纲领，在政协组织章程前面加总纲一章，并推定13人组成起草小组，于10日内提出初稿，交工作会议讨论。关于第二届全国政协的参加单位，一致同意定为29个，即11个党派，17个团体以及特别邀请人士。政协各参加单位的名额，由各单位根据实际情况和需要进行安排，不搞平均主义。各党派、团体的人选，于10日内提出名单草案，先交工作会议协商，并加以平衡。”收到毛泽东的批示后，周恩来于次日致信毛泽东：“政协章程已送到。总纲部分，我已请陈伯达同志加以研究，北京也在修改中。名单，据小平同志给刘少奇同志电话，数日内可大体商定。会期恐仍在十二月二十以后为妥。”

11月23日，毛泽东收阅周恩来报送的第二届全国政协委员会初拟名单，并审阅修改周恩来报送的《中国人民政治协商会议章程（草案）》。章程草案总纲的第1段第1句话是：“中国人民在新民主主义革命斗争中，结成了以中国共产党为领导的人民民主统一战线。”毛泽东将其中的“新民主主义”5个字改为“反对帝国主义、封建主义和官僚资本主义的伟大的”21个字。总纲的第3段第1句话是：“中华人民共和国第一届全国人民代表大会第一次会议已经于一九五四年九月召开，中华人民共和国宪法已经颁布，中国人民政治协商会议全体会议代行全国人民代表大会职权的任务已经结束。”毛泽东在“中华人民共和国宪法已经颁布”之后，加写“中国人民政治协商会议共同纲领的基本内容已经列入宪法，这个共同纲领已经为宪法所代替”。1954年12月21日至25日，中国人民政治协商会议全国委员会第一次全体会议如期在北京举行。

11月23日，毛泽东给中国民主建国会主任委员、全国人大常委会副委员长黄炎培回信。10月30日，黄炎培给毛泽东写信，反映粮食收购中存在的问题。毛泽东在回信中解释说：“购粮事，我在京所闻，亦如先生所述。来广州时沿途调查，始知问题仍是有的，但一般尚好，据说比去年要好得多。‘五反’余案，已请陈云副总理注意。”同时很亲切地问候黄炎培：“尊恙如何甚念，尚希注意护养。”

3. 军队事务

作为中央军委主席，毛泽东此次在广州期间还处理了一些军政事务。

1954年9月28日，中共中央决定，在中央政治局和书记处之下设中共中央军事委员会，由毛泽东、朱德、彭德怀、林彪、刘伯承、贺龙、陈毅、邓小平、罗荣桓、徐向前、聂荣臻、叶剑英组成，毛泽东任主席，彭德怀主持日常工作。11月9日，毛泽东根据周恩来的提名和第一届全国人大常委会第二次会议的决定，发布中华人民共和国主席令，正式任命粟裕为中国人民解放军总参谋长，刘伯承为训练总监部部长，罗荣桓为总政治部主任兼总干部部部长，叶剑英为武装力量监察部部长，黄克诚为总后勤部部长，杨立三为财务部部长。

11月20日，毛泽东审阅周恩来11月19日转来的、杨尚昆报送的国防部关于颁发中国人民解放军在中国人民革命战争时期有功人员勋章、奖章的决议草案等3个文件，以及杨尚昆11月16日给周恩来的信。杨尚昆在信中提出决议草案和条例草案中有一个问题须考虑：原件中的“第二次国内革命战争时期”“第三次国内革命战争时期”的提法，在政治局讨论时，认为可能引起关于“第一次国内革命战争时期”的问题，故提议改为“中国工农红军时期”“解放战争时期”。周恩来同意杨尚昆的上述提议。毛泽东对此批示“照办”，将“中国人民解放军在中国共产党和毛泽东主席的领导下”一句中的“和毛泽东主席”6个字删去。同时在全国人大常委会上述决议草案上同样批示：“应将‘和毛泽东主席’6字删去。”这反映了当年毛泽东在个人崇拜问题上清醒谨慎的态度。

11月21日，中国人民解放军财务部部长杨立三致信商业部部长曾山，转达毛泽东对加紧研制国产高级香烟的意见。信中说：毛主席告我说，现在我们做的纸烟质量总比外国人制的差，要拿好点的纸烟招待外宾，纸烟上面没有中国字，都是外文，很不好。嘱食品工业部要搞一种较好的纸烟，不用一个外国字。信中请曾山布置上海飞马卷烟厂研制一种国产高级香烟，以代替“炮台”“三五”等外国香烟。

11月23日，毛泽东审阅国务院到总理兼国防部部长彭德怀11月18日关于报送中华人民共和国兵役法草案和颁发中国人民解放军在中国人民革命战争时期有功人员勋章、奖章条例草案的报告。毛泽东在经周恩来修改后的版本上作出批示：“退彭德怀同志照办。同意周恩来同志的修改意见。应召集在京的国防委员会委员（主要是党外人士）开一次会，征集意见。”

故地重游

1954年毛泽东在广州期间，还在会议间隙中重游了第六届农讲所旧址，参观了中山纪念堂、三元里抗英烈士纪念碑、广州苏维埃政府旧址等，并在越秀山游泳池游泳。

1. 参观革命胜迹

毛泽东对广州并不陌生，在大革命时期，他曾3次来到广州，总计在广州生活、工作的时间达18个月。对于广州，毛泽东有许多的回忆。春园、东山恤孤院后街31号、国立广东高等师范学校礼堂、庙前西街38号等处都留下了青年毛泽东的足迹。

对于当年毛泽东参观革命胜迹这一历史细节，在现存的很多档案和资料中很难找到相关的记载。而据当年陪同毛泽东到广州的中央警卫局负责人汪东兴在1992年接受广州市委党史研究室原副主任黄穗生采访时的回忆，这段历史是真实的。汪东兴还回忆说，在参观广州的革命胜迹时，毛泽东对广州在中国革命史上的地位作了高度评价，说广州在中国革命史上有比较重要的地位，大革命时期，广州的群众革命蓬勃发展，大革命后有著名的广州起义，1936年又有“两广事变”。在参观农讲所旧址时，毛泽东边走边对身边的汪东兴等人介绍：当年我们办农讲所有这么一个地方就很不错了，这边有课堂能上课，那边是操场搞军事训练，还有地方可以会客。毛泽东还说，当时共产国际代表认为我们搞农民运动多，抓工人运动少，他们这种说法不对，我们对工人运动也很重视嘛！中国农民人数多，共产国际代表却不了解中国的具体情况，硬要搬苏联那一套。这显然不仅仅是在谈历史问题。

毛泽东还在叶剑英、陶铸、方方、杜国庠等陪同下视察了岭南文物宫。岭南文物宫始建于1951年6月，是为了举办“华南土特产展览交流大会”而建起来的展馆设施。交流会结束后，叶剑英拍板改建成岭南文物宫，并亲笔题名。毛泽东一行首先参观了历史文物馆。在观看汉代的铜刀、铜尺等文物时，方方和杜国庠议论说：“汉代、三国时期的人都有八九尺高，那时的人比现在的高大。”毛泽东解释道：“和现代的人一样高大。你们看这把铜尺，只有现在的市尺七寸长。”随后毛泽东又参观了广东水产馆。水产馆是中华人民共和国成立后建设的第一家水产馆，长期展出各种剥制、浸制的海淡水动植物标本、相片、模型、图表，是介绍广东海洋与渔业生产的重要窗口。他对叶剑英说：“华南沿海要发展海洋业。”陶铸说：“要向大自然索取财富。”几天后，水产馆贴出一幅标语，上面写着：“我们不要等待大自然的恩赐，我们要向它索取！”这是根据毛泽东和陶铸的话来写的。

越秀山，也是大革命时期毛泽东在广州活动的主要地方。毛泽东主办的第六届农讲所，就在越秀山脚的不远处。越秀山顶有一座孙中山纪念碑，就始建于毛泽东国民党中央宣传部代理部长任内。1926年1月1日，国民党二大在广州开幕。大会决议：接受总理遗嘱，并在越秀山上“立碑明志，以示久远”，碑的名称叫作“本党接受总理遗嘱纪念碑”。1月5日，国民党二大在越秀山上举行纪念碑奠基仪式。全体代表分乘30余辆车到山脚下，然后步行上山参加仪式。毛泽东作为当时国民党中宣部代理部长，筹建孙中山纪念设施可谓其工作职责范围。可以设想，毛泽东在越秀山孙中山纪念碑建立之前，很有可能亲自勘察过纪念碑地址。显然，毛泽东对越秀山并不陌生。

2. 在越秀山游泳

毛泽东一生钟情于水，游泳是他最喜欢也是最擅长的体育运动。他认为游泳能增强体魄，磨炼意志。少年时期，他喜欢在自家门前的池塘里游水。在长沙求学期间，他经常和一些同学到湘江游泳。1925年9月，毛泽东在第三次来广州之前，在长沙写下了著名的《沁园春·长沙》，追忆了当年在湖南第一师范之时，“携来百侣”“到中流击水，浪遏飞舟”的峥嵘岁月，并抒发“问苍茫大地，谁主沉浮”的豪情壮志。中华人民共和国成立后，毛泽东对游泳的喜爱始终有增无减，而且他并不喜欢在狭小平静的游泳池中游泳，却对广阔奔腾的江河湖海心驰神往，因为那里更能感受到征服自然、搏击人生的乐趣。

11月的广州，正如杨尚昆的日记记载：“天气很热，只能穿单衣。”毛泽东看到广阔的珠江，萌生畅游珠江的愿望。于是他提出到珠江游泳的要求。华南分局马上组织人力对珠江的河情和水质进行认真的调查。为了毛泽东身体健康和生命安全，华南分局经与公安部门商议后，不同意毛泽东到珠江游泳。拿到调查报告后，广州市公安局局长薛焰给毛泽东写了一张字条：“毛主席，这河水很脏，洪水泛滥，可能有血吸虫，不宜游泳。”血吸虫是一种寄生虫，一旦人的皮肤接触了有血吸虫幼虫的疫水，就很容易感染上。在解放初期，血吸虫病在中国南方几个省份肆虐横行，给人民群众的健康和生命带来严重的威胁。根据调查报告，珠江上游存在较多的血吸虫，一旦发大水，把病原冲到下游，那么在这种情况下，下水就极易感染。毛泽东看后，尊重地方同志的意见，放弃了游珠江的想法。

于是，广东的接待人员寻思着给毛泽东寻找到合适的室内游泳场所，以满足他游泳的愿望。经过周密的考察，最后把地点定到越秀山上。因为当时广州只有越秀山有一个标准游泳池。为了保证绝对安全，在越秀山游泳池四周搭建了隔离棚。同时，对游泳池进行全面的大扫除和消毒杀菌工作。在警卫安全方面，薛焰负总责，加强游泳池周围的保卫力度，严格排查和清除不安全因素。在广州期间，毛泽东在下午会议后的空隙时间，经常到越秀山游泳池游泳。一般游两节，一节游50分钟左右，中间休息一次，然后更衣回到小岛。

负责接待工作的关相生几十年后依然对在越秀山游泳池与毛泽东的亲密接触记忆犹新：“11月15日下午毛主席来到游泳池，田处长（指田畴）让我等候在更衣室旁。等毛主席从更衣室出来，披上白色大毛巾走向游泳池时，田处长和我迎上前去。田处长向毛主席介绍：‘这是关处长，这次接待工作由他负责具体安排。’主席微笑着，伸出宽大温暖的手握着我的手说：‘啊，关云长的后代。你们的工作做得不错，谢谢你们了。我们游泳去。’这是我一生中最幸福最愉快的一刹那。”

毛泽东的秘书林克，也曾回忆过他与毛泽东在越秀山游泳池交谈的情况。林克自1954年起担任毛泽东的国际问题秘书，并负责教毛泽东英语，在毛泽东身边工作长达12年。1954年11月在广州越秀山的游泳池畔，毛泽东第一次与林克单独谈话。据林克回忆：“毛泽东在游泳后休息，想读英语，便让我坐在他身边的藤椅上。当时我的心情有些紧张。他先问我是什么地方的人，多大岁数？我回答我的祖籍江苏，童年生活在保定，‘七七’事变后才举家迁移到北京的，后来上了燕京大学，读国际经济专业。他便谈到保定有个莲花池，原是为北洋军阀曹锟修的花园，然后又谈到曹锟用五千块银圆一张选票的手段，收买五百名‘猪仔议员’，贿选总统的丑事。交谈中，毛泽东神态安详，谈笑自若，使我的紧张心情很快平静下来了。”“尔后，毛泽东话锋一转，眉宇间透着诚恳，说：‘你做我的老师，教教英语，好吗？’‘过去，我做过教书先生，现在要做学生，拜师喽。’言罢，抱了抱拳，大笑起来。从那天起，我开始给毛泽东当英语老师。20世纪50年代至60年代，毛泽东学英语的兴致颇高，无论在北京还是在外地，他都能挤出时间学习，甚至在出外考察的火车、轮船、飞机上，这种学习也没间断。那时，毛泽东已年逾花甲。他自谓学习英语‘到处碰石头，很麻烦’。但他毅力非凡，表示‘决心学习，至死方休’。他给自己定了一个目标，就是要通过学习，能够看英文的政治、经济、哲学方面的文章。”

曾任毛泽东保健护士长的朱宝贵，当年曾陪同毛泽东在越秀山游泳池游

1954年11月，毛泽东在越秀山游泳场与工作人员合影

泳。他后来回忆说："在广州我们住在东山，每天陪毛主席去越秀山游泳池游泳。那是一个标准的50米泳池，还有10米跳台。毛主席在这里游得非常认真和愉快。他游一个来回就上岸休息一下，晒晒太阳，下水再游。在他休息的时间内，游泳池就成了我们这些工作人员的天下啦：看谁潜泳远、深，看谁上跳台登得高……我的绝活是深水摸石头。一块小石子我能从五六米深的水中摸上来。这些小动作时常获得毛主席和首长们哈哈大笑。"

1954年11月，毛泽东在广州总计待了21天。11月24日，他在越秀山游泳池游完泳后，在游泳场与广州和北京的工作人员合影。随后与刘少奇、周恩来等一行乘专列离开广州，途经株洲、长沙、武汉、郑州，于28日晚上回到北京。

二 主编《中国农村的社会主义高潮》（1955年）

1955年12月，毛泽东在广州，集中精力主编《中国农村的社会主义高潮》一书。这是中华人民共和国成立后，毛泽东第二次来广州。

行程考述

需要说明的是，关于1955年毛泽东到广州，并在广州主编《中国农村的社会主义高潮》一书，目前存在不少争议。包括两个问题：第一，毛泽东1955年12月是否来过广州？第二，1955年毛泽东来广州是一次还是两次，即1955年6月他是否来过广州？

1. 毛泽东1955年6月是否到过广州

河南省委党史研究室所办《党史博览》2003年第12期刊载的署名袁小荣的文章《建国后毛泽东的57次离京》中，1955年6月毛泽东外出视察的行程是：1955年6月2日凌晨，离开北京；6月3日至9日，在广州；6月10日至6月18日19时50分，在杭州；6月19日，在南昌；6月19日22时至20日午夜，在长沙；6月21日凌晨4时，在武昌；6月22日上午10时，在郑州；6月23日，在邯郸、保定；6月23日19时，返回北京。文章认为，毛泽东这次至广州，目的是对农业合作化运动进行调查研究。不过，文中没有注明出处，不知根据是什么。

2006年广东省委党史研究室编的《情系广东——老一辈革命家南粤纪行》也提及1955年6月毛泽东到广州的历史："6月，中共中央委员会主席、中央政治局主席、中华人民共和国主席、中央军委主席毛泽东自北京外出视察，首先沿京广铁路南下直达广州，然后赴杭州。"但没有说明毛泽东来广州的具体日期和行程目的。据该书副主编、广东省委党史研究室原副主任叶文益介绍，他们在编写这本书时，是采信了关相生的回忆。

关相生于1950年担任中共中央华南分局负责人陶铸的秘书，1952年担任华南分局办公厅秘书处处长，1956年担任广东省委办公厅副主任。从1954年开始，曾先后7次参与接待毛泽东。在2003年毛泽东110周年诞辰时，关相生发表了题为《我亲历毛主席到广东的接待工作》的纪念文章。文中说："1955年6月，毛主席第二次到广州。这次主要是研究关于胡风问题的材料。6月3至8日，毛主席仍住在小岛二号楼客厅。同来的有罗瑞卿、杨尚昆、陆定一、周扬、陈伯达、胡乔木、邓拓、林默涵等领导。经过几天紧张的工作，关于胡风问题的材料基本搞好。毛主席于6月9日凌晨离开广州前往杭州休息。"关相生的说法，与前述袁小荣的文章，在时间上一致，但行程目的则有所不同。

曾任华南分局办公厅副主任、广东省委副秘书长兼办公厅主任、省政府秘书长的欧初（后任广州市人大常委会主任），也曾负责接待毛泽东来广州的具体工作。他2008年在《秘书工作》第9期上发表的《回忆我在广州接待毛主席》中说："1955年5月，毛主席再到广州，主编《中国农村的社会主义高潮》一书。"他还说，毛泽东住在"船屋"的客厅。

据《毛泽东年谱（1949-1976）》记载，从1955年6月1日至8日上午，毛泽东都是在北京工作，直到8日下午2时才乘专列离京去杭州，并于18日返回北京，但没有说哪天到的北京。而多次跟随毛泽东外出，执行通信保障任务的电台队队长李锦华曾有这样的回忆："1955年6月7日，我接到上级指示，再次带领张秉铎、唐子江跟随毛主席去杭州……6月18日18时，我们离开了杭州，路上走了七天，毛主席在列车行驶沿线接见了不少当地省市领导人。这七天我们都是在列车上度过的。6月23日19时15分，我们乘坐的专列顺利抵达北京。"以上两种说法，虽然在毛泽东离京去杭州的具体时间上有出入，但大体相符。

但毛泽东的专列从杭州回北京，走了整整一个星期，肯定经过了不少的地方。其间是否来过广州，我们不得而知。当然，如果来过的话，也可能不是6月初。

我们为此也专程采访了关相生老人，向他征询和求证，他都对毛泽东1955年6月到广州的说法表示肯定。关相生本来有写日记、记笔记的习惯，但因为他的日记在"文革"期间被毁，暂未看到相关的日记和笔记。在1994年6月中共广东省委办公厅警卫处和广东省公安厅警卫处联合编写的《广东省警卫工作历史资料汇编》（关相生担任顾问）一书中，我们也很失望没有看到相关记录。但是，曾到北京、长沙等地调研毛泽东来广东等史实的广东省委党史研究室原副主任叶文益研究员认为：关相生是当年接待毛泽东的当事人，他的材料多来自省委办公厅警卫处的警卫和接待记录。因此，我们认为具有一定的可信度。

目前我们没有查找到更多足以支撑1955年6月毛泽东到广州这一史实的确切可信的档案记载、文字材料和口述资料。究竟毛泽东在1955年6月有无来过广州？或者说，1955年毛泽东来广州是一次还是两次？这个谜底仍有待今后解开。

2. 毛泽东1955年12月是否到过广州

认定毛泽东1955年12月来过广州的，也主要是广东方面的资料。

广东和广州地方党史资料普遍认定毛泽东在1955年底来过广州。广东省委党史研究室2006年编的《情系广东——老一辈革命家南粤纪行》一书中，明确写道：“（1955年）12月27日，毛泽东抵达广州。他在广州主编《中国农村的社会主义高潮》一书，为该书写了序言和按语”，并且专门配有“1955年12月，毛泽东在广州写作”的图片一张。广州市委党史研究室2004年编写的《情暖珠江——中共中央主要领导人在广州》（经中央文献出版社审定，2004年11月第1版）一书中，则更为具体：“1955年12月27日，毛泽东到广州，下榻省委小岛招待所三号楼，主编《中国农村的社会主义高潮》一书。”

这两本书都是根据1994年6月中共广东省委办公厅、广东省公安厅警卫处联合编写的《广东省警卫工作历史资料汇编》的记载。但笔者查阅关相生所藏版本时发现：原印版本没有这一次。原文说：毛泽东“先后来粤工作、开会、休息七次”。1955年12月这一次，是后来以手写字加上去的，并将原文的“七次”的“七”改成“八”。这说明两个问题：第一，毛泽东此次广州之行无记载，可能存在疑问，也可能编书时未发现；第二，这一行程应有确切的根据，因为涉及毛泽东的重大事件，任何人都不敢也没有必要伪造证据。

1977年9月，中共广东省委发表多篇文章有类似记载。例如，《人民日报》和《南方日报》1977年9月11日刊载的，以中国共产党广东省委员会名义发表的《旭日临南粤 光辉照神州——缅怀毛主席第一次国内革命战争时期在广东的伟大革命实践》，其中写道："一九五五年底，毛主席在广东亲自主编了《中国农村的社会主义高潮》一书，并且撰写了序言和按语。"《南方日报》1977年9月15日刊登的以广东省委宣传部名义发表的《继续革命不停步 誓将遗愿化宏图——缅怀伟大领袖和导师毛主席建国以来在广东的伟大革命实践》也说："一九五五年十二月，在农村社会主义高潮中，毛主席来到广东继续进行《中国农村的社会主义高潮》一书的编辑工作。毛主席仔细地审阅全国各地送来的材料，亲自为一部分材料写按语。……毛主席十分关怀我们广东的农业社会主义改造。毛主席选了广东的九篇材料，编进《中国农村的社会主义高潮》这本书，并为其中六篇加了按语。"

北京公布的资料，则不支持毛泽东1955年12月来过广州。

中共中央文献研究室编写的《毛泽东传（1949-1976）》中这样记述：1955年12月20日，重编工作全部结束。编书工作一结束，毛泽东就南下杭州。12月27日，在杭州为《中国农村的社会主义高潮》写了序言。而根据《毛泽东年谱（1949-1976）》中对毛泽东活动的记载，《中国农村的社会主义高潮》一书的编辑工作主要是在12月上旬和中旬开展的，而毛泽东那段时间都是在北京。12月底毛泽东离京行程如下：12月21日下午，毛泽东由北京出发，一路经河北、河南、湖北到湖南。12月23日晚上8时到达长沙。12月24日夜间，乘专列前往南昌。25日到杭州。

中央有关部门及其他省市编写出版的关于毛泽东的著作，也大多只是提到毛泽东在北京、杭州编写该书，均未提到广州编书的行程和细节。在我们所翻阅的各地已出版的关于毛泽东的著作中，也大都采用了"毛泽东12月在杭州编辑《中国农村的社会主义高潮》，12月27日为该书写下序言"的说法，而不是在广州。另据湖南省委党史研究室编写的《毛泽东五十次回湖南》一书中，对1955年12月下旬毛泽东回湖南的前后行程与《毛泽东年谱（1949-1976）》类似。一般说来，毛泽东到广州一般都要途经湖南，从湖南南下广州。而根据此记述，毛泽东此次到了湖南后并未南下，而是去了南昌，之后再到杭州等地。

应该指出，目前尚无更加确切的档案等史料，足以证明或否定这次行程。毛泽东1955年12月在广州编辑《中国农村的社会主义高潮》一书，是较长时间以来，社会上和学术界对毛泽东第二次来广州的传统观点和看法。下文拟对这一行程的内容进行介绍。

主编《中国农村的社会主义高潮》

1955年，为指导各地办合作社，批判在农业合作化问题上的所谓“右倾保守”思想，毛泽东两次亲自主编《中国农村的社会主义高潮》一书。

1. 主编《怎样办农业生产合作社》

1953年，中共中央明确提出“一化三改”的基本任务，即逐步实现国家社会主义工业化和对农业、手工业、资本主义工商业的社会主义改造。农业合作化是三大改造的重要内容之一。

1955年5月、7月和10月，中共中央召集了三次会议，全面规划了农业合作化的发展，并对“右倾保守”思想进行批判，将农业合作化运动迅速推向高潮。正如毛泽东评述：“一九五五年，在中国，正是社会主义和资本主义决胜负的一年。这一决战，是首先经过中国共产党中央召集的五月、七月和十月三次会议表现出来的。一九五五年上半年是那样的乌烟瘴气，阴霾满天。一九五五年下半年却完全变了样，成了另外一种气候，几千万户的农民群众行动起来，响应党中央的号召，实行合作化。”

为了批判所谓“小脚女人”即“右倾保守”思想，“把反对合作化的一切怪论打下去”，也为了具体回答各级领导干部关注的农业生产合作社究竟怎样办，已经办起来的合作社究竟怎样巩固等实际问题，推动农业合作化运动，1955年9月，毛泽东决定拿出一些办得好的合作社的材料，亲自编辑成《怎样办农业生产合作社》一书，这是《中国农村的社会主义高潮》的前身。于是中央农村工作部从收集到的1000多篇材料中选了121篇送给毛泽东进行编辑，其中多是1955年上半年的，少数是1954年下半年的。大部分是来自各省、市、区的党内刊物，有几篇来自报纸，有几篇则是下级党委或者工作同志向上级党委的报告。

毛泽东认真地对材料进行筛选、斟酌，力求选择最具特点和说服力的材料，以使读者“从这些材料中看出全国合作化运动的规模、方向和发展的前景”，使“那些到现在还不知道怎样办合作社的人们找出办合作社的办法”，使“那些对于这个运动到现在还是采取消极态度的人们积极起来”，更使“那些动不动喜欢‘砍掉’合作社的人们闭口无言”。

《怎样办农业生产合作社》编完后，毛泽东认为许多材料都是选自秘密不外传的党内刊物，而且“是零零碎碎发下去的，它不是集中比较好的典型”，因此需要搞一本集中的书，由人民出版社公开出版。在1955年10月召

农业合作化宣传画

开的七届六中全会上，他将已编好的样书发给参会人员。会上，有人认为书中有些材料已经过时，应该补充新材料。毛泽东同意，并要求大家把书带回去看看，将意见报送中央办公厅。会后，大多数省、市、自治区都送来了补充材料，其中许多是反映1955年下半年的情况的。毛泽东认为有必要进行重新编辑。

11月1日，毛泽东离开北京，乘专列南下，途经天津、山东、江苏、安徽、上海、浙江，一路调查了解农业合作化和农业生产等情况，20日返回北京。进入12月，毛泽东开始对样书进行第二次编辑，田家英等人从旁协助。后来，毛泽东来到广州继续编辑。

2. 完成《中国农村的社会主义高潮》

1955年12月，毛泽东对《怎样办农业生产合作社》样书进行重新编辑，最终形成《中国农村的社会主义高潮》一书。

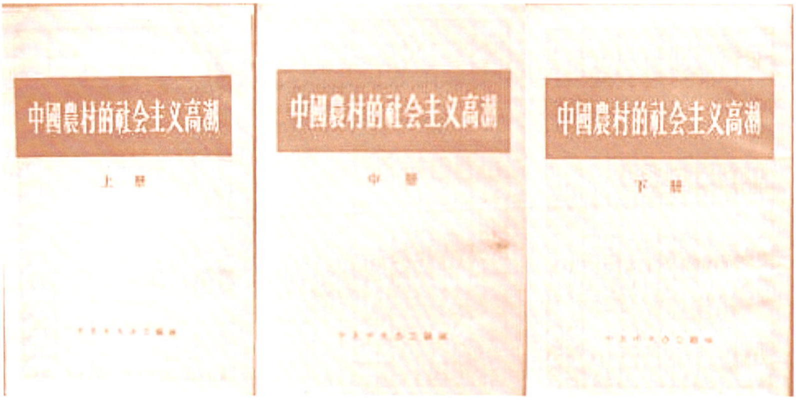

毛泽东主持编辑的《中国农村的社会主义高潮》

毛泽东把这次编书当作是中华人民共和国成立后的第一次调查研究工作。他后来在1961年3月的广州中央工作会议上曾这样回忆说："解放后11年，我做了两次调查。一次是为农业合作化的问题，看了一百几十篇材料，每省有几篇，出了一本书，叫做‘农村社会主义高潮’。每篇都看，有些看过好几遍，研究他们为什么搞得好，比如讲河北的建明社，那也是研究。又一次是‘十大关系’，那是经过两个半月和34个部门讨论。每天一个部或两天一个部，听他们的报告，跟他们讨论，然后得出‘十大关系’的结论。”

毛泽东习惯于在深夜万籁俱寂的时候，坐在桌前认真阅读材料，进行修改，常常一坐就是几小时、十几个小时。对于好的有代表性的材料，他将其选编进来；对于不好的过时的材料，则抽出来不用；有的材料文字太差，他像批改学生作文一样逐句逐段进行删改；有的材料标题冗长、累赘，多是新闻式的，他进行重拟，改成简明扼要、生动活泼，并突出文章主旨的标题。同时，他还为一些材料写按语。据当时和田家英一起协助毛泽东编辑该书的中央办公厅工作人员逄先知回忆：毛泽东习惯于夜间工作，每天一清早，就把一批修改好的稿子连同写好的按语，退给田家英等进一步作文字加工。经过紧张的工作，12月20日，毛泽东完成了编辑工作，并将书定名为《中国农村的社会主义高潮》。

1955年12月27日，毛泽东在广州为《中国农村的社会主义高潮》写了序言。序言中说：“这是一本材料书，供在农村工作的人们看的。本来在九月间就给这本书写好了一篇序言。到现在，过了三个月，那篇序言已经过时了。只好重写一篇。”1956年1月，《中国农村的社会主义高潮》由人民出版社公开出版。毛泽东不仅亲自编辑这本书，还撰写分量很重的序言和按语，这直接推动全党对农业合作化问题的重视。这本书汇集了各个方面在当时被认为是成功的经验，树立了一些典型和榜样，推动农业合作化运动持续发展，掀起社会主义高潮。到1956年底，我国完成了农业合作化，有96%的农户入了农业生产合作社，加入高级社的农户高达87%。原先计划18年完成的目标，提前了11年完成。这标志着我国基本上完成了对个体农业的社会主义改造。亿万农民彻底摆脱了小块土地私有制的束缚，走上合作经济的发展道路，进入了建设社会主义农村的历史时期。农业合作化后，集中的、大规模的农田水利建设以及机械耕作和科学种田得以实现，大大促进了农业的发展。但《中国农村的社会主义高潮》对"右倾保守"思想或"右倾机会主义"的批判，使得本来合乎农民需要的农业合作化进程被人为加速，导致出现强迫命令、工作简单粗糙等问题，并且波及其他领域，致使1956年在经济建设中出现急躁冒进的偏向。

毛泽东加写的按语

这次重编，从原有的121篇材料中删去30篇，保留了91篇，吸收新材料85篇，共计176篇，约90万字，按照各方面的具体经验分成47类。同时，"为了批判某些错误思想和建议某些东西"，毛泽东还为部分材料写了104条按语，共计4万多字，其中大部分都是12月份写就和修改的，可算得上一篇"大文章"。毛泽东一直很喜欢这篇"大文章"，后来还在一次中央会议上谈到它："建国以后，再没有写什么文章了，就是写了《关于农业合作化问题》《关于正确处理人民内部矛盾的问题》，还为《中国农村的社会主义高潮》写了一些按语。"由此足见他对这些按语的喜爱。

1. 104条按语的思想倾向

毛泽东加写的按语，充分体现了他关于农业合作化运动的思想，也成为各地进行农业合作化的指导思想。其中许多按语包含着科学的真理，例如，以是否增产和增产多少作为检验合作社是否成功的标准，勤俭办社，开展多种经营，兴修水利等观点和思想，都是具有积极意义的，也是经得起实践检验的，至今不失其借鉴作用。

但就总体而言，第二次编辑后的按语，仍是以批判所谓"右倾机会主义"为主旨，且对它的批判更为严厉。因为毛泽东认为，第二次编辑的目的不再局限于批判“在农业的社会主义改造速度方面的右倾保守思想”等问题。“右倾保守思想在许多方面作怪，使许多方面的工作不能适应客观情况的发展。”因此，应该批判各项事业中确实存在的“右倾保守”思想。显然，随着形势的迅速发展，毛泽东希望引导其他战线也批判自己的“右倾保守”思想。

在《书记动手，全党办社》《在合作化运动中，工人家属的积极性非常高》等多篇材料的按语中，毛泽东都对“右倾保守”思想进行了批判。在《机会主义的邪气垮下去，社会主义的正气升上来》一文的按语中，毛泽东说：“几乎带普遍性地在许多地方存在着的、阻碍广大的贫农和下中农群众走合作化道路的、党内的右倾机会主义分子，同社会上的资本主义势力相呼应着。”在《谁说鸡毛不能飞上天》一文的按语中，毛泽东认为在中国的农村中，社会主义和资本主义两条道路的斗争的一个重要方面，是通过贫农和下中农同富裕中农实行和平竞赛表现出来的。安阳县南崔庄的成功，是贫农在和富裕中农的竞赛中取得了胜利，实际上就是社会主义道路战胜了资本主义道路。“1955年的下半年，我国的阶级力量对比起了一个根本的变化，社会主义大为上升，资本主义大为下降。1956年再有一年的努力，过渡时期内的社会主义改造的基础，就可以从基本上奠定了。”

由此可以看出，毛泽东严厉批判“右倾机会主义”，并把党内在合作社发展速度问题上的分歧，上升为两条路线的斗争。这样，导致各级领导干部唯有不顾客观实际和农民的真实需要，想尽一切办法，千方百计加快合作化这个本来是合乎农民需要的变革进程，人为制造合作化的高潮，甚至强迫命令群众入社。这明显是与农业合作化运动稳步前进的方针和自愿互利的原则不相符的。而且用在党内批判“右倾思想”的方法来加速农业合作化，也在很大程度上助长了党内的急躁冒进情绪，导致了指导方针上的偏差。

毛泽东在按语中还表现出对办高级社的喜爱和推崇。他非常赞赏北京郊区东内村远大合作社、北京郊区白盆窑乡高级社、浙江省慈溪县五洞闸合作社的创办，并指出：“对于条件已经成熟了的合作社，就应当考虑使它们从初级形式转到高级形式上去，以便使生产力和生产获得进一步的发展。”毛泽东关于高级社的按语，直接推动了高级农业合作社的快速发展，并使得1956年初我国农村在基本实现初级合作化时，又在极短的时间里实现了初级社到高级社的转变，有不少的高级社从互助组直接过渡而来，有的甚至连互助组这个阶段都没有经过。而且，合作社的规模越来越大，也给合作社生产经营带来很大的困难。

2. 为广东6篇材料加写按语

《中国农村的社会主义高潮》收录了广东上报的9篇典型材料，毛泽东为其中6篇材料写了按语，给予肯定。

第1篇，《我当大社主任四个月的几点体会》，是广东省中山县群众第一农业生产合作社主任梁祥胜的谈话记录整理稿，毛泽东将题目改为《我当大社主任的经验》。毛泽东在按语中对这个晚解放区的合作社进行了高度赞扬："不要以为只有老解放区才能大规模地推广合作化的运动，晚解放区则不能够，这样想是不符合实际情况的。晚解放区同样可以大规模地推广合作化。就若干的县、区、乡来说，晚解放区可能和老解放区同时完成、甚至先期完成合作化，现在已经有了一些事例证明了这一点。这是完全要看党的领导工作是否适当，是否少犯错误来决定的。这一篇是广东中山县的一个合作社主任的谈话记录，他谈的并不比一个老解放区的合作社主任差些，可能某些老解放区的合作社主任还比不过他。"

第2篇，《中山县新平乡第九农业生产合作社的青年突击队》，毛泽东在按语中写道："这一篇很好，可作各地参考。青年是整个社会力量中的一部分最积极最有生气的力量。他们最肯学习，最少保守思想，在社会主义时代尤其是这样。希望各地的党组织，协同青年团组织，注意研究如何特别发挥青年人的力量，不要将他们一般看待，抹杀了他们的特点。当然青年人必须向老年人和成年人学习，要尽量争取在老年人和成年人同意之下去做各种有益的活动。老年人和成年人的保守思想是比较多的，他们往往压抑青年人的进步活动，要在青年人做出了成绩以后他们才心服，本文就是很好地描写了这种情况。对于保守思想当然是不应当妥协的，那末好吧，就来试试看，成绩出来了，他们也就同意了。”从中可以看出毛泽东对做好农业生产合作社的青年工作的重视。

第3篇，《琼山县第一区红旗农业生产合作社，在同自然灾害和同资本主义思想作斗争中巩固起来了》，是中共广东省琼山（今属海南省）县委1955年10月10日给广东省委的报告。毛泽东在按语中写道：“办大型社和高级社最为有利这一点，海南岛红旗合作社的经验也是证明。这个大型合作社还只有一年的历史，它就准备转变为高级社。当然，这不是说，一切合作社都要照这样做，它们仍然要看自己的条件是否成熟，作出自己究竟在何时实行并社升级为宜的决定。但是，一般地说来，有三年时间也就差不多了。重要的是做出榜样给农民看。当着农民看见办大型社和高级社比办小型社和低级社更为有利的时候，他们就会要求并社和升级了。”毛泽东通过这个按语，指明了农业合作化运动从低级到高级不断发展的方向。

第4篇，《在和自然灾害作斗争中成长起来的边海乡农业生产合作社》，介绍了广东省阳江县边海乡第一农业生产合作社，在和自然灾害作斗争中有计划地发展农业和副业生产的情况。毛泽东在按语中充分肯定：“这一篇写得有声有色，可以一阅。这个乡的党支部是一个模范的支部，它领导群众做了许多英勇的斗争，获得了群众的拥护。”

第5篇，由中共台山县委合作部写的《台山县田美村农业生产合作社组织开荒生产的经验》，毛泽东写了如下按语：“这是短距离的开荒，有条件的地方都可以这样做。但是必须注意水土保持工作，决不可以因为开荒造成下游地区的水灾。”在中华人民共和国成立初期，毛泽东已经提出了注意保护生态环境的问题，这是很有意义的。

第6篇，《广宁县江布乡红星农业生产合作社发展了多种经济》，介绍了广东省广宁县江布乡红星农业生产合作社，在搞好农业生产的基础上发展多种经济的经验。主要是：（1）向社员分析本社的情况和特点，引起他们对发展多种经济的重视，明确方针政策，消除思想障碍。（2）开展合理化建议运动，发挥群众的智慧，并制订多种经营的方案。（3）加强具体指导，有计划有步骤有组织地行动起来。（4）正确执行按劳分配原则，合理定出各种工种的底分，保证农业和副业合理发展。毛泽东将原题改为《广宁县江布乡红星农业生产合作社发展了多种经济，解决了很大问题》，并在按语中肯定：“这是一个很好的经验，值得各地研究推广。”

三 探索中国社会主义建设道路（1956年）

1956年5月3日至30日，毛泽东来到广州视察。在这将近一个月的时间中，毛泽东认真听取各省市关于经济情况的汇报、深入工厂企业调研，还就党和国家其他事务作出重要批示。毛泽东的这次广州之行，体现了他对中国社会主义建设道路和规律的宝贵探索。

《论十大关系》发表后的调研

1956年5月初毛泽东来到广州，在著名的《论十大关系》讲话发表后不久。毛泽东在广州的视察，是为《论十大关系》探索适合中国实际的社会主义道路开展的调查活动之一。

1. 《论十大关系》梗概

1956年初，毛泽东准确把握国际形势：有可能给我们12年的和平时间来完成社会主义改造和基本上实现工业化。中国的社会主义建设，从马列主义的书本上找不到现成的答案，照抄、照搬苏联的模式又不符合中国国情。毛泽东对中国怎样建设社会主义这个问题的探索从调查研究开始。从1956年2月中旬至4月下旬，他分别听取中央和国务院34个部门关于工业生产和经济工作的汇报。他还邀请湖北、广东两省和武汉、广州两市党委负责人开了4次座谈会，了解地方经济情况。在这过程中，毛泽东形成了一些对中国社会主义建设有长远指导意义的思想。4月25日，毛泽东在中共中央政治局扩大会议上作《论十大关系》的报告。这十大关系是：第一，在重工业和轻工业、农业的关系问题上，要用多发展一些农业、轻工业的办法来发展重工业；第二，在沿海工业和内地工业的关系问题上，要充分利用和发展沿海的工业基地，以便更有力量来发展和支持内地工业；第三，在经济建设和国防建设的关系问题上，在强调加强国防建设的重要性时，提出把军政费用降到一个适当的比例，增加经济建设费用；第四，在国家、生产单位和生产者个人的关系问题上，三者的利益必须兼顾，不能只顾一头，既要提倡艰苦奋斗，又要关心群众生活；第五，在中央和地方的关系问题上，要在巩固中央统一领导的前提下，扩大地方的权力，让地方办更多的事情，发挥中央和地方两个积极性；第六，在汉族与少数民族的关系问题上，要着重反对大汉族主义，也要反对地方民族主义，要诚心诚意地积极帮助少数民族发展经济建设和文化建设；第七，在党和非党的关系问题上，共产党和民主党派要长期共存，互相监督；第八，在革命和反革命的关系问题上，必须分清敌我，化消极因素为积极因素；第九，在是非关系问题上，对犯错误的同志要实行"惩前毖后，治病救人"的方针，要允许人家犯错误，允许并帮助他们改正错误；第十，在中国和外国的关系问题上，要学习一切民族、一切国家的长处，包括资本主义国家先进的科学技术和科学管理方法，要反对不加分析地一概排斥或一概照搬。

人民日报

马克思主义、列宁主义、毛泽东思想万岁！

论十大关系

（一九五六年四月二十五日）

毛泽东

一 重工业和轻工业、农业的关系

1976年12月26日，毛泽东诞辰83周年纪念日，《人民日报》全文发表《论十大关系》

《论十大关系》是中国共产党比较系统地探索中国自己的社会主义建设道路的历史起点。它在初步总结我国社会主义建设的经验、以苏联经验为借鉴的基础上，提出了探索适合中国国情的社会主义建设道路的任务，对开辟一条具有中国特色的社会主义建设道路起了决定性作用。毛泽东在回顾历史时曾这样说："前八年照抄外国的经验。但从一九五六年提出十大关系起，开始找到自己的一条适合中国的路线。"《论十大关系》也标志着毛泽东对中国社会主义建设理论与建设道路的认识达到了一个新的高度。

2. "主席专机"首航

毛泽东说："那个十大关系怎么出来的呢？我在北京经过一个半月，每天谈一个部，找了34个部的同志谈话，逐渐形成了那个十条。如果没有那些人谈话，那个十大关系怎么会形成呢？不可能形成。"调查研究无止境。《论十大关系》发表后，毛泽东并不满足于在北京听中央各部委的汇报，决定离京继续调查研究，实地了解地方经济发展情况。《论十大关系》的第二个关系是内地工业和沿海工业的关系。"最近几年对于沿海工业有些估计不足，对它的发展不那么重视了。这要改变一下。"诚然，中华人民共和国成立后特别是朝鲜战争后，沿海地区一直是前线。很多工业建设都不把重点放在沿海。在当年苏联援华的156个重点项目中，广东一项也没有。而现在看来，中国可能有10年或者更长一点的和平时期。毛泽东决心发展沿海工业，并把广东作为发展沿海经济的重点地区。

毛泽东就是在这样的大背景下，于1956年5月3日来到广州视察的。这一次他选择乘飞机，也是他在中华人民共和国成立后第一次乘飞机外出视察。同行的有中央书记处书记彭真，公安部部长罗瑞卿，中央书记处候补书记兼中央办公厅主任杨尚昆，中央财经领导小组副组长、国务院副总理谭震林等125人，分乘5架飞机。空军司令员刘亚楼原考虑让毛泽东乘坐苏联顾问团的飞机，但毛泽东不同意，说："我们有自己的飞行员，为什么要坐外国人的飞机？外国人的飞机我不坐，我一定要坐中国人自己驾驶的飞机。"早上6时，专机从西郊机场起飞离开北京。上午10时30分，专机到达武汉南湖机场。毛泽东在武昌东湖客舍（今东湖宾馆）同湖北省委第一书记王任重谈话。吃饭、加油后，专机再从武汉起飞。下午4时30分，飞机安全降落广州白云机场。毛泽东走下飞

1956年5月3日，毛泽东乘专机飞抵广州，在广州白云机场与机组通讯长柳昆尚握手

机，热情与机组通讯长柳昆尚等人交谈，夸赞其出色的飞行技术。还颇有感触地慨叹说："还是飞机这东西好，飞得快，当天就到了广州。我们就是要有自己的飞机才行。"毛泽东还与机组和随行人员合了影。

毛泽东此次下榻小岛新建的一号楼。1956年，新一号楼建成，成为此后毛泽东在广州的主要住处。原称一号楼的孙科的老房子"船屋"改为二号楼，原称二号楼的方方的住宅改为三号楼。根据中共中央办公厅的要求，新一号楼的设计尊重毛泽东的生活习惯，满足他的工作需要，中间为大厅，两侧卧室大致对称。因为毛泽东习惯晚间工作，白天休息，所以一号楼的窗帘特别厚实，遮光性能良好。毛泽东入住小岛期间，附近珠江水面照常通航，有时还能听到汽笛声。对此，毛泽东身边的工作人员曾提过意见，但他本人并不介意。叶剑英在广东主政时，留下一条设备较好的全木结构的小船，被称为"花船"，停泊在小岛旁。解放初期，珠江水运相当发达，"花船"成为到各地视察工作的重要交通工具。这是一艘别致的小船，长约20米，宽约15米，有卧室、餐厅、会议室，可以举行小型会议或宴会、舞会等。它既是供住在岛上的毛泽东等中央领导同志开会或会客的会议室，又是来往登陆的水上交通工具。这艘“花船”是广东内河一种特殊的客货驳船，俗称“花尾渡”。它是自身没有航行动力的木船，须由另外一艘拖轮（俗称“火船”）拖带，因此没有机器的噪音，非常安静舒适。因此，在“花船”上开会并不会受到噪音的干扰。

听取各省工作汇报

调研工业发展情况，是毛泽东此次广州行的主要目的。他1956年4月发表的《论十大关系》，明确提出要处理好重工业和轻工业、农业之间，沿海工业和内地工业之间的关系。毛泽东重视发展沿海工业，这次主要是听取各省市经济特别是工业发展情况的汇报。

1956年5月5日晚上，毛泽东同陶铸、罗瑞卿谈工业问题，空军司令员刘亚楼参加。5月8日晚，同陈云、陶铸谈话，一直到次日凌晨1点。陈云是在上海、武汉等地对资本主义工商业改造问题进行调查之后来到广州的。5月11日，毛泽东和彭真、杨尚昆在小岛招待所听取陶铸汇报广东省工业情况，参加汇报的还有广东省副省长、工业厅厅长、农业厅厅长、省委秘书长、广州市委副书记等，等。5月12日下午，毛泽东和彭真、罗瑞卿、杨尚昆在越秀山游泳池听取中共广东省委汇报农业情况。

5月13日下午，毛泽东和彭真、罗瑞卿、杨尚昆、陶铸在小岛招待所听取广西省委第一书记陈漫远汇报广西省工业情况。一同参加汇报的还有广西省副省长、工业厅副厅长、手工业管理局局长等。次日下午，毛泽东和彭真、陶铸在越秀山游泳池听取陈漫远汇报广西省农业情况，广州市委汇报农业发展规划。

5月14日，毛泽东在听了几天的工作汇报后，为中共中央起草了关于各省市区党委向中央汇报工作的具体安排的通知（以下简称《通知》），就各省市自治区向中央的汇报作通盘考虑。《通知》就各省市的时间上做出大致安排：现在已由中南几个省市开始，接着将请华东几个省市汇报（时间可能在5月25日至6月10日之间），然后再请西南、西北、华北、东北各省市区汇报（时间将在6月10日至7月底）。

《通知》还将应汇报的工作分为11个问题，其中前6个问题详细汇报：（1）工业（重工业、轻工业、手工业，中央各部管的、地方管的和私人工业的社会主义改造）；（2）交通运输业（陆、水、空，近代的和落后的）；（3）商业（内贸、外贸、供销合作和私人商业的社会主义改造）；（4）农、林、水；（5）财政和金融；（6）干部（即教育工作）。以上各项都应作一些历史的和现状的叙述，并且应当有7年或12年的远景规划，以地方管的或者希望由地方管的为主，中央各部管的为辅。写成书面文件，字数不拘，依内容决定，长的可以有1万字，或2万字，甚至更长，短的可以只有几千字。此外还有：（7）统一战线安排问题；（8）反革命分子安排问题（主要是就业安排）；（9）失业安排问题；（10）少数民族问题（无此问题的地方则略）；（11）其他特殊问题（例如广东的华侨和侨眷问题，渔民问题，盐民问题，港澳问题）。以上各项，每一个问题写几千字即可，均要分开写，各成篇幅，不要连在一起。

《通知》说：以上共有十几个题目，不可能在一次准备好和汇报完，可以分为几次或者三次准备好和汇报完。希望都经过你们的委员会加以讨论和斟酌，但不必十全十美，不大完善也不要紧。汇报的时候除第一书记应来之外，可以带几个与工作有关的助手来。以上各问题，重点放在第一至第六各项，而以第一项为主要的重点，第一项准备好了，即可汇报一次。汇报文件中要有材料，有议论，要突出地批评中央工作和地方工作中的缺点错误，揭露矛盾（包括中央和地方的矛盾），并提出解决意见。不成熟的意见也可以提出。

在广州接下来的时间里，毛泽东几乎每天都在小岛招待所或越秀山游泳池听取工作汇报。5月16日下午，毛泽东和彭真、谭震林听取中共广东省委关于造纸和制糖业的情况汇报。17日下午，毛泽东和彭真、谭震林、陶铸听取江西省委第一书记杨尚奎汇报江西省工业的情况。18日至20日，连续三天下午和晚上，他和彭真、谭震林、陶铸听取湖北省委第一书记王任重关于湖北省工业情况的汇报，湖北省省长张体学关于湖北省财粮贸工作的汇报，湖北省委副书记王延春关于湖北省农村情况的汇报，武汉市市长宋侃夫关于武汉市产供销和职工生活情况的汇报。毛泽东在张体学的汇报提纲后面写了一段文字："资本家企业国有化慢一点：（1）抓住他们的尾巴；（2）可得息钱；（3）有时间，我们主动一点。经验：人事与业务的安排要迅速；经济改造要逐步来。"

5月18日晚上到深夜，毛泽东还听取了身边7个省籍的10名警卫战士回家乡所作农村调查的情况汇报。在离京之前，毛泽东选派了家在不同地区的26名警卫战士，让他们回家一边探亲，一边帮助他调查各自家乡农村的情况。4月23日出发，限期归队汇报。利用战士探亲调查情况，这是毛泽东联系广大农民，更深入了解农村的一种方法。毛泽东认为这种方法很好，可以通过战士"同广大农民联系起来了"。他还用三个指头跟战士们比喻说："你们见到农民，我看到你们，就间接见到了农民，就离这么远。"这批回家探亲的战士，在5月13日前后纷纷回到北京，然后又马上赶到广州向毛泽东作汇报。毛泽东认真地听取战士们的调查报告，详细询问他们了解到的情况。5月20日，毛泽东为中共中央起草关于各省市区党委向中央汇报工作的补充通知："最近广东、湖北、武汉、广州等省委、市委向中央汇报财经工作，均是以当地整个财经工作为对象（包括中央各部管的和地方管的）；在工业方面多从中央各部管的大企业，例如长江大桥、武汉钢铁公司、长江航务局、广州造纸厂、广东糖业公司等总结经验；在财贸方面，也是以当地整个财政金融工作和贸易工作为对象，加以分析，提出意见。中央认为这样做是很好的。中央五月十四日电报中所说各地汇报对象可以地方管的或者希望由地方管的为主，而以中央各部管的为辅这一点规定，应予取消。"

21日至23日每天下午和晚上，毛泽东和彭真、谭震林、罗瑞卿、陶铸等听取湖南省委第一书记周小舟等汇报。24日和25日下午和晚上，毛泽东和彭真、谭震林、罗瑞卿、杨尚昆、陶铸等听取中共江西省委杨尚奎等汇报。26日和27日下午和晚上，和谭震林、罗瑞卿、杨尚昆、陶铸等听取广西省委陈漫远、韦国清（广西省委副书记、省长）等汇报。28日下午，和谭震林、罗瑞卿、杨尚昆等听取广东省委关于港澳问题的汇报，就外交、统战工作和对外经贸工作等提出了有前瞻性的政策主张。29日上午，和谭震林、罗瑞卿、杨尚昆等听取广东省委关于镇反问题的汇报。

在广州期间，毛泽东就西藏工作作出重要批示、批注。这是针对中央代表团党组的报告作出的。1956年4月29日，中央代表团党组就"当前西藏政治动态和代表团工作情况"向中共中央报告：中央代表团自北京出发的同时，四川藏区发生叛乱的消息传到拉萨，在喇嘛、贵族上层中间引起很大的震动和恐惧，怀疑自治区筹委会的成立和代表团的来藏是来搞改革的，对这两件事的态度由热情转为冷淡。经过召开上层分子座谈会，广泛地进行拜会、访问和向寺院发放布施等各种活动，宣传中央的政策，解释误会，揭露谣言，局势已逐渐稳定下来。自治区筹委会成立大会已胜利闭幕。报告说，估计再继续进行一些工作之后，拉萨的局势可进一步安定下来。报告还谈到，达赖提出派人组成代表团去四川藏区，协助当地党政进行宣传和安抚工作，我们已表示同意。

5月8日，毛泽东为转发中央代表团党组的这份报告，起草中共中央给四川省委并转西康（原西康省，今四川省甘孜藏族自治州）地委的批语："西藏方面前往康区的考察团，不久就会到来，你们应予以热情的接待，将叛乱原因、平乱情况，党的政策和工作办法老老实实地告诉他们，我们工作中的某些缺点错误也可以告诉他们，并请他们帮助你们做些安抚劝说工作。如果他们愿意到成都和北京走一趟则更好。"另，据中央代表团党组的报告说，拉萨对四川藏区叛乱发生的原因有多种传说，比较普遍的说法是：叛乱是由于斗争上层、收枪、收税和破坏宗教等四条原因引起的。毛泽东在这四条原因后加了一个批注，请四川省委和西康党委注意："拉萨方面所说引起叛乱的四条原因，请按实情加以分析，对于即将到来的拉萨考察团予以符合情况的说明——中央注。"

5月12日，毛泽东发布主席令，公布第一届全国人大常委会于本日第四十次会议通过的关于县、市、市辖区、乡、民族乡、镇人民代表大会代表名额等问题的决定。并根据全国人大常委第四十次会议通过的决定，任命薄一波为国家经济委员会主任、黄敬为国家技术委员会主任、王鹤为国家建设委员会主任和冶金工业部部长等一批国家工作人员。

深入工厂企业调研

毛泽东此次广州之行，广泛听取各省市关于经济工作的汇报，尤其关注工业发展情况。但毛泽东并不满足于被动地听别人的汇报。他指示广东省委提交一批重点工矿企业名单，经比较后选取广州造纸厂和广州通用机器厂（后改称为广州重型机器厂）进行实地调查研究。

1. 调研广州造纸厂

广州造纸厂坐落于工业大道中，于1932年陈济棠主粤时筹建，1938年建成，定名为广东省营制纸厂。但直至广州解放前夕尚未正式投产。1949年10月广州解放后，人民政府接管了这间工厂，易名为“广东省人民政府造纸厂”。1950年7月又易名为“广东造纸厂”。该厂职工艰苦奋斗，仅用15个月完成了复厂重装，于1951年2月正式投产。1953年4月改称为“国营广州造纸厂”。1953年我国开始第一个五年计划期间，广州造纸厂进行第一期扩建工程。在较长时期内，广州造纸厂都是华南地区新闻纸的主要生产基地。

1956年5月29日，毛泽东在陶铸陪同下，来到广州造纸厂调研。当天上午10时，厂保卫科科长赵穗民突然接到码头值班警卫电话，说毛泽东乘坐快艇来到厂码头了。赵穗民赶紧布置各车间做好保卫工作，随后冲向办公楼向厂领导报告。在路上，恰巧遇上在车间检查工作的封贯之厂长和彭水先总工程师，于是赶紧一起跑到码头迎接。毛泽东身穿米黄色衬衣、灰色长裤，脚穿黑色布鞋，手拿一把广东葵扇，乘船来到广州造纸厂码头。封贯之用力把运煤跳板搬向快艇，让毛泽东一行上岸。毛泽东伸出手与封贯之握手，随后在封贯之的引导下，在造纸厂里参观约一个半小时。

1956年5月29日，毛泽东视察广州造纸厂

毛泽东在参观磨木车间后，分别在第一抄纸车间和第二抄纸车间观看生产流程，然后又到正在安装新纸机的第三抄纸车间参观。

他首先走进磨木车间。当知道全车间8台磨木机中有6台是国产的，而且国产磨木机的性能比进口的要好时，毛泽东非常高兴地连声赞好，对广州也能制造出优于外国的机械表示欣慰。在磨木平面筛旁，他看到几个存放着磨木机磨出来将被当作“废料”倒掉的粗渣的箩筐，上前拾起一把粗渣，仔细查看，然后转身询问封贯之：“还有没有用？”封贯之报告说：“磨木机生产经常有粗渣，现在还没有用上，将来一定要利用上。”毛泽东听后点点头，嘱咐说："要尽快利用起来！”他要求勤俭建国，因为中国还很穷，进行大规模的经济建设应充分利用资源，容不得半点浪费。

随后，毛泽东来到磨木机旁，亲手与工人一道用蓝玻璃检查纸浆质量，并亲切地教导工人，为了建设社会主义，要注意点滴节约，充分利用木材。见到工人们用繁重的手工装木，他关切地询问："能不能用机械代替？”毛泽东高度赞扬工人关心企业管理的主人翁精神，十分重视企业的管理制度。在车间的值班室里，他和青年工人同坐在一条板凳上亲切交谈，询问生产情况，逐页翻看了车间值班长的交班记录本，详细询问记录的数据和机器的情况。他还非常仔细和认真地观看了磨木工段工人写的合理化建议的大字报，连声说好。

毛泽东观看纸厂工人写的提高纸浆质量的技术改革建议大字报

在第一抄纸车间，毛泽东看到复卷机切出许多一厘米多宽的小纸边，地上堆成了一个小纸堆，他俯身拾起一条，关切地问："纸边还有没有用？”封贯之答："可以重新利用。”毛泽东听后十分满意，愉快地点了点头，连声称赞：用了就好。在第三抄纸车间，工人正在安装全国第一台高速抄纸机。外国专家瞧不起我们，断言起码要三年时间才能将车速开到每分钟300米。毛泽东一面巡视，一面询问安装进度和技术队伍培训情况。他鼓励大家说，你们要想办法快点安装好投入生产，我们国家将来自己会制造更多这样的机器。

毛泽东还十分关心青年工人的成长。他亲切地和一个车间的团支部书记交谈，询问车间有多少团员，有多少青年工人，工作和学习情况怎样。毛泽东热情地和一群刚从外地学习培训回来的青年工人交谈，鼓励他们说：你们都很年轻，要好好干，要尽快把各种技术掌握到手。在离开前，毛泽东反复嘱咐封贯之和彭水先：要提高工人的技术管理水平，要多培养我们自己的技术力量。

毛泽东的亲临视察，对广州造纸厂的干部、工人是一种极大的激励和鼓舞。广州造纸厂在广州解放前名为造纸厂，却没有生产过一张纸。中华人民共和国成立后工厂才成为一家大型的、比较现代化的制浆造纸联合企业，不但生产新闻纸、包装纸、化学木浆板，还从化学木浆中生产出酒精、黏合剂、香兰素等产品。毛泽东对现代技术的重视，极大地教育和鼓舞了纸厂职工。工人们遵照毛泽东的教导，树雄心，立壮志，积极开展技术革新活动，努力掌握现代化的造纸技术。把过去当柴烧的粗渣重新制成木浆，为国家节约了大量木材。毛泽东当年视察时正在安装的高速抄纸机，第二年就安装完毕，并投入生产。广州造纸厂按照毛泽东视察时的要多培养工人技术力量的教导，培养了大量工人技术骨干。

2. 视察广州通用机器厂

广州通用机器厂始建于1948年。中华人民共和国成立后，该厂直属国家机械工业部，是华南地区的大型工厂和中国机械工业的骨干企业，起着机械主力军的作用。1958年由国家机械工业部下放给广州市，同年8月经国家计委和机械工业部批准投资7000万元扩建，并改名广州重型机器厂。

离开广州造纸厂后，毛泽东乘坐一辆黑色“吉姆”牌小轿车，来到广州通用机器厂继续视察。毛泽东观看了准备运往德国莱比锡参加国际博览会展出的我国第一台制糖离心机C1250的装配。厂领导向毛泽东汇报，该厂从1955年开始生产制糖设备，过去只能生产日榨甘蔗350吨的糖机，大的糖机要靠进口，现在工人和技术人员正在研制日榨2000吨蔗糖的设备，今后不需要靠进口了，而且这种设备的日榨量超过中华人民共和国成立前同类进口设备的一倍。毛泽东听后，挥一挥手，豪迈地说："中国人应当有这样的志气，外国人能搞的，中国人要搞；外国人不能搞的，中国人也要搞，要为国争光。"他为中国工人阶级自力更生、奋发图强的精神感到自豪，对中国科学技术赶超世界先进水平充满信心。

毛泽东热情赞扬工人自力更生、艰苦奋斗的革命精神。他见到工人们因陋就简，搭起茅棚作车间制造大设备时非常高兴，笑着说：我们还是一个很穷的国家，要进行大规模的建设，还要发扬艰苦奋斗的精神。在第一金工车间，毛泽东站在加工3米大的齿轮的牛头刨床旁边，细心察看。厂领导告诉毛泽东，这是加工甘蔗压榨机的大齿轮。因为没有大型滚齿机，工人们就土法上马，挖了一个大地坑，把大齿轮的一半埋在地坑内，用小牛头刨床进行加工。毛泽东听了，频频点头说："好！很好！工人同志是有智慧的，土法上马是个好办法。只要发动了群众，什么困难都可以解决。"

1956年5月29日，毛泽东视察广州通用机器厂

毛泽东处处关心工人的劳动条件和身体健康，当看到铸铁车间厂房低矮、通风不好时，他对厂领导说：这个车间温度高，通风不那么好，要注意逐步改善工人的劳动条件。确实，当年铸铁车间是国民党时期留下来的，环境相当简陋。随后，工厂按照毛泽东的指示，立即着手对厂房进行整改，安装了风扇、喷雾器等通风降温设施，使工人的生产劳动环境大大改善。

毛泽东的亲切关怀和谆谆教导，也给了广州通用机器厂的工人们巨大的鼓舞和力量，激励他们奋发图强，自力更生。1956年产量比上年增长1.3倍，提前完成第一个五年计划规定的指标。工人制造了“争气机”，炼出了“争气钢”，发明创造层出不穷，谱写出一曲曲“志气篇”。在毛泽东去视察的1956年，广州通用机器厂完成7套糖机的生产，其中有安装在南海糖厂的全国第一套日榨甘蔗2000吨的全套制糖设备，是国家重点新产品，也是当时亚洲最大的糖厂设备，结束了过去糖机依赖进口的日子；在国家经济困难时期，“广重”工人主动承担国家急需的化工、炼油设备生产任务，顶住了苏联对我国施加的经济压力，为中国人民争气。1963年“广重”生产的100－130TM（1）高压釜通过国家鉴定。1964年“广重”成功制造出中国第一台醋化机。在20世纪50年代初至80年代初，“广重”一直以糖机为主导产品，糖机设备从初期的2000吨/日扩大到6000吨/日，同时也生产其他行业用的离心机等设备。1984年该厂自建厂以来已累计生产近80个规格的离心机4000多台，离心机的产量和质量在全国均属首位，仅离心机的产值就达1700多万元，占该厂工业总产值的1/3。1985年后，“广重”研制了喷嘴式离心机、自动排渣离心机，并与广州市自动化控制研究所一起改进原来离心机的控制系统，提高离心机自动化程度。此外，还与轻工业部广州轻工机械研究所等单位合作开发1万吨/年薯类淀粉生产线和酵母生产线。1988年“广重”设计制造的热压罐，是长征二号运载火箭发射工程的关键设备，该产品是亚洲第一大热压罐。20世纪80年代末期起，“广重”逐步调整产品结构，不再以制糖机械设备为主导产品。工业大道厂区已于2008年搬迁到番禺区钟村基地，依托新平台实现新一轮的发展。

3. 参观广东水产馆

广东濒临南海，海岸线曲折，港湾众多，盛产鱼虾及多种名贵海产。而广州居广东省海岸线中央，汇合东江、西江、北江三江之水，河网交错，水道纵横，水产和海洋资源亦相当丰富。1956年5月，毛泽东在广州听取广东的工作汇报后，提出要专门了解广东发展渔业和对海洋资源开发利用的情况。于是，5月21日，毛泽东在陶铸等人的陪同下来到位于广州文化公园的广东水产馆视察。这也是他第二次亲临该水产馆。广州文化公园是于1956年元旦由“岭南文物宫”改名而来的，并由叶剑英亲笔题名。毛泽东首先参观了正在举办“广东省农业生产展览会”的农业馆，仔细观看了有关潮安、澄海等地水稻亩产千斤的介绍。馆内有一座介绍水浮莲的大模型，上面标出“祖国的国宝”几个大字，引起毛泽东的注意。水浮莲因繁殖快、产量高，是当年农村常用的养猪青饲料。

从农业馆出来，毛泽东再次来到水产馆。他仔细地观看了南海水产资源分布图和各种海产品及标本。陪同的广东省水产厅厅长舒光才向毛泽东汇报了鲨鱼的食用价值及在工业和医药上的广泛用途。在参观的过程中，毛泽东说：

1956年5月21日，毛泽东视察广东水产馆

南海水产资源很丰富，要很好地开发，为社会主义服务。这是非常具有前瞻性的构想。毛泽东还观看了展览馆陈列的捕鱼设备样品，看到经过群众改革的各种捕捞工具，频频点头称赞，高度评价人民群众的首创精神和智慧。毛泽东还亲切地询问了渔民的生产、生活情况。在展览馆工作人员的指点下，他拿起一张半成品的渔网，兴致勃勃地试着编织起来。毛泽东对陪同参观的广东省领导说：今后要大力发展机动渔船，发展海水养殖业，并再次提出利用海洋资源造福于民的问题。

提出利用外资政策

众所周知，在毛泽东时代，中国政府坚持“自力更生、艰苦奋斗”。中国人民对于“既无内债、又无外债的社会主义国家”身份相当自豪。鲜为人知的是，1956年5月，毛泽东在广州期间，曾提出“利用外资”的政策主张，鼓励广东地方政府吸引和利用港澳“游资”。

1. 暂时不动香港

毛泽东在1956年提出利用“外资”的前瞻性政策主张，并不是偶然的。

中华人民共和国成立前夕，毛泽东提出了中国外交“一边倒”方针。但这并不妨碍中华人民共和国与西方资本主义国家发展贸易关系。毛泽东指出：“关于同外国人做生意，那是没有问题的，有生意就得做，并且现在已经开始做，几个资本主义国家的商人正在互相竞争。我们必须尽可能地首先同社会主义国家和人民民主国家做生意，同时也要同资本主义国家做生意。”

为保留香港“国际贸易通道”的地位，毛泽东在中华人民共和国成立前夕作出“暂不收回香港”的战略决策。1949年2月初，毛泽东在接见苏联特使米高扬时，就明确提出了对香港、澳门问题的基本态度：“目前，还有一半的领土尚未解放。大陆上的事情比较好办，把军队开去就行了。海岛上的事情就比较复杂，须要采取另一种灵活的方式去解决，或者采用和平过渡的方式，这就要花较多的时间了。在这种情况下，急于解决香港、澳门问题，也就没有多大意义了。相反，恐怕利用这两地的原来地位，特别是香港，对我们发展海外关系、进出口贸易更为有利些。总之，要看形势的发展再作最后决定。”

中华人民共和国成立后，继续坚持贯彻“暂时不动、维持现状”方针，这为粉碎西方资本主义阵营对中华人民共和国的封锁、禁运起到了重要作用。保持香港长期繁荣稳定，逐步发展成为中共中央处理香港、澳门问题的指导方针。毛泽东多次强调“暂时不动香港”，外事活动中避谈收回香港问题。1950年1月6日，英国政府正式宣布承认中华人民共和国之后，毛泽东于1月29日指示周恩来，“胡阶森（英临时代办）来时应与谈英国与蒋介石关系问题及建立外交关系的其他问题，而不要谈收回兵营问题”。

中国政府重视发挥香港的国际通道作用。1952年8月2日，陈云领导的中央财经委员会指示：“目前对资本主义国家的贸易多集中港澳，港澳成为今后全国对资本主义国家贸易的大港。”1954年8月，周恩来指出，“香港可以作为我们同国外进行经济联系的基地，可以通过它吸收外资、争取外汇”。驻港贸易机构华润公司将香港在我国对外贸易上的作用总结为如下四个方面：（1）未和我建立外交关系的资本主义国家和英商老手，都愿在港和我做生意；（2）我国展开东南亚贸易，港可起桥梁作用；（3）国内土产特别是副食品，香港是主要销场；（4）国外市场资料收集地。

2. “可以利用”外资

广州毗邻港澳，粤、港、澳三地的关系历来十分密切。著名的省港大罢工正是广州工人与香港工人携手和帝国主义斗争的壮举。当时，毛泽东就在广州工作，他非常了解这段历史，也了解广东与香港、澳门的密切关系。这次到广州，毛泽东十分关注港澳方面的情况。

1956年5月28日下午，毛泽东和谭震林、罗瑞卿、杨尚昆等在小岛招待所听取中共广东省委关于港澳问题的汇报。在汇报到香港政治局势时，毛泽东说：现在的形势比抗美援朝时，不是好一点，而是好三点。英国对我们的政策是看见的，它要和我们做生意，美国也要来的，明年不来，后年也会来的。香港暂时还是不收回来好，我们不急，目前对我们还有好处，现在拿过来不见得有利。

在汇报香港统战工作提到张国焘可否回来时，毛泽东说：张国焘回来，不让他当委员，给他饭吃，我看比他在外边破坏好。又说：凡是回来观光过的人，回去后不要他们表现左，那样会失掉他们的作用。提到宣传工作时，毛泽东认为香港《大公报》等最近降低调子很对。他说：能够利用香港一些报纸登一些对我们有利的东西，透到台湾去，这就很好了。要他们不骂我们是不可能的，这样它就会起不了这个作用。一条消息又骂又帮是可以的，七分骂我、三分帮我这才对头。

在汇报到争取港澳华侨投资问题时，毛泽东说：要有更积极的政策。港澳华侨拿外汇来拿外汇走，这是合理的，这对我们并无所损。就作为存款性质吧，在一定期限内，例如一年，他们可以拿外汇来，一年后随时可以拿外汇走，这样就可以来来往往了。但有一条，钱由国家来计划使用。股息多少、股息给不给外汇，这个问题可以研究。要针对港澳华侨的顾虑，想办法争取利用这一大笔外汇。毛泽东的这些重要谈话，内容丰富深刻，特别是对“引进外资”问题具有前瞻性。

20世纪50年代中期，亚洲、非洲各国民族解放运动风起云涌，政治局势动荡不安，数百亿硬通货随着局势的急剧变化竞相流向相对安全的国际金融中心之一的香港。一时间，香港各银行游资充斥，存款利率急剧下跌，有时在少数信誉较好的银行、钱庄里，甚至出现存款者倒贴利息给银行的负利息的反常现象。这种现象，香港人称为“水淹银行”。这是香港经济转型和产业升级的征兆。而在中国内地，伴随着国民经济的恢复，第一个五年计划的实施，以及社会主义制度确立后大规模经济建设的开展，正急需大量的建设资金。两地经济贸易关系，具有很强的互补性。

广东省委根据毛泽东《论十大关系》的精神，正在考虑报请中央批准吸收香港的游资，以弥补国内外汇和建设资金的不足。广东刚刚成立了华侨投资公司，吸收华侨资金情况并不是很理想，陶铸正想着要实行更积极的政策吸引侨资。适逢毛泽东提出要听取港澳方面的工作汇报，真是千载难逢的良机。陶铸指定由负责对港澳贸易具体工作的港澳工委副书记黄施民作了专题汇报。毛泽东赞同广东省委及其港澳工委的建议。结束此次广州之行前夕，毛泽东再次叮嘱陶铸："敞开大门，引进外资，这个想法很好。你们赶快写个报告，我们到北京进一步研究。"

广东省委的报告很快写出来了，据说也很快呈送到了中央，遗憾的是一直没有得到正式回复。毛泽东积极利用外资的构想，在他有生之年由于种种原因未能成为现实。

3. 香港是通商要道

毛泽东1956年提出的"利用外资"论，在1978年以前没有完全地、直接地得以实现，但间接地部分得以实现，起到了特殊的历史作用。下面试从两个方面略加论述。

一是促成中国政府保持港澳地区长期繁荣稳定的工作方针，为后来港澳回归祖国奠定了经济社会基础与群众基础。1957年，毛泽东在谈调动一切积极因素为社会主义事业服务时提出：香港不同于大陆，对香港应采取特殊政策。1959年，毛泽东针对党内少数人的急躁情绪指出："香港还是暂时不收回好，我们不急，目前对我还有用处。"同年，他对来访的英国元帅蒙哥马利说：我们现在不谈香港问题。1963年8月9日，毛泽东在会见索马里总理舍马克时说："香港是通商要道，如果我们现在就控制它，对世界贸易、对我们同世界的贸易关系都不利。"在"文革"期间，这一方针也基本得到坚持，内地对港澳的出口供应从未中断。这与毛泽东在港澳问题上的正确认识是分不开的。

二是广交会的创办。1955年至1956年间，凭借毗邻港澳的地缘，广东举办了多次有出口贸易的交流会，在宣传我国的商品、联系港澳同胞和海外侨胞上取得了很大的成功。在外贸人的努力探索和周恩来总理等党和国家领导人的支持下，由原外贸部（现商务部）和广东省人民政府共同举办的中国出口商品交易会（即广交会），于1957年4月在广州诞生了。以后每年春秋两届在广州举办。毛泽东此次在广州谈论港澳问题时，希望大力支持发展对资本主义国家贸易。正如毛泽东所预见的那样，中国通过广交会，与资本主义国家和地区做生意，赚外汇。据统计，1957年至1963年，每年两届交易会的出口成交总额，约占我国同期现汇成交总额的20%左右；1963年至1965年约占30%左右；1966年至1969年约占35%左右；在20世纪70年代，广交会每年出口成交总额约占同期现汇成交总额的40%以上。其中1972年和1973年，分别占到全国总额的54.4%和51%。

事实上，毛泽东注意了解广东省的具体情况，他亲自拟订的各省市区党委向中央汇报提纲的第11条“其他特殊问题”项下，就特别提出：“例如广东的华侨和侨眷问题，渔民问题，盐民问题，港澳问题。”重视地情特点，是后来

广交会的前身——中国出口商品展览会

广东改革开放的思想基础。

倡导领导干部学哲学

1956年5月，毛泽东在广州期间，主要是通过各地负责同志的汇报了解情况，注重“听”和“看”，不多发表意见。毛泽东自己谈得较多的，则是领导干部学哲学的问题。

1. “你们应该看看《坛经》”

毛泽东喜欢哲学，喜欢中外哲学史，而且国学基础深厚，熟悉中国传统的经史子集。马克思的辩证唯物主义是毛泽东解剖世界、解决中国革命和建设问题的锐利思想武器。毛泽东要求各级领导干部不仅要学习辩证唯物主义，还要学些哲学史；不仅要了解唯物主义，还要了解唯心主义。他认为只有这样，才能在实际工作中坚持辩证唯物主义和历史唯物主义，少犯唯心主义、形而上学的错误，树立正确的世界观，迎接社会主义建设高潮的到来。

毛泽东的母亲笃信佛教，常常带少年毛泽东去家乡附近的“石观音庙”烧香叩拜，还让毛泽东拜石头为干娘，并为他起了个“石山伢子”的小名。毛泽东本人对佛教哲学也很有造诣。他在接见广东省负责同志时说：“你们广东有个慧能。慧能在哲学上有很大贡献，他把主观唯心主义的理论推到高峰，要比英国的贝克莱早一千年。你们应该看看《坛经》。”

为毛泽东称颂的慧能（亦称惠能）大师（638—713年），俗姓卢，唐代岭南新州（今广东新兴县）人。幼家贫，不识字，以樵为业。后出家到湖北黄梅东山法门，做了一名在舂米作坊服杂役的行者。他以一首“菩提本无树，明镜亦非台。本来无一物，何处惹尘埃”的偈语，从高僧五祖弘忍处接受禅宗初祖的衣钵真传，被尊为禅宗第六祖，后在韶关南华寺任住持，是中国佛教禅宗南派创始人。六祖慧能把天竺式佛教改造为中国式佛教，在佛教史上有崇高地位。在广州光孝寺内，他在论证是风把幡吹动还是幡自己在动时，曾说出“非风动，非幡动，乃仁者心动也”这一著名的“风幡论辩”观点，集中反映了他的主观唯心主义哲学和辩证法思想。《坛经》，又称《六祖坛经》，是慧能的弟子根据他生平言行整理而成，是研究慧能禅学的重要经典。

2. 与慧能心灵相通

毛泽东的英文秘书林克，在《潇洒莫如毛泽东》一文中回忆起毛泽东与他谈论慧能时认为，毛泽东是倡导走前人没走过的路，创立适应本国国情的新鲜理论的人。

“毛泽东十分欣赏不迷信权威、有挑战精神、有独立创见的人。他很欣赏六代禅宗慧能的《六祖坛经》一书，经常带在身边。他几次向我谈及慧能，要我了解他的身世作为，读点他的学说。我对佛学的有限知识，可以说得益于毛泽东的教益。”

毛泽东对林克谈起慧能的身世：他生于唐太宗贞观十二年（638年），三岁丧父，家境贫寒，稍长即以卖柴养母。他皈依佛门后，一直是舂米的下等僧。后来，禅宗五世祖弘忍寻觅新传人，要众僧做法偈，以观各人修行。其上座弟子神秀做法偈一首，深得众僧推崇，但弘忍并不满意。慧能反神秀意做一法偈，却得到弘忍的赏识。毛泽东流畅地背诵了这两首法偈：“身是菩提树，心如明镜台。时时勤拂拭，勿使惹尘埃。”“菩提本无树，明镜亦非台。本来无一物，何处惹尘埃？”后一首为慧能所作，与佛教大乘空宗一切皆空、万法皆空的宗旨最契合，胜神秀一筹，于是弘忍将法衣传给慧能，为禅宗六世。

后来毛泽东又和林克谈到慧能的学说及其在佛教史上的地位。他说：慧能主张佛性人人皆有，创顿悟成佛说，一方面使繁琐的佛教简易化，一方面使印度传入的佛教中国化。因此，他被视为禅宗的真正创始人，亦是真正的中国佛教的始祖。在他的影响下，印度佛教在中国至高无上的地位动摇了，甚至可以

“喝佛骂祖”。他否定传统偶像和陈规，勇于创新，并把外来的宗教中国化，使之符合中国国情。林克认为，在这一点上，与毛泽东追求变革，把马克思主义原理同中国革命实践相结合，使马克思主义中国化、民族化的思想和行为，似不无相通之处。佛教中国化与马克思主义中国化的相通之处，在于立足国情、敢于创新。

由此，毛泽东反对将马列主义理论视为不能再发展的顶峰。他几次讲道：“现在我们已经进入社会主义时代，出现了新的一系列的问题，如果不适应新的需要，写出新的著作，形成新的理论，也是不行的。”毛泽东很喜欢读列宁的书，列宁根据俄国革命的具体实践，发展了马克思社会主义革命不可能首先在一国取得成功的论断。

敢于向权威挑战，不让僵死的教条捆住自己的手脚，敢于走前人没走过的路，在自己的实践中，创立适应本国国情的新理论，正是毛泽东成为被中国共产党和中国人民拥戴的领袖所必不可缺的伟人性格和独特魅力。学习慧能的佛教哲学，探索中国社会主义建设道路的思想基础。从这个意义上讲，佛教中国化与马克思主义中国化相通。

“万里长江横渡”前畅游珠江

1956年5月，毛泽东在广州共27天。他在小岛的“花船”上接见各地的负责同志，先后召开20次会议，听取湖南、湖北、广东、广西、江西5省汇报工作29次，经常工作到深夜。在会议的间歇，毛泽东偶尔到越秀山游泳池游泳，休息身心、调节精神。看到茫茫珠江水，毛泽东再一次产生畅游珠江的欲望。早在1954年11月，毛泽东在广州时就提出要下珠江游泳，因有关方面以安全考虑劝阻，最后只在越秀山游泳池里游泳。但他对在越秀山游泳并不满意，因为第一，他觉得那个游泳池太小，不如在大江大河里来得自由；第二，每次惊动太大，把老百姓赶跑了。毛泽东不愿拖累群众，不愿被束缚在狭小的泳池，所以他想到珠江里面自由自在地游。毛泽东对1954年没能在珠江游泳一直很遗憾。每次陶铸进京汇报工作，他总会提及此事，并曾对陶铸说过，下次去广东，我一定要下珠江游泳。

1956年5月在广州，毛泽东又要求到珠江游泳。当警卫人员又搬出安全问题劝阻时，毛泽东并没有让步。他还风趣地说："我现在与资产阶级一样嘛，不能掌握自己的命运了！"因此有关部门眼见这次无法以安全为由拒绝了，只得为毛泽东游珠江认真做好安全保障工作：从广州体育学院专门挑选出一批体魄健壮、政治可靠的游泳尖子，陪同毛泽东下河。广州市公安局副局长苏青水性好，也比较喜欢游泳，受命下水后寸步不离毛泽东。为保证毛泽东的安全，水警特意派了几艘小艇在附近巡逻保卫，并且阻止渔船靠得过近。但这些措施当时没让毛泽东知道，因为他不愿意因为自己而影响到渔船的正常航行。

1956年5月的一天傍晚，毛泽东与陪同人员乘坐"花船"从小岛临珠江的专用码头出发，开向珠江下游的白鹅潭一带。穿过一段稍窄的河道之后，江面突然开阔起来，便到了毛泽东要下水的白鹅潭。白鹅潭是环绕广州沙面岛的珠江河面。之所以选在白鹅潭游泳，是因为这里是上游，相对稳定、安全，而且水面宽阔，船只较少。"花船"缓缓停下，换好泳装的毛泽东离开座椅，从舷梯下水，高声呼喊："我自由了！我自由了！"他时而侧游，时而仰游，轻松自如。他率领一小队游泳健儿穿过如意坊码头，闯进大坦沙河段，直抵海角红楼泳场，然后又转身顺流而归。在珠江边上，很多人都看到了毛泽东在珠江畅游的风采。听到一些渔民大声呼喊"毛主席万岁"，毛泽东向他们挥挥手，继续游下去。

由于不识水性，负责安全保卫工作的公安部部长罗瑞卿和广州市公安局局长薛焰，只能在船上看着。毛泽东边游边开起了他们的玩笑："你们两个人一个是部长，一个是局长，天天说保护我，现在我在水中，你们却在船上，要是我淹死了怎么办？”畅游一个多小时后，他回到“花船”，正碰上薛焰。想起两年前提出要游珠江时薛焰所写的那张字条，毛泽东拍了拍自己的肚皮，风趣地对薛焰说：“你看，我的肚皮这么大，是得了血吸虫病吧？”这话引得船上的人一阵欢笑。这一次，毛泽东实现了到珠江游泳的愿望。

据关相生回忆，毛泽东一般游一小时左右便上船休息一阵，喝喝茶抽抽烟，再下水游一小时左右，然后上船更衣返回。有时在船上吃饭，有时回到小岛吃饭。1956年广州之行，毛泽东下珠江游泳10余次。此后，毛泽东每次到广州来，只要天气不是太冷就必定下珠江游泳。白鹅潭、黄埔、二沙头等处，他都游过，而且哪里水流越急，就越喜欢往哪里去。珠江留下了毛泽东中流击水、拨浪弄潮的身影，见证了他意气风发、踌躇满志的精神风采。

1956年，毛泽东在广州期间多次畅游珠江

对于1956年毛泽东在广州游珠江，还有几位当事人有不同的说法：

毛泽东的贴身警卫员孙勇在其《在毛主席身边二十年》一书中这样记载：

1956年5月上旬，毛主席乘专列到达广州，住在省委招待所小岛一号楼，在这里召开了中央工作会议。会场设在小岛对面内湖上（是机关游泳场），实际上就是用芦苇搭建了一个大棚，摆上木桌椅。

这天下午3点开大会，会场内很闷热。5点左右休息时，毛主席对我说："天太热了，下湖游一会儿。"我说："主席您不是在开会吗？"主席说："下去游一会儿。"我说："游泳衣没带来。"主席说："就穿内衣下湖。"我立即组织几个人随主席下水，湖水清澈也不凉，主席很高兴。

湖水通往珠江支流，但用铁丝网隔离着。主席说，你把铁丝网撕开，我们游过去。这时杨尚昆主任在岸上喊我："孙勇，你劝主席不要游过去，外边危险！"主席听见了，说："不要理他，你想法撕开铁丝网，我们游出去，再游到珠江去！"这时周总理又喊："孙勇，你劝主席上来开会！千万不要游过去！很危险！"

我知道主席的性格，不能再劝阻了。只好用手把铁丝网小心地撕开了个大洞。我先游出去试了一下，感觉还可以，对主席说："您得听我指挥，您把身子挺直两手靠近腰浮在水面，我把您推出去。"主席说："听你的。"于是我两手托住主席的脚看准撕破的铁丝洞口，非常小心地将主席推出去了。主席高兴了："很好，安全游过去了。"主席游到支流，又顺水游到珠江内。江心水流急，来往船只多。这时苏厅长、袁处长带着游船、公安快艇赶来了，将航行的民船、轮船引到两侧。

主席一会侧游，一会仰游，躺浮在水中，真是自由自在，酣畅淋漓。主席顺水往下漂流，约游了15华里。他高兴地说："在珠江游泳真畅快，既能看到川流不息的大小船只，又能欣赏两岸的自然风光，舒服。"回到小岛码头后，主席笑着对我们说："今天我第一次游珠江，要不是天黑了，我还想往下游一段呢！"

回到住地已经晚上7点多了。主席游了近4个小时，也比较累，他风趣地说："肚子饿啦！告诉厨师晚上多加两个菜。"

毛主席畅游珠江获得成功后，那几天显得特别高兴。他对我和李银桥说："我游珠江成功了。让他们看看，什么不安全呀，太危险哪，无非是怕我游泳冒风险出事。他们既不知道我的水性，又不了解我的心情。我不怕，我心中有数，干什么事情你不敢冒点风险，能取得成功吗？！"

警卫员张耀祠在回忆录中也谈到了毛泽东游珠江的情况，但时间上有出入：

1955年6月，毛泽东同志来到广州，住在小岛上，每天阅读审批文件，处理国家大事，并听取一中队回乡探家调查情况汇报，而且手不释卷。夏天的小岛，热气腾腾。过去毛主席一直在广州室内游泳池和越秀山室外游泳池里游泳，而且每次都提前告诉我们，以便做必要的准备。可是今天，他在书房里坐不住了，突然放下书，说："我们去游珠江征服海浪。"

毛泽东说走就走，他不等你，走在前头。

我们没有准备，慌了起来。我叫上一中队长带上游泳队员跟在毛主席身后走，还叫苏汉华同志赶快搞两条船来。

毛泽东来到珠江边，脱去衣服下水，我要一中队同志先跟毛主席下珠江游泳。苏副厅长找来了船，我们上船跟在毛主席后面确保安全。

毛主席在江中叫喊："喂，干么子，你们不要站在岸上，会水的都下来游吧。"

罗瑞卿部长、陶铸书记急急忙忙赶来，累得汗流浃背。罗部长说："你游吧，还有一些客人在等着你呢！"

毛主席说："转告他们，我游完了泳，谈话更有精神！"

其实根本没有客人，罗部长是想让毛主席早点上岸来才放心。说着话，毛主席游远了。跟随他游泳的同志在江中，无拘无束地说说笑笑，他们在江中个个都像躺在绿色的草坪上。

1956年5月30日早上6时，毛泽东乘专机离开广州，于8点50分抵达长沙。在长沙，毛泽东畅游了湘江。接下来准备到武汉游长江。毛泽东早就提出畅游长江的要求，但因公安部门反对未能如愿。这次畅游珠江之后，毛泽东成功说服了所有出于安全考虑反对他游长江的劝阻者，实现他多年来畅游长江的夙愿。5月31日，毛泽东抵达武汉，第一次畅游了长江，并满怀豪情写下著名的《水调歌头·游泳》：

才饮长沙水，又食武昌鱼。
万里长江横渡，极目楚天舒。
不管风吹浪打，胜似闲庭信步，今日得宽馀。
子在川上曰：逝者如斯夫！
风樯动，龟蛇静，起宏图。
一桥飞架南北，天堑变通途。
更立西江石壁，截断巫山云雨，高峡出平湖。
神女应无恙，当惊世界殊。

毛泽东在1956年第一次游长江前已先游了珠江。这一历史细节鲜为人知。到今天我们翻遍很多档案和资料，也鲜有记载，这究竟是什么原因？中共广州市委党史研究室原副主任黄穗生曾问过关相生，为什么广东省里的档案馆没有材料记载？关相生说原来是有的，毛泽东每一次来广州，分分秒秒都有记录，记录得清清楚楚。到了“文化大革命”的时候，中央来了一批人说地方不能保存这些资料，就拿走了。现在这些资料在哪里也不知道。

四 “大跃进”中三次到广州（1958年）

1958年是毛泽东外出视察最多的一年，只有两个月左右的时间在北京。中央在外地召开的各种会议也多达9次。这也是毛泽东来广州次数最多的一年。1958年1月、4月和12月，他先后3次来到广州视察，主持召开会议。

1月在广州

毛泽东历来重视调查研究。他常把北京比喻为“加工厂”。1953年他说过：“我在北京，差不多听不到什么，以后还要出来走走。中共领导机关是一个制造思想产品的工厂，如果不了解下情，没有原料，也没有半成品，怎么能够制造出产品？”1957年他又说：“我就是这么一个人，要办什么事，要决定什么大计，就非问工农群众不可。跟他们谈一谈，跟他们商量，跟接近他们的干部商量，看能行不能行……中共中央好比是个加工厂，它拿这些原料加以制造，而且要制作得好，制作不好就犯错误。”因此，他不愿光靠听汇报发文件来左右中国大局，要走出红墙大院，到全国各地去寻找“原料”。中央的会议也常搬到外地来开。

1958年是第二个五年计划的开局之年，也是实践15年赶超英国目标的头一年。毛泽东踌躇满志，对领导经济建设全神贯注，投入了巨大的精力。应当采取怎样的发展方针，是他首先考虑的问题。1月3日至4日，他出席由部分中央领导人和华东五省一市的党委第一书记参加的杭州会议，在会上就工作方法和技术革命等17个问题发表了重要讲话，这是《工作方法六十条（草案）》的雏形。1月5日下午，毛泽东离开杭州到达长沙，6日飞往广西南宁，出席11日至22日召开的南宁会议。这是有部分中央领导人、部分中央部委、地方负责人参加的中央工作会议，主要议题是总结第一个五年计划期间革命和建设的经验，讨论和研究1958年国民经济计划、财政预算、工作方法和第二个五年计划以及长远规划等问题，进一步掀起生产建设“大跃进”的高潮。南宁会议一结束，1月23日，毛泽东乘专机离开南宁到广州休息了两天。

时任中共广东省委副秘书长的欧初曾这样回忆当年到白云机场迎接毛泽东

的情景：

1958年1月23日，我与广东省公安厅副厅长苏汉华赶到广州白云机场，迎接从广西南宁飞来的毛泽东专机。此前一天，在南宁召开的中共中央工作会议刚结束，毛泽东等一批中央领导人将陆续前来广州。广东省委接到中共中央办公厅通知后，即按要求做好安排。专机准时降落，我与苏汉华连忙走到舷梯旁等候。机舱门打开后，数名卫士快步走出，站立在飞机周围。毛泽东随即走出飞机，向远处看了一眼，便自己缓步走下舷梯。苏汉华兼广东省委办公厅警卫处长。解放后毛泽东每次来粤，都由苏汉华负责随身警卫，彼此早已熟悉。于是苏汉华快步趋前，向毛泽东问好，我跟在苏汉华后面。苏汉华指着我向毛泽东介绍："这是我们省委副秘书长欧初同志。"毛泽东眉毛一蹙，随即与我握手，以浓重的湖南口音问："哪个欧？"我答道："欧洲的欧。"他又问："哪个初？"我说是初一初二的初。毛泽东微笑点头说："好记，好记。"问完姓名之后，毛泽东收敛笑容，指指我与苏汉华说："不是讲好不搞迎来送往吗？怎么你们又来了。"按照中央规定，党和国家领导人到国内各地视察，不准迎送。我连忙解释："我们遵守规定，省委负责同志都没来。汉华同志和我是工作人员，是来带主席去招待所的。"毛泽东这才高兴起来，再叮嘱一句："一定要遵守党的规定。"然后，他转身坐进我们为他准备的苏联产吉姆轿车，前往我们通常称为"小岛"的省委招待所。吉普车驶到一号楼前，广东省负责人陶铸陪毛泽东入内。一会陶铸出来，笑着对我说：主席刚才说我"厚重少文"，其实就是批评我没有文化。

此次在广州短暂停留，毛泽东还处理了一些外交事务。1月23日晚，毛泽东在陶铸的陪同下，在广东省交际处（现广东迎宾馆）接见奉调离任回国的印度驻中国大使拉·库·尼赫鲁及夫人，并共进晚餐。会见中，就禁止核武器、召开第二次亚非会议等问题进行交谈。在谈到控制人口问题时，毛泽东说：我们现在还无法控制人口的增长，大概到这个问题的威胁更大时，情况会好些。这同文化、教育水平有关。英国、法国、日本已经控制了人口的增长。可见，毛泽东当时认为中国对人口进行控制的需求还不是很迫切。他还说，到农村去，同干部谈谈很重要。我现在身兼两个主席，顾不过来，想减少一个。这流露出毛泽东希望摆脱多项职务缠身，集中精力到农村进行实地调查的想法。

1958年1月23日，毛泽东在广州接见奉调回国的印度驻华大使尼赫鲁及其夫人

1月24日，毛泽东就中国人民志愿军撤出朝鲜问题复电金日成。复电说：“一九五七年十二月十六日和二十五日两次来信都已经收到了。来信中关于中国人民志愿军撤出朝鲜的问题所提出的两个方案，我们已经仔细地研究过。我们觉得，由朝鲜民主主义人民共和国主动提出外国军队撤出朝鲜的要求，然后由中国政府响应朝鲜政府的要求，是比较适宜的。因此，我们认为采用十二月十六日来信中所提出的方案较好。”关于中国人民志愿军撤出朝鲜的时间表，复电提出：“（1）一九五八年三月至四月，在朝、中两国政府发表联合公报以后，撤回三分之一，其余的三分之二均放在第二道防线，由朝鲜人民军全部接防第一线；（2）一九五八年七月至九月，撤回第二个三分之一；（3）一九五八年年底以前撤回最后的三分之一。”复电最后说：“以上各点意见，请你们研究后答复。”

1957年11月，在访问苏联时，毛泽东与金日成商谈了中国人民志愿军于1958年撤出朝鲜问题。毛泽东表示：“鉴于朝鲜的局势已经稳定，中国人民志愿军的使命已经基本完成，可以全部撤出朝鲜了。朝鲜人民可以依据自己的力量来解决民族内部事务。”随后中朝双方开始讨论撤军的具体安排。12月16日和25日，金日成向中国提出了两个方案：一是由朝鲜人民政府发表声明，提出从朝鲜撤出一切外国军队的主张，中国政府积极响应；二是由朝鲜最高人民会议写信给联合国，要苏联在联合国提出主张，以推动联合国采取行动。毛泽东发出复电后，1958年2月5日，朝鲜民主主义人民共和国政府就朝鲜的和平统一问题发表声明，声明中建议：一切外国军队撤出朝鲜。2月7日，中国政府声明完全支持朝鲜政府的这个重大和平倡议。随后，以周恩来总理为首的中国政府代表团，在访问朝鲜期间同以金日成首相为首的朝鲜民主主义人民共和国政府代表团进行了会谈，在2月19日发表关于中国人民志愿军撤出朝鲜的联合声明。中国人民志愿军总部在2月20日发表声明：“中国人民志愿军全体官兵完全赞同我国政府的建议，决定于1958年底以前分批全部撤出朝鲜。”从3月15日到10月26日，志愿军分三批全部撤出朝鲜回国。

1958年1月24日，毛泽东还给印度共和国总统拉金德拉·普拉沙德发去贺电，对印度八周年国庆表示祝贺。电报说：“印度共和国总统金德拉·普拉沙德阁下：值此印度共和国国庆八周年之际，我谨代表中国人民，并且以我个人的名义向阁下和伟大的印度人民表示热诚的祝贺。祝中印两国人民间的传统友谊青山不老、绿水长流，不断巩固和发展，并祝阁下身体健康。祝中印两国间的友好合作关系在维护亚洲和世界和平的事业中日益巩固和发展，并祝印度共和国繁荣，印度人民幸福。”

1958年1月，毛泽东在广州中山纪念堂接见干部群众

1月24日晚上，毛泽东在中山纪念堂接见广州地区驻军、广东省、广州市干部，并观看了文艺演出。欧初回忆："晚会开始前约一分钟，毛泽东一行共约七八人从休息室出来，径直走向事先留好的前座二区第三排。现场观众突然见到毛泽东现身，不由激动万分，全场掌声欢呼声响成一片。身穿银灰色大衣的毛泽东向群众挥手致意后坐下，晚会随即开始。我听见省委办公厅机要室文电科长李美清不断说：'我幸福极了！幸福极了！'"粤剧名演员马师曾、红线女等为毛泽东等领导人出演了《昭君出塞》《搜书院》等折子戏。粤剧是广东的地方戏曲，有"南国红豆"的美称。1952年10月毛泽东就曾和刘少奇、周恩来、朱德等中央领导人一起，在中南海怀仁堂观看粤剧表演。

马师曾和红线女都是著名粤剧表演艺术家。1955年12月14日，马师曾、红线女从香港回到广州定居，并参加广东的粤剧工作。1956年，马师曾被任命为广东粤剧团团长，与红线女合演回广州后的第一个新编剧目《昭君出塞》，不久又合演根据同名琼剧传统戏改编的《搜书院》，并到北京汇报演出，刘少奇、周恩来先后同首都观众一起观看了演出。

马师曾（1900—1964），广东顺德人，被称为“粤剧泰斗”“一代伶王”。他1917年入广州太平春教戏馆学戏，早年即立志改革粤剧，注意吸收电影和话剧的优点，演过不少时装戏。在长期的粤剧表演实践中，马师曾独创出被粤曲艺术界一致评价为“史无前例，后乏来者”的“乞儿喉”及“马腔”粤剧唱腔。马师曾和红线女1955年12月毅然从香港回来广州，对此，周恩来曾说：“行家马师曾回来了，气象就更不同了，更提高了。”

红线女（1924—2013），原名邝健廉，广东开平人，从小受到粤剧艺术的熏陶，12岁拜师学艺，14岁始用艺名“红线女”。她在粤剧唱腔方面博采众长、大胆创新、精益求精，创立了独树一帜的粤剧“红腔”和“红派”表演艺术。毛泽东在接见红线女时，称赞她回归祖国的行动。1958年11月，中共中央在武昌召开八届六中全会，红线女随团为全会演出，又见到毛泽东，遂请他给她“写几个字”。毛泽东为红线女题写了鲁迅的诗句：“横眉冷对千夫指，俯首甘为孺子牛。”并鼓励红线女“活着、更活着、再活着，变成劳动人民的红线女”。2008年，红线女被文化部命名为国家级非物质文化遗产项目粤剧代表性传承人。2009年，红线女获得中国戏剧家协会颁发的“终身成就奖”。

1958年1月25日晚，毛泽东同李富春、陶铸谈话。26日，他乘专机从广州回到北京。

4月在广州

1958年4月1日至9日，毛泽东在武汉召集有华东和中南地区省委书记参加的中央工作会议，主要听取河南、山东、江苏、湖南、江西、福建等省“跃进计划”的汇报。汇报中，各省纷纷拿出更高的指标，互相攀比，不甘落后。4

月12日，毛泽东从武汉飞抵长沙。4月13日下午由长沙飞抵广州，仍住在小岛招待所。中共八大二次会议已临近，毛泽东准备集中精力抓一下会议的准备工作，同时再讨论一下经济问题，主要是工业问题。

1. 撰写《介绍一个合作社》

离1958年广州会议的召开还有10余天的时间。65岁的毛泽东已经奔波了几个月，连续主持召开了杭州、南宁、成都、武汉中央工作会议。但他没有休息，4月14日下午，他同陶铸谈话。4月15日，毛泽东在阅读中共河南省封丘县委3月20日关于介绍该县应举农业社的报告《一个苦战二年改变了面貌的合作社》后，挥笔写下《介绍一个合作社》一文。

封丘县委的这份报告介绍了应举农业社依靠合作社集体的力量，战胜自然灾害，苦战两年，改变落后面貌的事迹。毛泽东看后十分赞赏，在《介绍一个合作社》中说：“‘一个苦干二年改变了面貌的合作社’，这篇文章值得一读。共产主义精神在全国蓬勃发展。广大群众的政治觉悟迅速提高。群众中的落后阶层奋发起来努力赶上先进阶层，这个事实标志着我国社会主义经济革命（生产关系方面尚未完成改造的部分）、政治革命、思想革命、技术革命、文化革命正在向前奋进。由此看来，我国在工农业生产方面赶上资本主义大国，可能不需要从前所想的那样长的时间了。除了党的领导之外，六亿人口是一个决定的因素。人多议论多，热气高，干劲大。从来也没有看见人民群众像现在这样精神振奋，斗志昂扬，意气风发。过去的剥削阶级完全陷落在劳动群众的汪洋大海中，他们不想变也得变。”“除了别的特点之外，中国六亿人口的显著特点是一穷二白。这些看起来是坏事，其实是好事。穷则思变，要干，要革命。一张白纸，没有负担，好写最新最美的文字，好画最新最美的画图。”

文章还说：“大字报是一种极其有用的新式武器，城市、乡村、工厂、合作社、商店、机关、学校、部队、街道，总之一切有群众的地方，都可以使用。已经普遍使用起来了，应当永远使用下去。清人龚自珍诗云：‘九州生气恃风雷，万马齐喑究可哀。我劝天公重抖擞，不拘一格降人才。’大字报把

‘万马齐喑’的沉闷空气冲破了。”大字报后来在中国政治生活中扮演了重要角色。

在文章的最后，毛泽东说：“我现在向全国七十几万个合作社的同志们，以及城市里的同志们推荐一个合作社。这个合作社位于河南省封丘县，叫作应举社，很有些发人深省的东西。中国劳动人民还有过去那一副奴隶相么？没有了，他们做了主人了。中华人民共和国九百六十万平方公里上面的劳动人民，现在真正开始统治这块地方了。”

在这篇文章中，毛泽东重申了“赶英超美”的宏伟蓝图。他说：“由此看来，我国在工农业生产方面赶上资本主义大国，可能不需要从前所想的那样长的时间了。”这句话，原来写的是：“由此看来，我国赶上英美不需要从前所想的那样长的时间了，二十五年或者更多一点时间也就够了。”秘书胡乔木在综合各方面意见后，对这个提法写了一样的建议：“原说十五年赶上英国，现说不需要从前所想的那样长的时间，二十五年就可以赶上英美，似觉复杂；可否改为：我国赶上英国固然不需要很长时间，就是赶上美国，也不需要从前所想的……”看了胡乔木的意见，毛泽东作了修改。

写罢此文，毛泽东写了两条批语。一条是写给刘少奇、周恩来、陈云、邓小平、胡乔木和吴冷西的：“此件请审阅。如同意，请冷西同志在《人民日报》上发表。”吴冷西当时任新华通讯社社长、《人民日报》总编辑。另外一条批语是针对上述那段话的修改而写的：“十年可以赶上英国，再有十年可以赶上美国，说‘二十五年或者更多一点时间赶上英美’是留了五年到七年的余地的。‘十五年赶上英国’的口号仍不变。”毛泽东仍坚持自己的预计，十年赶英，二十年赶美，而且认为说二十五年已是留了五至七年的余地。但考虑到此文要公开发表，为慎重起见，所以作了这样的修改，并且申明，“十五年赶上英国”的口号仍不变。其实，毛泽东的这个新的预计，在3月成都会议上就说出来了。4月2日在会见波兰政府代表团时又说了一次：“我们中国赶上英国，可能不要十五年，可能只要十年或十一年。”“再有二十年就赶上美国。”

6月1日，《介绍一个合作社》在《人民日报》和当天创刊的中共中央理论刊物《红旗》杂志第一期上发表。文章轰动了全国，进一步鼓起群众的冲天干劲，把“大跃进”推向新的高潮。“六亿人口是一个决定的因素。人多议论多，热气高，干劲大。”“中国六亿人口的显著特点是一穷二白。这些看起来是坏事，其实是好事。穷则思变，要干，要革命。一张白纸，没有负担，好写最新最美的文字，好画最新最美的画图。”这些话一时间几乎家喻户晓。

2. 主持召开中央工作会议

4月22日晚上，毛泽东主持召开会议，讨论由刘少奇主持起草的中共八大二次会议的工作报告稿。刘少奇、邓小平、陈伯达、康生、陆定一、胡乔木、胡绳、邓力群、田家英等参加会议。23日晚和25日晚，会议继续进行。其实在早前3月召开的成都会议上，中央已经将准备提交党的八大二次会议的报告草稿发给与会者，但未作深入讨论。根据有的与会者对社会主义建设总路线的意见，毛泽东在报告草稿中对总路线的表述进行了修改。当时毛泽东认为总路线虽然有了一个比较完整的表述，开始形成，但没有完全形成，尚待完善和证实。这次在广州，毛泽东等又继续对报告稿进行讨论。

4月23日，毛泽东给各省、市、自治区党委书记处各同志写“临时通信”。信中写道：“请你们立即将第二个五年计划期内关于你们省市区的地方工业指标大体研究一下，到一九六二年你地方重工业、轻工业产值可能达到何等高度，作成一个表，在五月五日前开党大会期间带来北京，以便谈一谈。有十几项主要指标就够了，更多不必要。一九五七年工业和农业的产值比例如何，一九六二年工农业产值可能的比例如何，这两项也请你们研究一下，连同前项列在一张表内。表之外，请你们作一个二至三千字的文字说明，附在表后。”“你们（代表）到京后，谆嘱留守干部（有能力者）继续研究工业，不要间断。四、五、六这三个月内省市自治区党委的工作应当依照成都会议、武昌（汉）会议商定的，把注意力的重点放在工业、运输业、财金贸、文教、军事几项过去被忽视了的方面。初步接触一下，每项一个星期或者两三天时间也就够了，秋冬再做较深入的研究，明春再做更深入的研究。方法是以政治带动业务，以虚带实。农业方面在目前几个月内可以委托管农业的一位书记主持，第一书记注意方向、讲几句话安排一下也就可以了，因为去冬今春已经作了大力安排。”

信写好后，毛泽东批示将信送给刘少奇和邓小平阅看，并叫机要秘书罗光禄电话通知中央办公厅主任杨尚昆，让杨尚昆“即刻用电话通知各省市区”。从信中可以看出，毛泽东认为此时应该将注意力集中到过去被忽视了的工业上来，强调要重视工业，研究工业。

4月25日6时，毛泽东又写信给在北京的党和国家领导人周恩来、陈云、彭德怀、李富春和薄一波，请他们及有关负责人来广州开会。信中说：“想在这几天内谈一下工业问题，除富春已答应来此以外，你们几位是否有时间，是否愿意来此谈一下。如果可以来的话，请于廿五日或廿六日南来。又想邀王鹤寿，彭涛，滕代远，张霖之（煤炭部长），刘澜波，石油部长余秋里，地质部刘景范，水利部李葆华来此一谈，并请带李锐同志一道来。”信中所邀的这些人，分别为冶金、化工、铁道、煤炭、石油各部部长和地质部、水利电力部等副部长。与前几次会议不同，这次广州召开的会议的与会者全部是中央各部门负责人。毛泽东还作出批示：“刘邓即阅，用电话即发。”

当天，毛泽东阅看了水利电力部向中共中央政治局报送的关于电力工业的第二个五年计划。他对此写批语道：“此件写得很好。有了正确的政治观点，从政治上想通了，政治统帅了业务，迷信破除，胸怀坦荡，势如破竹了。除了已经写了较好报告的几个部以外，希望各部仿照几个好的报告写一个或长或短的报告给我和政治局各同志。如有好文章，可写上万把字。要条理清楚，政治统帅，思想明确，文字生动。”

4月27日下午和晚上，在停泊于小岛旁的“花船”上，毛泽东召集有中共中央领导及部分部委负责人参加的会议，讨论工业问题。在会上，对中央两个部提出的15年赶上美国的说法，毛泽东认为“十五年赶美看来不是没有可能”，但同时又说暂不提美国，内部谈，只提超英国，口号超英不变。对于15年赶上美国，看来毛泽东有些动心。但他又说要从反面考虑一下问题：现在都从正面来讲十五年赶美国。从反面来看，这样调动六亿人民的积极性，究竟对不对？资源、资料、设备、协作，能不能办到？设备大的和精密的，能不能解决那么快？赶快了，抽条，但不扎实。科学问题能否赶上去？他特别叮嘱：要提出想反面，不要只想好的一面，反面问题要分析一下。设想一下可能的灾难，如发生战争，社会主义阵营不巩固。又想快，又担心过快了出大乱子，这可能是毛泽东在发动“大跃进”时常常出现的一种矛盾心情。多从反面考虑一下问题，这无疑是一个很好的方法。但是，“大跃进”的列车既被推上了加速的轨道，奔驰向前，事实上已很难使它放慢下来了。

毛泽东还谈到各部的资金和措施问题，指出：“措施要适应十五年，每年抓四次。党代会，各部的报告写出来，要虚实并顾，谈一些方针、政策、路线。即使一年能完成的，也应该说二三年才好。绿化、除‘四害’，不可能一年完成。我们过去打仗觉得确实有把握，以为打一仗就可能解决，结果没有成功。”可见，毛泽东在为“大跃进”加油鼓劲的同时，也提醒不要只讲高指标，一味求多求快，而应制定切实的措施，稳一点掌握建设的速度。4月28日，毛泽东继续主持会议，讨论工业问题。会后，和刘少奇、周恩来、陈云、邓小平谈话。29日，会议继续进行，出席会议的增加了陶铸、陈伯达、康生和杨尚昆。

4月29日，会议结束这天，毛泽东写了《给生产队长的一封信》。信中写道：“包产一定要落实。根本不要管上级规定的那一套指标。不管这些，只管现实可能性……吹上800斤，1000斤，1200斤，甚至更多，吹牛而已，实在办不到，有何益处呢？”“收获多少，就讲多少，不可以讲不合实际情况的假话……老实人，敢讲真话的人，归根到底，对人民事业有利，于自己也不吃亏。爱讲假话的人，一害人民，二害自己，总是吃亏。”这封信中，毛泽东再次提醒不要盲目攀比，不要虚报浮夸，而应该务实，提出确实可靠的指标。

1958年广州会议期间，毛泽东在会议空隙下珠江游泳。根据记录，27日这天，毛泽东下午2时40分，在住地开会。6时15分上船，继续开会。6时50分休息，下水游泳。7时10分上船，7时30分就餐。8时在船上继续开会。10时25分回到住地，会议一直开到12时30分。

在广州召开的中央各部委负责人会议，为即将举行的中共八大二次会议做了充分的准备。5月5日至23日，党的八大二次会议在北京召开，刘少奇代表中央委员会向会议作了工作报告。会议正式通过“鼓足干劲、力争上游、多快好省地建设社会主义”的总路线，通过了15年赶上和超过英国的目标，通过了提前5年完成全国农业发展纲要，以及“苦干三年，基本改变面貌”等口号。八大二次会议对“大跃进”进行了全面发动，会后，“大跃进”运动在全国范围各个领域开展起来，并进入高潮。“大跃进”运动，本意是想把经济建设搞得更快一些，尽快使人民过上好日子，但超越客观实际，违背了经济发展的客观规律，结果却给我国经济和社会生活带来了严重的后果。这是毛泽东等领导人在发动“大跃进”运动时没有料想到的，是中华人民共和国建立以来社会主义建设中的一次严重失误。

3. 视察棠下农业生产合作社

毛泽东在发动工业“大跃进”的同时，也关注农村的生产组织形式的变化。在广州期间，他曾和刘少奇、陆定一讨论未来中国农村的组织形式问题。陆定一在中共八大二次会议上发言时说：“毛主席和刘少奇同志谈到几十年后我国的情景时，曾经这样说：那时我国的乡村中将是许多共产主义的公社，每个公社有自己的农业、工业，有大学、中学、小学，有医院，有科学研究机关，有商店和服务行业，有交通事业，有托儿所和公共食堂，有俱乐部，也有维持治安的民警，等等。若干乡村公社围绕着城市，又成为更大的共产主义公社。前人的‘乌托邦’想法，将被实现，并将被超过。我们的教育方针和其他文教事业，也将朝着这个目标去发展。”毛泽东的这些设想，在八大二次会议期间，经过一些人在发言中引用而传播开来，一些地方闻风而动，在6月间便开始试办作为共产主义雏形的公社。

4月30日下午，毛泽东在文冲至莲花山一带的江面游泳后，决定亲自去看看农业合作社，亲自去体验一下人民群众那种“精神振奋，斗志昂扬，意气风发”的热情。

根据多位当事人的回忆，当天上午，广州市市长朱光来到棠下，跟合作社干部说今天有中央首长来视察，但没有说明是哪位中央首长。朱光和社干部一起巡视了村的环境卫生和养猪场等地后，就迅速返回市委了。下午2时左右，朱光又来到棠下，把毛泽东要来棠下视察的消息告诉了合作社干部。社干部立即通过广播将消息通知村民和田间劳动的社员们，人们纷纷聚集到村口，等待毛泽东的到来。下午3时30分，毛泽东等人乘坐3部小车来到棠下，陪同的有陶铸和新华社广东分社副社长许实等同志。毛泽东身穿银灰色中山装，满脸笑容地频频招手点头，向聚集在村口的群众致意问好。陶铸和朱光正要把棠下社的干部介绍给毛泽东，可几百名社员一下子上来把毛泽东团团围住。社干部费了好大劲，才使人们让出一条小道，让毛泽东等人走在前面，众人紧随其后，一起簇拥着他们往村里走去。

毛泽东先是走进了购销店，与售货员亲切地握手，还仔细地看了供销社里陈设摆卖的商品，频频点头。接着又询问大家工作累不累，店里有多少股金，贫下中农买东西方便不方便。他亲切地鼓励大家，要把农村商业工作做好，要为生产服务，要方便群众。

棠下社党支部书记梁富、社主任钟叙本，把毛泽东引进办公室。毛泽东亲切地让梁富、钟叙本等社干部坐在他身旁，逐个询问名字和年纪。钟叙本首先向毛泽东汇报棠下社的基本情况，毛泽东认真听着，关切地问：“你们今年的生产还可以吧？”

钟叙本回答说：“今年比去年好多了。”

“社里养了多少头猪？”

“3800 多头。”

“社员自养的多少？”

“300多头。”

毛泽东点点头，说：“那样好，我赞成。合作社应该多养些。”

陶铸不失时机地向干部和社员们做起宣传鼓动工作：“你们今天能够见到

毛主席，今年生产要搞得更好啊！”

毛泽东又问：“你们合作社会散伙吗？”

“散不了，铁桶江山！”梁富坚定地说。

“散不了？为什么？”毛泽东刨根问底。

钟叙本说：“第一，我们社的收入增加，比单干户好。入社前，按照上中农水平，大小人口平均计算每人一年纯收入107 元4 角。”

“现在呢？”

“去年我们每人平均纯收入164 元。”

毛泽东点点头，满意地说：“啊，从107元，增加到164元！”

陶铸问钟叙本：“还有第二呢？”

钟叙本清清嗓子，提高声音说道：“第二就是有共产党，有毛主席的正确领导。”

大家笑了，毛泽东也很开心。接着，毛泽东又询问了社的公共积累，党员、团员情况，社干部一一作了回答。毛泽东勉励社干部有事要多和群众商量，要关心群众生活，把生产搞好。

毛泽东与棠下农业生产合作社干部座谈

毛泽东注意到桌子另一边有几个干部一直没吭声，就指着他们问朱光：“这几位同志是谁呀？”朱光介绍说，他们是广州市郊区党委书记、乡党委书记。陶铸打趣说：“现在是四级干部在一起。”即市、区、社、队四级。毛泽东转过头，指指陶铸和自己，风趣地纠正：“哪里是四级？连你，我，我们是六级干部在一起了。”一句话说得大家都欢笑起来。

汇报工作结束后，毛泽东站起来，朝门口走去。站在门口和村道上围观的群众纷纷让出一条路来，让毛泽东通过。毛泽东一边向群众挥手致意，一边沿着石砌小道向村子北面走，去看干部试验田。经过祠堂大厅门口，看见里面摆满种子和农具，毛泽东跨进大门，仔细观看了一番，用手掂了掂种子，然后对保管人员说：“这种子很结实，这样保管很好。”来到稻田前，毛泽东仔细地察看后赞道：“这禾长得不坏！”陶铸问社干部：“一造能打多少？”负责试验田的钟文炳回答说：“大约700斤吧。”“会倒伏吗？收成有没有保证？”毛泽东问。社干部梁祖日回答：“只要搞好排灌，倒伏不了的。”

毛泽东沿着田埂往前走。此时的广州已是穿单衣短裤的季节了，在阳光

毛泽东察看棠下农业生产合作社试验田的水稻生产情况

照射下，身着中山装的毛泽东已微微出汗，可依然认真倾听着干部的汇报。东圃乡党委书记潘湛递给毛泽东一顶遮阳帽。这是一顶极普通的南方常用的竹编帽，农民下田都戴着它。毛泽东接过竹帽，端详了一下，高兴地戴在头上，双手拉着带子，环视了一下众人，笑吟吟地说："你们看，我也像个农民了。"风趣的话语引得大家笑起来。

走着走着，毛泽东发现了一块多种作物间种、套种的菜田，他站住脚，指着一种植物问："这是什么？"边上的人下田指着一种菜说是藿香，又指指周围，说那是黄瓜、豆角、生姜、芋头，一块田同时种了5种作物。毛泽东赞赏地说："这样，土地的利用率就很高了。" 说着看着，到了干部试验田边。棠下社副主任钟礼明向毛泽东介绍说，干部试验田一造计划收获1600斤，两造3200斤。毛泽东反问道："一造也可以收获这么多吗？"钟礼明正要回答，突然人群中一阵骚动，农妇黄三女满头大汗，拨开人群使劲往前挤。到了毛泽东身后，她撑开手里的一柄布伞，小心地遮在毛泽东头顶，挡住炙人的太阳。毛泽东发觉后，转头向她道谢。

就在回头的时候，毛泽东发现小渠那边的田埂上站着二三十个"红领巾"，眼睛齐齐盯着他看，却不敢靠近。毛泽东迎上前去。一个叫任溥华的学生大胆地跳过渠，将手伸给毛泽东。毛泽东拉着任溥华的手，问道："你们是哪里来的，娃娃？来这里做什么？"任溥华回答，他们是广州市第三十中学的学生，是到棠下社参加勤工俭学劳动的。毛泽东又问："你们劳动得好吧？每天能赚多少工分？"任溥华操着普通话回答了毛泽东。毛泽东听了满意地点点头说："你们都懂一点，可以讲一些了。"毛泽东对孩子们说，你们既是学生，又是劳动者，来这里搞勤工俭学，很好。并鼓励他们要好好向贫下中农学习，搞好教育革命。毛泽东又问社干部："你们欢迎他们吗？"社干部回答："社里的劳动力不够，我们双方订好了合同的。"

毛泽东在棠下社视察了将近一个小时的时间，太阳快西沉了，毛泽东在群众的簇拥下沿着大路穿过村庄，准备返回。他走在夹道欢送的群众中间，跟他们一一握手问好。下午4时45分，毛泽东乘车离开了棠下社。下午5时余，他专门驱车前往广州东郊黄埔，在广州冶炼厂码头畅游珠江。下午6时余，他乘船返回小岛，并在船上接见了粤剧演员红线女。陶铸夫人曾志在回忆中说：“陶铸让我去找红线女，领她去小岛主席那里。我们去时主席刚游泳完，正坐在游艇上休息。见红线女来了，很是高兴。吃饭时，主席和江青发表了一些对艺术的评论，有批评也有赞赏。红线女只是听着，几乎不怎么吃东西，我就一个劲地夹菜给她。主席说我：‘你不懂，她晚上要演出，演出前是不能多吃的。’饭后，我拿了个芒果，剥了皮递给主席，主席又说：‘剥了皮怎么个吃法呢？应该是这个样子的！’主席另拿一个芒果，用刀从两边剖开，然后划几条格子，再翻过来吃。我第一次知道了吃芒果的方法。送走红线女后，江青让我转告红线女：‘她有艺术才华，但粤剧有些词谱需要改革，那才能让粤剧提高。’江青还关切地嘱咐：‘她以后遇到什么困难就直接去找王匡（省委宣传部部长）。’”

毛泽东视察棠下社，调动了广大干部、群众建设社会主义的积极性，棠下大队出现旧貌换新颜的景象，出现农业生产大发展的局面。对于毛泽东的这次视察，棠下人民一直倍感自豪，并从中汲取源源不断的精神动力。棠下的发展一直走在镇区的前列，当年就获得农业部“爱国丰产奖”，村民生活水平飞速提高。从1966年开始，当年开干部会议的合作社办公室就辟为毛主席视察展览室，每年的4月30日都召开纪念会。从2003年12月26日起，毛泽东视察的旧址被辟为毛主席视察棠下纪念馆，向社会免费开放。

4. 参观广东农具改革展览会

工欲善其事，必先利其器。农具技术水平对我国农业生产和发展具有重要的意义。

中华人民共和国成立前，我国农具技术水平十分低下。中华人民共和国成立后，党和政府十分重视对农业生产工具的恢复和改良。在党中央的直接领导下，从中华人民共和国成立初期到“一五”期间，全国开展了广泛的农具改良工作，大大提高了农业生产力和生产水平。1958年“大跃进”运动开始后，随着生产高潮的发展，群众性的农具改革运动在全国范围内如火如荼地展开。

农具改革运动在全国范围内迅速地发展起来，是有着深刻的社会历史原因的。农业合作化的实现，把农民群众从自己的小片土地和对庄稼命运的忧虑中解脱出来，并使细密的分工和大规模的集体生产成为可能。在这种情况下，工具的改革能够在生产中发挥极大的作用，而人们又有机会有可能集中精力来研究某一项或几项改革，再加上党和政府的积极领导和支持，使原来不敢想不敢干的人们都大胆地想、大胆地干起来。广大人民群众从自己生产和生活中的迫切要求出发，充分发挥自己的聪明才智，创造和改进了大量的生产工具。

为了展现农具改革运动的成果，促进农业生产“大跃进”，全国各地纷纷举办展览会。1958年4月15日至6月30日，广东省在广州文化公园举办农具改革展览会，会上展出了大量的新式农具，大部分都是群众的创造发明和适应当地生产需要的新农具改装的。它们的展出有力地展现了人民群众无穷无尽的智慧和农业技术革命的光辉前景。4月30日晚上8时20分，（据欧初回忆，毛泽东参观农具改革展览会由他安排。他先与广州市二轻工业局副局长陈角榆联系，将参观时间安排在晚间11时，因为此时游人很少，不必专门清场。两者在具体时间上有出入。另据当时在水产馆当讲解员的广东省水产学校渔捞专业学生杨日晖的回忆，毛泽东是于8时整到农展会的。）毛泽东在陶铸、朱光的陪同下，来到农具改革展览会，视察了水利、土壤肥料、水产和耕耘4个展馆，他仔细观看各种展品，详细询问农具改革的情况，时而抚摸展品，时而亲自操作。在水利馆，他观看了各种提水工具的表演，并具体地询问了密闭式水车的性能和效率，称赞群众的发明创造和革新精神。在土壤肥料馆，他对水力联合加工厂很感兴趣，赞扬了贫下中农因地制宜、因陋就简、自力更生的精神。在水产馆和耕耘馆，他仔细观看了尼龙丝渔网、八改鲨鱼钩、拟饵钓具和手扶拖拉机，并认真询问，对渔业技术改革和农业机械化极为关心。

在水产馆，毛泽东仔细视察了海带、紫菜、裙带菜、江蓠、贝类等，当听说海带在广东养殖成功时，毛泽东说，海带能治大脖子病，山区人民很需要它。他还指示要大力开发水产资源：海边有很多宝，可以养，要很好发展。

1958年4月30日晚，毛泽东参观农具改革展览会

刘少奇、邓小平、康生、陆定一、邓子恢等也于4月下旬先后参观了广东省农具改革展览会。刘少奇在参观时，对陪同的广东省负责人说：广东的农具改革改得很快，改得很好。我国的技术革命刚刚开始，以后新东西会不断出现。技术革命全靠群众的创造性，靠大家动脑筋想办法。要请工人、农民和搞机械制造的工程师进行研究、鉴定，把改良得好的农具推广开去。“这样的技术革新运动，像一部车子，已经开动了，永远不会停止，一天不停，一万年不停。”

毛泽东视察农具改革展览会，大大鼓舞了广东人民群众的士气。他们自力更生，因地制宜，土洋结合，推动农业机械化取得显著的成绩，广东省农业机械化事业旧貌变新颜。到20世纪70年代，结束了过去农业靠人力、水力提水的落后面貌。毛泽东视察广东水产馆时的指示，为发展广东的水产事业指明了前进的方向，促进了渔业生产的发展。

5. “学习中医好呀”

据袁小荣《毛泽东离京巡视纪实》和麦阳、刘蓬《毛泽东在1958》的记述：4月19日下午，毛泽东专门找了著名针灸学家、卫生部妇幼卫生司副司长朱琏和医生洪敏就卫生工作进行谈话。

毛泽东历来十分重视中医这个中华民族优秀文化的瑰宝，相信并支持中医药事业的发展。他曾把中医称作是中国对世界的三大贡献之首，并多次指出要努力发掘中医药学的伟大宝库，发挥中医的重要作用。

朱琏原是一位西医医生，参加革命后，就以医生职业为掩护，从事地下工作。20世纪40年代初期，她在延安担任中国医科大学领导工作，首先响应毛泽东要西医学习中医的号召，亲自拜一位民间针灸医生为师，认真学习针灸。朱琏热心中医事业，尤致力于针灸学的发展。她著有《新针灸学》一书，以现代科学观点阐述古代针灸学，在国内外有较大影响。

早在3年前的1955年，毛泽东在杭州就曾经与朱琏有过一次谈话。在那次谈话中，毛泽东说："你们不要以为针灸是土东西。针灸不是土东西，针灸是科学的，将来世界各国都要用它。"这次谈话，令朱琏深受鼓舞。在毛泽东的支持和推动下，卫生部工作很快改进。1955年12月，在中医研究院成立的同时，全国第一届西医离职学习中医研究班开学，从全国调来76名有经验的西医脱产两年半学习中医。从1955年底到1956年初，卫生部又在北京、上海、广州、武汉、成都、天津等地举办了6期西医离职学习中医班，从全国范围内抽调部分医学院校毕业生及有一定临床经验的西医参加，系统学习中医理论和治疗技术两年半。参加学习的人数达300多人。到1958年4月，中医研究院创办的一个班已临近毕业。

这次毛泽东一见到朱琏，便立刻关切地问起办针灸学院的事。朱琏向他详细介绍了中医研究组织的编制情况，以及中医研究班学员的学习情况。听说在这个班学习的60名学员都是从高等医校毕业的西医，眼下临床实习还没有结束，毛泽东说："这个班有60名西医专门学习中医，好呀，但他们是不是真的诚心诚意地学呢？"不等朱琏回答，毛泽东自顾自地发表对中西医的看法："我看，西医治感冒就很少办法，中医治感冒有时只要一服药就治好了。替我治感冒的中医就是用一服药"，并以自身为例说明中医治感冒的良好功效，还对西医治感冒用抗生素发表了看法。

随后，毛泽东问起苏联专家在中国学习针灸的情况，朱琏把自己知道的这些专家在莫斯科和列宁格勒（今圣彼得堡）开展针灸治疗工作和科研工作的情况作了简要的汇报。并说，这些专家学了针灸回去后还开办过几次短期训练班，苏联保健部也准备在莫斯科开办有各加盟共和国医生参加的学习班。毛泽东表示满意，指示要给予苏联帮助。并继续向朱琏询问苏联专家在北京学习针灸的内容和效果、针灸治疗疟疾等传染病、针灸训练班开展、针灸治疗癌瘤等情况，朱琏一一作了回答。毛泽东听得很认真，并不时就一些不懂的问题提问。

当听到朱琏说治血吸虫病时，针灸能解除锑剂中毒的时候，毛泽东打断她，问：“锑剂中毒有哪些症状？肝脾肿大、腹水，是大肚子吧？你们怎样参加这个工作的？”朱琏介绍道，1956年中医研究院以针灸研究所为主力，组织了血吸虫病防治队到杭州工作了半年多，发现锑剂对血吸虫病有特效，但不论注射与口服都有毒性反应，病人会发生呕吐、腹痛，以及心跳不规律等症状，甚至有晕倒的。用针灸治疗则可以很快控制这些症状。朱琏说，现在这个方法还没有宣传推广，我们计划再派针灸组去安徽工作。我个人曾提出一个想法，就是单用针灸治疗血吸虫病早期症，如果行的话，不仅可以节省锑剂，而且可以解除锑剂治疗带来的副作用。毛泽东点头，说：“你们这个工作做得很好，也应该那样想、那样做。我想，锑剂能治血吸虫病，也是属于破坏了血吸虫生存的条件的问题。防治血吸虫病是一项极其重要的任务。你知道吧？它威胁着一亿人口的生命，侵占到江苏、浙江、安徽、湖南、湖北和广东等省，在太湖、洞庭湖、鄱阳湖等周围地区都有，因此这是一项极其重要的工作任务。”

最后，毛泽东问到卫生部的工作。朱琏说：“在中医工作方面，过去是定盘珠，现在基本不同了，是算盘珠了。”毛泽东饶有兴致地问道：“什么叫定盘珠、算盘珠？”朱琏说：“定盘珠是一拨也不动，算盘珠是不拨不动，一拨就动。卫生部的工作很繁重，但有些工作显得被动。”毛泽东表示赞同，说：“对啦，卫生部工作有些被动，他们连除‘四害’也信心不足，不知道政治可以除‘四害’。算盘珠不拨不动，一拨就动，很好，我们大家都来拨。”

毛泽东说到做到，很快拨动卫生部工作这个“算盘珠”，让它动了起来。1958年10月11日，他在对卫生部党组9月25日关于西医离职学习中医班的总结报告的批语中，指出：“中国医药学是一个伟大的宝库，应当努力发掘，加以提高。”并要求中央为此发一个指示，把卫生部的报告转发各地党委，加以研究，遵照办理。他还特别指出，如能在1958年每个省、市、自治区各办一个70～80人的西医离职学习班，以两年为期，在1960年冬或1961年春就能培养出大约2000名中西医结合的高级医生，其中可能出几个高明的理论家。毛泽东的批示，极大地鼓舞了西医学习中医的积极性。据1960年全国西学中经验交流会时统计的资料，全国西医离职学习中医班有37个，学员2300余人，在职学习中医的有36000余人。高、中级医药院校，也大多开设了中医学课程，培养了一大批“西学中”人员。其中，大多数成为以后中医或中西医结合研究的技术骨干和学术带头人，为今天中医药能够走出国门、走向世界作出了杰出贡献。

在广州期间，毛泽东还就陶铸提出的“广州有个糖厂要不要砍掉”的问题作出指示。陶铸说，广州的这个糖厂产量高，但怕销不掉那么多产品，打算砍掉。他问毛泽东这样做是不是适合？毛泽东不直接表态，而是询问在座的朱琏：“你是江苏人，你谈谈，你们江苏人喜欢吃糖吗？”朱琏回答：当然喜欢吃糖。江苏人吃糖，不仅偏爱甜食甜点心，尤其无锡、苏州一带，烧的菜里就没有一样不放点糖。妇女生孩子、坐月子，更讲究吃红糖补身子，亲戚朋友前来探望，糖也是传统的缺少不了的礼品。“江苏有多少人？妇女人数能不能占到一半？其中育龄妇女约占多少？”毛泽东和在座的各位一五一十地算起来，结果是需要用糖的数字不小。毛泽东最后表态：“你们的糖厂不要砍了，产品多，在广东销不掉，就送到江苏去销吧，江苏老百姓喜欢吃糖。”“少则就贵，多则就便宜。”“像我们这些有糖吃的人，一定要为想吃糖而吃不到糖的人想一想。”

1958年4月27日，毛泽东还就一封反映广东潮汕地区整风情况的来信，给陶铸作出批示。这封信是潮安县一名共产党员于1958年4月1日写给中央办公厅的，反映潮安县委书记在本地反地方主义运动中自杀的情况。希望从速派人到潮汕检查该地区风中的反地方主义运动，及时解决存在的问题，使整风运动健康发展。毛泽东批示陶铸道：“此件所提问题，请派一个政治上强的同志去彻查一次。宗派主义可能有的，但死者有无因而致死的特殊情况，也值妥善详查。去的人不要带任何预定估计，完全从寻找真理出发。情况弄清，群疑可释。闻你病了，要静心养病，好了再工作，不急忙。潮汕这件事件，可用几句话交付一位书记去办就行了。”

同日，毛泽东致信秘书田家英：“如有时间，可一阅班固的《贾谊传》。可略去《吊屈》《鹏鸟》二赋不阅。贾谊文章大半亡失，只存见于《史记》的二赋二文，班书略去其《过秦论》，存二赋一文。《治安策》一文是西汉一代最好的政论，贾谊于南放归来著此，除论太子一节近于迂腐以外，全文切中当时事理，有一种颇好的气氛，值得一看。如伯达、乔木有兴趣，可给一阅。”贾谊是毛泽东极为欣赏的政论家之一。他称赞贾谊是“英俊天才”，在多次讲话和与人交谈中提到贾谊。毛泽东把《贾谊传》推荐给身边秘书看，尤其是《治安策》这篇政论，意在鼓励年轻的秘书们向贾谊学习，发挥才华，勇于作为。

在穗期间，毛泽东还和陶铸一起会见了越南劳动党主席胡志明。5月1日上午，毛泽东乘专机从广州飞抵武汉。5月2日，回到北京。

12月在广州

1958年11月至12月，毛泽东连续主持召开第一次郑州会议、武昌会议和中共八届六中全会这三次中央会议，对已经察觉的“大跃进”和人民公社化运动中出现的“左”倾错误，进行研究和纠正。12月13日下午1时30分，毛泽东结束在湖南的调研后，由空军司令部副参谋长何廷一护送，乘专机从长沙飞抵广州，住小岛招待所。

1. 修改八届六中全会公报稿

1958年11月28日至12月10日，毛泽东在武昌主持召开中共八届六中全会。这次全会的主要议程是：关于人民公社问题，关于1959年国民经济计划问题，关于不提名毛泽东同志做下届中华人民共和国主席候选人问题。此外，还讨论了改进农村财政贸易管理体制问题和国际形势问题。全会通过了《关于人民公社若干问题的决议》。决议认为我国农村的人民公社运动具有伟大历史意义，并从理论上和政策上阐述了有关人民公社的一系列问题。全会总结了1958年我国国民经济发展获得空前伟大胜利的主要经验，提出了1959年国民经济发展的方针和一些主要指标。并同意毛泽东提出的关于他不做下届国家主席候选人的建议。

12月13日，毛泽东到达广州后，从14日至16日连续3天，与陈伯达、胡乔木一起修改中共八届六中全会公报稿。15日晚上10时，关于中共八届六中全会公报稿，毛泽东批示胡乔木："此件可以定稿。只在第三页增了几个字。请用电话把修改处告诉北京，准备十七日下午广播，连同主席问题决议一起，十八日见报。"毛泽东加写的几个字，是在公报稿中"人民群众的共产主义觉悟的大大提高"一语的"共产主义觉悟"前，加上"社会主义和"五个字。

12月18日，公报稿和主席问题决议一同在《人民日报》发表。在正式的公报稿中，毛泽东将原先的"今年我国国民经济的飞跃发展，证明了党的在优先发展重工业的基础上实行工业和农业同时并举的方针，在工业战线上以钢为纲、全面跃进的方针，中央工业和地方工业同时并举的方针，工业必须大搞群众运动的方针，是正确的"这段话，改写为："今年我国国民经济的飞跃发展，证明了党的在优先发展重工业的基础上实行工业和农业同时并举的方针，重工业和轻工业同时并举的方针，在工业战线上以钢为纲、全面跃进的方针，中央工业和地方工业同时并举的方针，大型企业和中小型企业同时并举的方针，土法生产和洋法生产同时并举的方针，以及工业方面的集中领导必须同在工业方面大搞群众运动相结合的方针。一句话，用两条腿走路的方针，而不是一条腿或者一条半腿走路的方针，这样的一整套方针是正确的。”

在经毛泽东修改定稿的中共八届六中全会同意毛泽东提出的关于他不做下届国家主席候选人的建议的决定中，指出：毛泽东同志不担任国家主席的职务，专做党中央的主席，可以使他更能够集中精力来处理党和国家的方针、政策、路线的问题，也有可能使他腾出较多的时间，从事马克思列宁主义的理论工作，而并不妨碍他对于国家工作继续发挥领导作用。这样，对于全党和全国人民都更为有利。

从1954年中华人民共和国第一部宪法颁布后开始到1959年，毛泽东担任首届国家主席。在任期内，他曾在多个不同场合多次重申不想连任国家主席的愿望。因为毛泽东身兼数职，同时担任着中共中央委员会主席、中央军委主席等多个职务，而且作为国家主席，不可避免要经常抛头露面，迎来送往，分散和消耗了他的精力。而他更希望能够摆脱这些事务的干扰，以便集中精力研究一些重要问题。

由于毛泽东的一再坚持，八届六中全会最终同意了他不做国家主席的决定。但是，为了照顾党内外干部群众的情绪，中央的决定特意作了一些“缓冲”，指出：“毛泽东同志是全国各族人民衷心爱戴的久经考验的领袖，在他不再担任国家主席的职务以后，他仍然是全国各族人民的领袖。在将来，如果出现某种特殊情况需要他再担任这种工作的时候，仍然可以根据人民的意见和党的决定，再提他担任国家主席的职务。”并要求“各级党委应当根据这些理由，在党的适当会议上，在各级人民代表大会会议上，在工矿企业工人的集会上，在人民公社的集会上，在机关、学校、部队的集会上，向党内党外的干部和群众进行充分的解释，以便大家了解这件事的理由，而不致有所误解”。1959年4月27日，在第二届全国人民代表大会第一次会议上，刘少奇当选国家主席，成为继毛泽东之后的第二任国家主席。毛泽东只担任中共中央主席和中央军委主席等职务，而且一直到去世，也没再担任国家主席职务。

2. 为诗词作注

毛泽东是一位颇有造诣的诗人，一生创作了许多优秀的诗词作品。他非常珍爱自己的作品，本着对自己创作的诗词作品严肃认真的态度，亲自为自己的很多诗词作注解。

1958年12月21日，毛泽东看了文物出版社1958年9月刻印的大字线装本《毛主席诗词十九首》。自1957年1月25日《诗刊》创刊号首次刊发毛泽东《旧体诗词十八首》后，人民文学出版社基本遵从《诗刊》上发表毛泽东诗词的原样，增收毛泽东新词《蝶恋花·游仙（赠李淑一）》，于1958年7月出版发行了《毛主席诗词十九首》，并于当年9月出版发行线装木刻本。人们普遍认为，这两个版本是中华人民共和国成立后最早出版发行的毛泽东诗词集。

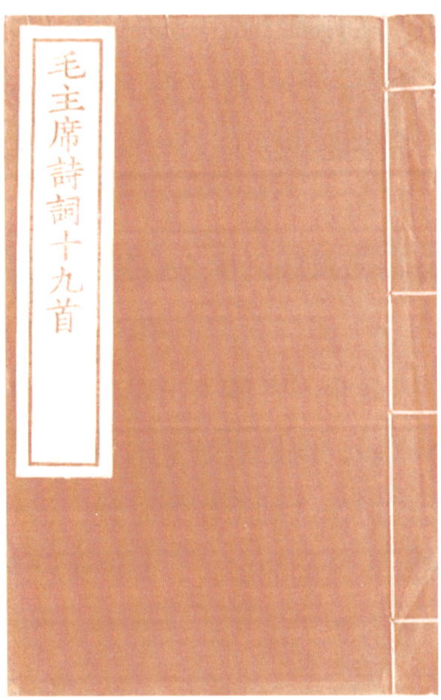

1958年出版的《毛主席诗词十九首》

毛泽东读了这本诗词集后，感到他的诗词“发表以后，注家蜂起，全是好心”，但是“一部分说对了，一部分说得不对”。他觉得自己“有说明的责任”。毛泽东在为注诗写了一个总的说明：“鲁迅一九二七年在广州，修改他的《古小说钩沉》，然后说道：于时云海沉沉，星月澄碧，饕蚊遥叹，予在广州。（编者注：此非鲁迅原话，是毛泽东凭记忆写的）从那时到今天，三十一年了，大陆上的饕蚊灭得差不多了，当然，革命尚未全成，同志仍须努力。港台一带，饕蚊尚多，西方世界，饕蚊成阵。安得起全世界各民族千百万愚公，用他们自己的移山办法，把蚊阵一扫而空，岂不伟哉！”

接着，毛泽东仿陆游《示儿》作结，抒发了他“革命尚未成功，同志仍须努力”的感慨及对后人的无限期望：“人类今娴上太空，但悲不见五洲同。愚公尽扫饕蚊日，公祭无忘告马翁。”这首诗首句，毛泽东以苏联成功发射两颗人造地球卫星的典型事件为例，说明科学技术突飞猛进，他对此感到欢欣鼓舞。下句笔锋一转，指出社会制度的变革却大为滞后，人类实现共产主义的进程受到阻碍。为此，他感到忧虑和不安。第三句，毛泽东指出，全世界无产者联合起来，发扬愚公移山的精神，就能尽扫“饕蚊”，打倒帝国主义及一切反动派，实现共产主义。最后一句，他发出殷切希望：当共产主义实现“五洲同”之日，千万不要忘记告诉科学共产主义的创立者马克思。

为了使自己的作品得到最客观最权威的注解，毛泽东在书的天头地脚空白处，写了12条批注，对诗词的创作背景、创作心情、有关词语和诗句的本意等作了注解。

（1）对《沁园春·长沙》一词中“击水”二字批注：“击水：游泳。那时初学，盛夏水涨，几死者数，一群人终于坚持，直到隆冬，犹在江中。当时有一篇诗，都忘记了，只记得两句：自信人生二百年，会当水击三千里。”这首词作于1925年秋，毛泽东时年32岁。当时湖南省省长赵恒惕再次通缉毛泽东，毛泽东离开故乡韶山去广州，途经长沙，重游橘子洲，感慨万千，通过对长沙秋景的描绘和对青年时代革命斗争生活的回忆，抒写出对国家命运的感慨和以天下为已任，蔑视反动统治者，改造旧中国的豪情壮志。

（2）对《菩萨蛮·黄鹤楼》一词中“心潮”二字批注：“心潮：一九二七年，大革命失败的前夕，心情苍凉，一时不知如何是好，这是那年的春季。夏季，八月七号，党的紧急会议，决定武装反抗，从此找到了出路。”

这首词作于1927年，大革命正处于低潮时期，毛泽东途经武汉，登上黄鹤楼，有感于当时严酷的政治现实，抒发对国家、民族和中国共产党命运的沉重忧思，并表达对渴求投身于新的战斗的伟大抱负和急切愿望。

（3）对《清平乐·会昌》一词中“踏遍青山人未老”一句批注：“踏遍青山人未老：一九三四年，形势危急，准备长征，心情又是郁闷的。这一首《清平乐》，如前面那首《菩萨蛮》一样，表露了同一的心境。”1929年毛泽东为开辟赣南根据地，率领红军到过会昌，以后又常途经和居住在这里。这首词是1934年夏天，他在中共粤赣省委所在地会昌进行调查研究和指导工作时所作。

（4）对《忆秦娥·娄山关》一词批注：“万里长征，千回百折，顺利少于困难不知有多少倍，心情是沉郁的。过了岷山，豁然开朗，转化到了反面，柳暗花明又一村了。以下诸篇，反映了这一种心情。”1935年2月28日，毛泽东登上娄山关，纵目远眺，诗兴大发，吟就这首词。它描写了红军铁血长征中征战娄山关的紧张激烈场景，表现作者面对失利和困难从容不迫的气度和博大胸怀。

（5）对《七律·长征》一诗中“水拍”和“三军”批注：“水拍：改浪拍。这是一位不相识的朋友建议如此改的。他说不要一篇内有两个浪字，是可以的。”“三军：红军一方面军，二方面军，四方面军。不是海、陆、空三军，也不是古代晋国所作上军、中军、下军的三军。”1934年10月，中央红军主力开始了二万五千里长征。1936年10月9日，红军一、二、四方面军在甘肃会宁胜利会师，红军长征彻底胜利。就在翻越岷山，胜利在望之际，毛泽东回首这惊心动魄的行程，心潮澎湃，满怀豪情写下了这首《七律·长征》。

（6）对《清平乐·六盘山》一词中“苍龙”二字批注：“苍龙：蒋介石，不是日本人。因为当前全副精神要对付的是蒋不是日。”这首词是1935年毛泽东在红军胜利翻越六盘山时的咏怀之作，抒发了彻底打垮国民党的坚强决心，以及发誓将革命进行到底的壮志豪情。

（7）对《念奴娇·昆仑》一词批注：“昆仑：主题思想是反对帝国主义，不是别的。改一句：一截留中国，改为一截还东国。忘记了日本人是不对的。这样，英、美、日都涉及了。别的解释，不合实际。”这首词作于1935年10月，中央红军二万五千里长征，即将到达陕北。毛泽东借昆仑山抒发对帝国主义或外国侵略势力的态度及对未来共产主义社会的憧憬。

（8）对《沁园春·雪》一词批注：“雪：反封建主义，批判二千年封建主义的一个反动侧面。文采、风骚、大雕，只能如是，须知这是写诗啊！难道可以谩骂这一些人们吗？别的解释是错的。末三句，是指无产阶级。”这首词是毛泽东于1936年2月所作，当时，毛泽东和彭德怀率领红军长征部队胜利到达陕北清涧县袁家沟，准备渡河东征，开赴抗日前线。为了视察地形，毛泽东登上海拔千米白雪覆盖的塬上，感慨万千，写就这首豪放之词，抒发了他伟大的抱负及胸怀。

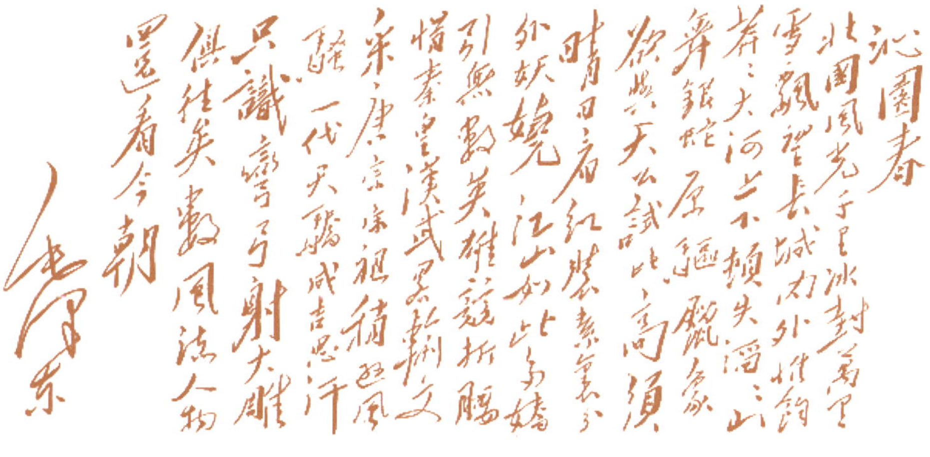

毛泽东词作《沁园春·雪》

（9）对《七律·和柳亚子先生》一诗中“三十一年”和“旧国”批注：“三十一年：一九一九年离开北京，一九四九年还到北京。旧国之国：都城，不是state，也不是country。”1949年3月28日夜，国民党左派人士柳亚子作了一首《感事呈毛主席一首》，称感于国民党的混乱现状，要回家乡分湖隐居。4月，毛泽东写《七律·和柳亚子先生》一词回赠，用严子陵隐居垂钓富春江畔这件事，劝柳亚子留在北京继续参加建国工作。

（10）对《浣溪沙·和柳亚子先生》一词中“秦乐”二字提出修改意见：“乐奏：这里误植为奏乐，应改。”1950年10月3日，为庆祝建国一周年，中央人民政府在中南海怀仁堂举行了盛大歌舞晚会。毛泽东等中央领导人参加了晚会，并邀请民主人士、诗人柳亚子等一同观看。毛泽东与柳亚子相识几十年，并有诗词唱和交往和深厚的友谊。当来京参加国庆盛典的各族代表向中央人民政府首长献旗、献礼致敬时，毛泽东对坐在前排的柳亚子说：“这样的盛况，亚子先生为什么不填词以志盛？我来和。” 于是柳亚子即席赋《浣溪沙》一首。随后，毛泽东作这首和词，回赠柳亚子。

（11）对《水调歌头·游泳》一词中“长沙水”和“武昌鱼”批注：“长沙水：民谣：常德德山山有德，长沙沙水水无沙。所谓无沙水，地在长沙城东，有一个有名的‘白沙井’。武昌鱼：三国孙权一度从京口（镇江）迁都武昌，官僚、绅士、地主及其他富裕阶层不悦，反对迁都，造作口号云：宁饭扬州水，不食武昌鱼。那时的扬州人心情如此。现在变了，武昌鱼是颇有味道的。”这首词是毛泽东于1956年来到武汉第一次畅游长江时的感兴之作，通过写在长江中游泳的感受，抒发了迎着大风大浪前进的革命豪情，讴歌了中国人民改造山河、建设祖国的伟大业绩。

（12）对《蝶恋花·答李淑一》一词批注：“上下两韵，不可改，只得仍之。”李淑一是杨开慧20世纪20年代初在长沙私立福湘女子中学读书时的同学兼好友。1924年，经杨开慧介绍，她与毛泽东的战友柳直荀结婚。1957年1月，李淑一给毛泽东写信，谈她读毛诗的感想，并附上她在1933年写的一首怀念柳直荀的词《菩萨蛮·惊梦》，另外还想向毛泽东索取早年他写给杨开慧的《虞美人》。毛泽东5月11日回信：“大作读毕，感慨系之。开慧所述那一首不好，不要写了罢。有《游仙》一首为赠。这种‘游仙’，作者自己不在内，别于古之游仙诗。但词里有之，如咏七夕之类。”后来，此词正式发表时，词题由《游仙》改为《赠李淑一》，1959年又改为《答李淑一》。该词寄托了毛泽东对杨开慧和柳直荀的哀思。

3. 65岁生日

毛泽东一生艰苦朴素，在物质生活方面严于律己，把自己的生活标准降到最低限度。在饮食上，他说自己是“农民的生活习惯”，十分简单，只求饱肚，反对搞特殊和铺张浪费。他对身边的卫士说：“我们活在这个世界上，不是为了吃世界，而是为了改造世界。这才是人，人跟其他动物就有这个区别。”在衣着上，他从不讲究，旧的毛衣毛裤修补一次又一次，直到实在没法穿了才换新的。他常说：“我的标准，不露肉，不透风就行。”

毛泽东对自己的生日也持无所谓的态度。他出生的具体日期，据《韶山四修族谱》卷十五记载为“清光绪十九年癸巳十一月十九辰时生”。即农历十一月十九日生。后来，秘书叶子龙等人从历书中将公历和农历对照，核定毛泽东的生日为12月26日。对此，毛泽东曾风趣地说：“哦，我的那碗面条，此后不在阴历十一月十九日吃，改在阳历12月26日吃！”

延安时期，毛泽东为许多人祝过寿，可是却拒绝别人为他做寿。中华人民共和国成立后，人民生活相对稳定下来，人们这时候想为毛泽东祝寿，但他依然坚持不过生日，还说：“不做寿。做寿不会使人长寿。主要是要把工作做好。”步入老年后，毛泽东似乎开始注意自己的生日，但他仍旧不接受别人的宴请，党内外同志提出为毛泽东祝寿，都被他谢绝了。他只是在每年12月26日这一天，邀请一些友人聚聚。从保留的生日菜谱上看，丰盛的不多，多与平常饭菜差不多。偶尔几次，身边的工作人员出于真情，为毛泽东庆祝生日，也不过在原来的伙食标准上加一两个菜而已。如果过于奢侈定会遭到批评。

1958年12月26日，是毛泽东65岁生日。据湖南省委党史研究室编《毛泽东五十次回湖南》记载：中午，毛泽东准备离开广州，陶铸特意请毛泽东与大家一起吃一次饭。工作人员加了几个菜，一则为毛泽东祝寿，二则也是饯行。毛泽东批评他们不该为他的生日置酒摆宴，又说：“年轻的时候，愿意过生日。过一次生日，表示大一岁，又成熟些了。到年纪大了，不愿意过生日。过一次生日，表示少了一年，更接近死了。”“你们去吧，我就不去了。”饭后不久，李银桥突然招呼大家：“主席立刻要回北京。”毛泽东离开广州前，在小岛宾馆与工作人员合影留念。

以上是关于1958年12月26日毛泽东在广州过65岁生日的一种记载。对于毛泽东这次在广州“庆生”，还有当事人关相生的回忆：

“广州的负责人和毛泽东身边的工作人员，在12月26日这天中午特意加了两个菜算是给主席祝寿，但当天午餐并没有看到毛主席出现。江青代表毛主席到东一号楼下餐厅向北京和广州的工作人员为毛主席诞辰敬酒致谢。原来当时毛主席刚刚入睡，工作人员为了不影响他休息，没有叫醒他，因此他自己倒没有吃上这顿‘寿宴’。毛主席闻知此事后，还特意把有关同志批评了一顿，说不该为他的生日设酒摆宴。”

时任广东省委副秘书长欧初在他《我亲见的名人与逸事》一书中，对当日情况却有这样的回忆：“当天陶铸与广东省长陈郁在省迎宾馆三号楼请毛泽东、罗瑞卿等吃饭，作为工作人员，我也在场。席上的主菜是以蛇为原料的几道菜肴，还有几个湖南菜。用餐期间，陶铸谈兴甚浓，从迎宾馆原先是两广盐运使陈维周的衙门，后来李宗仁‘南迁’时用作总统府，一直讲到广东人如何会吃，还引用屈大均的《广东新语》为佐证。陶铸说，过去广东土匪绑票，抓到人质先请吃一条全鱼，如果人质先挑鱼肚吃，就表明他家中有钱，土匪可以开高价勒索；而先吃鱼头鱼尾的人质，家中大概没有多少油水。当晚主人连同客人总共只有十人左右，刚好坐满一桌，毛泽东没有多说话。只是陶铸讲到广东人食鱼的精彩处，毛泽东插了一句‘民以食为天嘛’，其余时间一直不出声，偶尔微微颔首，示意听到了。相关工作人员觉得很奇怪，但陶铸、罗瑞卿对此似乎司空见惯，自顾谈天。”

毛泽东1958年12月在广州期间，还作出重要批示，推动各方面工作的开展。

12月18日，毛泽东阅读了12月17日《光明日报》刊载的关于赫鲁晓夫12月15日在苏共中央全会上所作的最近五年来苏联农业发展情况报告的报道，批示机要秘书林克：“此件先给陈伯达同志看一下，如果他今天不走，下午可以谈一下。”同日，毛泽东给阿尔巴尼亚劳动党中央委员会第一书记霍查复电。在

10月9日，霍查面交中国大使罗士高一封信，让他转交给毛泽东。信中详细介绍了有关阿尔巴尼亚三五计划的一些问题。毛泽东在复电中说：“中国人民一向关怀阿尔巴尼亚人民的社会主义建设事业，并且为兄弟的阿尔巴尼亚人民在建设事业中所取得的成就感到高兴。”针对阿方希望中国给予新贷款的请求，毛泽东说：“中国共产党中央委员会和中华人民共和国政府同意给予阿尔巴尼亚人民共和国政府以五千五百万卢布的贷款，并且已经经过我国外交部通知了巴利里大使同志。有关贷款和供应各项主要物资的具体事宜，将由我们两国政府的有关部门进行商谈。”

12月22日，毛泽东看了中央宣传部12月19日编印的《宣教动态》1958年第165期上刊载的《清华大学物理教研组对待教师宁“左”勿右》的材料。材料中说，最近清华大学公共教研组党总支检查了物理教研组支部的工作，并组织党员讨论了对知识分子的政策，讨论中反映出一些不正确认识。比如认为社会主义革命时期知识分子中的绝大多数是资产阶级知识分子，是革命对象；高级知识分子都是从根本上反对党的教育方针；应当走阶级路线，在学校中提群众路线是不妥当的；做统战工作会妨碍“大跃进”，一切组织都应当换上党员来领导；等等。由于存在这些错误认识，这个党支部在工作中采取了一些错误做法。清华大学党委发现问题后，检查纠正了这种错误做法。毛泽东看后，给中央宣传部部长陆定一写了一个批语：“建议将此件印发全国一切大专院校、科学研究机关的党委、总支、支委阅读，并讨论一次，端正方向，争取一切可能争取的教授、讲师、助教、研究人员为无产阶级的教育事业和文化科学事业服务，你看如何？文学艺术团体、报社、杂志社和出版机关的党委、党支，也应发去，也应讨论一次。请酌定。”1958年12月27日，中共中央向各地转发了毛泽东的批语及这个材料。

12月23日下午，毛泽东听取了中国人民解放军总政治部主任谭政关于中国人民解放军政治工作会议情况的汇报，然后到广州军区接见参加全军政治工作会议的代表，并同与会的各总部、各军兵种、各大军区、各院校的负责人共50余人谈话。毛泽东就中国人民解放军的革命化、战斗化建设问题作了重要讲

1958年12月23日，毛泽东在广州军区接见参加全军政治工作会议代表

话，对培养新生力量、部队政治工作、台湾海峡形势等重要问题，作了生动深刻的阐述。当得知在座同志很少40岁以下的、大多数都参加过第二次国内革命战争这一情况后，毛泽东说：要培养新生力量。在谈到台湾海峡时，毛泽东说：我们对台湾海峡的政策是，要拿就是台、澎、金、马一齐来，单是金、马，我们不干。他对部队政治工作提出看法：在政工会上，可以拿出一天的时间谈谈国际国内形势问题，这是政治问题。离开形势，政治工作是不好做的。政工会议上，要谈谈人民公社问题，看看大家有什么想法。

1958年12月26日下午，毛泽东从广州乘专列前往湖南，27日早晨抵达长沙。在专列上，毛泽东与湖南省委第一书记周小舟、省委书记周惠谈话，讨论湖南“大跃进”的得与失，研究如何妥善处理人民公社中存在的问题。晚上，同民主人士程潜、唐生智会见谈话。12月28日下午，毛泽东离开长沙去武汉，经郑州、新乡、邯郸、保定等地短暂停留后，于30日晚上回到北京。

五 组织读书活动并审定《毛泽东选集》第四卷（1960年）

1959年底到1960年初，虽然“反右倾”斗争还在社会政治生活中产生很大影响，但是面对严峻的经济形势，毛泽东已经将注意力重新转到自1958年11月以来纠正“大跃进”中“左”的错误上。据档案记载，毛泽东从1959年10月23日乘坐专列从北京出发，到各地巡视考察，途经河北、天津、山东、安徽、江苏、上海、浙江、江西、湖南、广东等10个省市，于1960年3月26日才返回北京，历时5个月零3天。他主要在各地考察工农业生产，同各省市领导人研究经济问题。

1960年1月27日，是农历除夕。当天早晨，毛泽东乘坐从湖南衡阳驶出的专列抵达广州，仍住小岛招待所。1月28日是大年初一，毛泽东第一次在广州度过了春节。

读《政治经济学教科书》

毛泽东嗜书如命，一生都是在读书中度过的。他经常说，“我这一辈子就是爱读书”，“饭可以一日不吃，觉可以一日不睡，书不可以一日不读”。他几十年如一日，博览群书，以书相伴，以读为乐，可以说是一个名副其实的终生治学的“书生”。毛泽东曾对身边的工作人员说：他们封了我许多头衔，这个“家”，那个“家”的，我只承认两个。一个是“导师”，因为我年轻时是个教书的，再一个是“书生”，我是“孔夫子搬家——全是书”。

从1959年12月10日到1960年2月9日，毛泽东完成了他一段特殊的读书活动。他亲自组织读书小组，集中整整两个月的时间，先后在杭州、上海、广州，读完了由苏联科学院经济研究所编的《政治经济学教科书》第二十章至三十六章全部内容及结束语。

1. 读书活动的背景与由来

在“大跃进”时期，毛泽东组织这样一次读书活动，绝不是偶然的。

中华人民共和国成立后，刚刚执政的中国共产党缺乏建设经验，特别是建设社会主义国家的经验，就连社会主义是什么样子都还不清楚。而当时苏联作为世界上第一个社会主义国家，有30多年的建设经验，社会主义建设取得一定的成就。在这样的情况下，缺乏资金、技术、设备的中华人民共和国不可避免地选择了以苏联为榜样，依靠苏联，模仿苏联模式进行社会主义建设。根据苏联的经验，中国共产党建立了计划经济体制，从1953年开始执行第一个五年计划，并提出了过渡时期总路线，确立以重工业为中心的工业化建设，以及进行社会主义改造的主体任务。不可否认，苏联社会主义目标模式在中国创造了辉煌的业绩，但是在具体的建设实践中，弊端也逐渐被暴露出来。因此，中共八大前后，毛泽东和党中央以苏联为鉴戒，对符合中国实际的社会主义建设道路进行了卓有成效的积极探索。但是探索的道路却是艰辛曲折的。由于中共想突破苏联模式，避开苏联走过的弯路，使中国走出一条比苏联更快更好的路子，而出现了急于求成、违背规律的问题。1958年，中共中央发动"大跃进"，普遍建立以"一大二公"为特征的人民公社，导致国民经济和人民生活出现严重困难。

毛泽东较早通过调查研究觉察到问题，并立即开始努力加以纠正。他和党中央很快意识到，失误出现的根本原因在于没有认清社会主义建设规律，而导致的盲目性。因此，需要理论尤其是政治经济学理论加以武装。于是，毛泽东开始号召各级领导干部要读点理论书，学习政治经济学，以把握建设规律，增强科学性。这是毛泽东发动读书运动的出发点。

1958年11月，中央第一次郑州会议期间，毛泽东第一次提出读书建议。他给中央、省、地、县四级党委写了一封《关于读书的建议》的信，建议读斯大林的《苏联社会主义经济问题》和《马恩列斯论共产主义社会》这两本书，每本用心读3遍。他还对读书运动提出明确要求："现在很多人有一大堆混乱思想，读这两本书就有可能给以澄清……现在需要读书和辩论，以期对一切同志有益。"同时，毛泽东还建议："将来有时间，可以再读一本，就是苏联同志们编的那本《政治经济学教科书》。"在随后的武昌会议期间，中共中央宣传部编印的内部刊物《宣教动态》第139期刊载了中国科学院经济研究所整理的"苏联《政治经济学教科书》第三版的重要修改和补充"一文，毛泽东看后于11月20日作出批示："此件值得一阅，印发到会各同志。"11月21日，他又在会上说："苏联《政治经济学教科书》第三版的要点，你们看一下。我们这些人，包括我在内，社会主义经济规律是什么东西，过去是不管它的。现在我们真正搞起来了，全国也议论纷纷。斯大林的书，我们要看一下。《政治经济学教科书》也要看，每人发一本，把社会主义部分看一遍。"在12月召开的八届六中全会上，毛泽东进一步要求大家读苏联《政治经济学教科书》。在他的讲话提纲中，共有12个问题，其中第5个问题就是研究政治经济学问题，要求研究斯大林的社会主义政治经济学，苏联第一、二、三版政治经济学教科书，马恩列斯论共产主义社会这样几本书。毛泽东并强调指出："在目前，研究这个问题有极大的理论意义和现实意义。"

进入1959年，党中央、毛泽东致力于纠正"大跃进"中"左"的错误，并"从错误中学习"，对建设社会主义的道路进行一些新的探索。在这些探索中，毛泽东感到：社会主义建设的理论问题需要好好加以研究，有关社会主义条件下的经济规律、商品、货币、计划和矛盾等，需要有明确的界定和观点。1959年庐山会议开始时，毛泽东提出需要讨论的18个问题，"读书"被摆到了第一的位置。这次，毛泽东首要推荐了《政治经济学教科书》。苏联《政治经济学教科书》是世界上第一本包含社会主义政治经济学的教科书，由苏联科学院经济研究所集体编写。1954年8月初版，1955年9月出版第二版，1959年1月出版修订第三版。它的每个版本都有人民出版社出版的中译本。毛泽东读的是1959年1月出版的第三版中译本。全书上下两册，上册讲资本主义部分，共19章；下册讲社会主义部分，从第二十章至第三十六章共17章，以及结束语，是对苏联社会主义建设的理论总结。

毛泽东说："学习苏联，要读《政治经济学教科书》，教科书有缺点，但比较完整。"他要求地委以上党委委员读该书，县、社一级干部能读的也可以读。他说："有鉴于去年许多领导同志，县、社干部，对于社会主义经济问题还不大了解，不懂得经济发展规律，有鉴于现在工作中还有事务主义，所以应当好好读书。"毛泽东认为，现在有些人是热锅上的蚂蚁，要让他们冷一下。去年有一年的实践，再读书更好。学习苏联经验，读苏联《政治经济学教科书》是比较好的办法。毛泽东号召全党各级干部展开一次读书活动，读社会主义部分，因为"大跃进"和人民公社化运动出现了许多问题，他希望通过读苏联社会主义经济理论，以懂得社会主义经济的发展规律，从而思考和解决中国社会主义建设实践中出现的问题。可见，毛泽东倡导全党特别是领导干部读书，是有强烈的目的性和现实针对性的。

庐山会议后，1959年冬，读苏联《政治经济学教科书》社会主义部分的计划才开始得到落实。毛泽东、刘少奇、周恩来等中央领导人分别组织了读书小组，带头开展读书活动，研读《政治经济学教科书》第三版下册。刘少奇组织的读书小组从1959年11月2日至22日读完了全书，并进行了9次学习讨论。广东省委第一书记陶铸、书记林李明，海南地方和驻军的部分负责人，以及经济学家王学文、薛暮桥参加了刘少奇读书小组。1960年2月中旬，周恩来也在繁忙的公务活动中抽时间到广东从化组织读书活动，小组成员主要是部分国务院部委的负责人和中南五省的第一书记，还有几位理论家。这次读书活动在很大程度上反映了以毛泽东为首的党中央领导集体，为探索社会主义建设道路所付出的努力和探究社会主义理论的思想需求。

2. 读书活动的主要过程

毛泽东自己也采用他在第一次郑州会议上建议的“三五个人为一组，逐章逐节加以讨论”的办法，指定陈伯达、胡绳、邓力群和田家英和他一起读书。陈伯达和田家英当时是毛泽东的秘书，胡绳是中央政治研究室副主任、《红旗》杂志副主编，邓力群是《红旗》杂志常务编委。四个人都是“党内的秀才”。毛泽东秘书林克也参加了这一读书活动。他们这个读书小组从1959年12月10日在杭州开始阅读《政治经济学教科书》的活动。读书活动主要选择在杭州丁家山上的平房里进行，那里幽静清爽，毛泽东很是喜欢。毛泽东在杭州前后待了25天，除了三个星期天和1960年元旦，实际读书21天。读书活动安排在每天下午，一般从4点左右开始，一直到八九点左右吃晚饭时为止。即便是12月26日毛泽东生日那天也没有中断读书。据林克日记记载，进度是每天边读边议10页左右，少则5页，多则19页，除星期天休息外，从未间断。1959年12月30日，毛泽东在给女儿李讷的信中谈到这件事：“我甚好。每天读书、爬山。读的是经济学。我下决心要搞通这门学问。”在杭州这段时间，毛泽东等人读完了第三十二章，第三十三章开了个头。

1960年1月4日，毛泽东离开杭州，前往上海准备参加拟于1月7日至17日举行的政治局扩大会议。1月5日下午，在停靠上海站的火车上，毛泽东的读书小组读完了第三十三章。在上海会议上，毛泽东再次建议：中央各部委党组，各省、市、自治区党委，都去组织读《政治经济学教科书》（第三版下册）；以第一书记挂帅，组织个读书小组，把它读一遍。国庆节以前，把苏联《政治经济学教科书》读完。于是，全党范围内掀起了读《政治经济学教科书》的活动。毛泽东身体力行，继续组织读书活动。

1960年1月27日，毛泽东到达广州，准备在这里读完《政治经济学教科书》余下的部分。当天下午和晚上，他分别同林彪和李先念谈话。1月31日晚，他同周恩来进行谈话。2月4日，读书会恢复，毛泽东在鸡颈坑广州军区招待所同陈伯达、胡绳、邓力群、田家英继续读《政治经济学教科书》。陶铸、胡乔木也参加了读书活动。2月4日，读完第三十四章“社会主义再生产和国民收入”；2月5日，开始读第三十五章“从社会主义逐步过渡到共产主义”；2月6日，读完第三十五章；2月8日，读完第三十六章“世界社会主义经济体系”，并开始读“结束语”；2月9日，读完“结束语”，读书结束。除了2月7日星期天休息，一共在广州白云山鸡颈坑读了5天书，每天大概读十几页。

在毛泽东广州读书期间，中央其他领导同志以及国务院部分部委和地方的负责人也在广州参加读书活动。毛泽东就一些具体问题作出重要批示。2月20日，毛泽东阅读了李富春2月14日邀集在广州参加读苏联《政治经济学教科书》的六位部长和国家计委两位副主任座谈有关经济计划的几个问题的纪要。纪要说：当前经济战线上的形势很好。出现了一些困难，如运输赶不上，有些原料、材料供应不足，但是只要抓紧，就可以解决。不能只从基本建设来打主意，要从技术革命方面多想办法，要有决心创造新的技术。现在是两头“夹”工业，农业和尖端技术分别推动着工业在量和质两方面迅速地发展。整个国民经济，现在也是抓两头的问题，一头抓农业，一头抓尖端技术。毛泽东看后，批示国务院副总理林彪：“一个有关工业的非正式的文件，送上请你一阅，有些意思。各位元帅都可以一阅，请你阅后转给他们。因是密件，请在阅后退回给我为盼。”

2月25日，毛泽东阅读了中共国家经济委员会党组2月13日关于1月份和2月上旬工业、交通生产情况向中央政治局口头汇报的提纲。这个提纲说：1月份的工业和交通运输计划的完成情况，总的来说是很好的，实现了开门红，扭转了历年1月份生产大幅度下降的“常规”，但中旬以后生产有些波动，少数产品没有完成计划。2月上旬有所好转，但与季度计划平均日产水平比较还有距离。要完成第一季度的生产计划，还需要做许多艰巨的工作。当前生产中最薄弱的环节仍然是交通运输。提纲提出了解决问题的一些方法。毛泽东批示正在广东从化组织读书活动的周恩来：“这个总结很好，这是一个新方法，应当继续做。一年总结六次，每两个月总结一次，经中央批准通报出去，一定大有推动作用。请你阅后，给你们读书会各同志一阅，然后送薄一波同志一阅。给少奇、小平、彭真一阅。”在提纲说到“在全国四十个供电地区中，目前还有京津唐、安徽、重庆、湘中、郑州等十六个地区缺电，共缺电约三十万千瓦”处，毛泽东批注：“要大办小洋发电。”在提纲说到1960年要“为全年争取完成二千万吨钢或者更多一点的目标而奋斗，任务还是很艰巨的”处，毛泽东批注：“争取二千二百万吨钢。”

毛泽东在广州的读书活动，基本上参照此前在杭州的方法和习惯进行。读书安排在下午，一般也是从4点左右到9点吃晚饭为止。大家坐在一起逐章逐节地读，边读边议。由于毛泽东在跟人谈话时，非常不高兴人家当面埋头记录他的话。当看到这种情况，他就会说：怎么你们都不跟我谈话，都在记我的讲话。所以，读书小组做了分工，安排邓力群坐在边上一个人记录，由其他人朗读原书，一般由田家英读，有时也由胡绳来读。读一段，大家就议论一下。主要是毛泽东议论，但他要求大家都要讲讲话。所以有时候其他人也插点话。据邓力群回忆：毛泽东读书很认真，一边听朗读，一边看书本，还不时在一些提法下面画横道，或者在旁边画竖道，打记号。当时他坐在毛泽东旁边，也跟着毛泽东在自己读的那本书上照样画，从头到尾都这样做。有的段落，毛泽东画了以后接着就发表议论，或长或短。有的段落，毛泽东没有发表议论，只是说“对”“好”“正确”“赞成”“同意”，或者“不对”“不正确”“不赞成”“不同意”，或者只是一两句话。

毛泽东读这本教科书，紧密结合中国正在做的事情和他个人正在思考的问题，发表议论。有些是有感而发，有些是带有总结经验的性质。在将中国的经验同苏联的经验相比较中，思考中国应该如何做。同时，他并没有“尽信书”，而是独立思考，分析研究，对于正确的东西给予肯定，而又大胆怀疑，敢于突破苏联社会主义建设的模式，提出许多与苏联不同的观点和独到的见解。毛泽东在整个读《政治经济学教科书》下册过程中并没有写读书笔记，但是在边读边议时，发表了很多谈话。根据石仲泉《读苏联〈政治经济学教科书〉的谈话》一文，当时和毛泽东参加读书的同志将谈话整理成笔记形式。保存下来的谈话记录有两个本子，一个名为《读〈政治经济学教科书〉下册的笔记》，一个是《读苏联〈政治经济学〉社会主义部分的谈话记录稿》。前者将毛泽东的谈话按问题作了归纳，加了小标题（这个本子在周恩来读书小组内作过宣讲，流传较广）；后者以苏联《政治经济学教科书》的章节顺序，按边读边议形式，记录了毛泽东的谈话。毛泽东在读书活动中，提出了许多正确而富有价值的重要理论观点。例如，关于怎样掌握完整的世界观和方法论的问题；关于如何认识规律的问题；关于如何研究政治经济学的问题；关于对社会主义社会的基本理解和社会主义向共产主义过渡问题；关于社会主义社会的所有制问题；关于劳动生产过程中人与人的关系问题；关于社会主义条件下价值规律的作用问题；关于社会主义社会的矛盾问题；关于社会主义社会发展阶段论的观点；等等。

3. 读书活动的收获与结论

在广州这段时间，毛泽东读完了第三十四章至第三十六章，以及结束语，完成《政治经济学教科书》的读书活动。在读书过程中，他提出了许多思想和观点。从下面几个观点中，我们可以一斑而窥全豹，看出毛泽东深邃的思想和独到的见解。

（1）关于发展国民经济中的“工农业并举”问题。毛泽东说，工业的发展当然要快于农业，但提法要适当，不能把工业强调到不适当的地位，否则一定会产生问题。他以东北辽宁省举例说明这个观点，认为辽宁过去总是把工业放在第一位，但没有同时注意大力发展农业，导致农业生产受到限制，增长较慢。因此就必须使农业能够和工业得到相适应的发展。在农村劳动力减少的情况下，必须对农业进行技术改造，提高劳动生产率，更多地增加农产品的生产。应该在优先发展重工业的条件下，发展工业和发展农业同时并举。所谓并举，并不否认重工业优先增长，不否认工业发展快于农业；同时，并举也并不是要平均使用力量。

（2）关于向共产主义过渡的问题。毛泽东指出，从社会主义向共产主义过渡是不需要通过社会革命来实现的，只能说不需要进行一个阶级推翻另一个阶级的社会革命，但是还有新的生产关系代替旧的生产关系，新的社会制度代替旧的社会制度的社会革命。对于教科书讲到的“在共产主义的高级阶段国家将逐渐消亡”的观点，毛泽东指出：“国家消亡，需要有一个国际条件。人家有国家机器，你没有，很危险。”

（3）关于社会主义各国建立经济体系问题。毛泽东批评了《政治经济学教科书》中，不提倡各国尽量搞，而提倡“可以不必生产能靠其他国家供应来满足需要的产品”的观点。他主张，在国与国的关系上，各国“尽量多搞”，以自力更生、不依赖外援为原则。自己尽可能独立地搞，凡是自己能办的，必须尽量地多搞。只有自己实在不能办的才不办。特别是农业，更应当搞好。吃饭靠外国，危险得很，打起仗来，更加危险。毛泽东非常赞成教科书中“世界社会主义体系各国的发展，以它们在政治和经济方面的完全独立和自主为特点”这一观点。他坚持认为中国作为一个人口和资源大国，非常有必要建立完整的工业体系。

（4）关于哲学要为当前政治服务的观点。毛泽东指出，马、恩、列这些老祖宗的书必须读，他们的基本原理必须遵守，这是第一。但任何国家的共产党人，任何国家的无产阶级思想界都要创造新的理论，写出新的著作，产生自己的理论家，来为当前的政治服务。任何国家，任何时候，单靠老东西是不行的。我们在第二次国内革命战争末期和抗日战争初期写了《实践论》《矛盾论》，这些都是适应于当时的需要而不能不写的。现在，我们已经进入社会主义时代，出现了一系列的新问题，如果单有《实践论》《矛盾论》，不适应新的需要，写出新的著作，形成新的理论，也是不行的。显然，党的理论创新不是封闭的。

（5）对《政治经济学教科书》缺点的批评以及科学著作的问题。首先，从书中观点的角度看，这本书不能说完全没有马列主义，许多观点还是马列主义的，但有些观点不完全正确。其次，从写法的角度看，这本书的写法很不好，不从生产力和生产关系的矛盾、经济基础和上层建筑的矛盾具体分析出发，来研究问题。它总是从概念入手，从定义出发，只下定义，不讲道理。对问题不是从分析入手，总是从规律、原则、定义出发，把这个定义作为大前提，来进行演绎，证明他们所要说的道理。毛泽东认为，要写一本科学的书，最好的方法是以一个人为主，带几个助手写，这样写出来的才是完整、严密、系统的科学著作。而不是像这本教科书那样由几个人分工写，有分工无统一。他还批评说，教科书一看就知道是一些只写文章、没有实际经验的书生写的，作者没有辩证法。写经济学教科书也要有哲学头脑，要有哲学家参加，这样才能写出好的经济学教科书。马克思能够写出《资本论》，列宁能够写出《帝国主义论》，因为他们同时是哲学家，有哲学家的头脑，有辩证法这个武器。

毛泽东在广州读书期间提出的这些理论观点，是他整个读苏联《政治经济学教科书》（第三版）社会主义部分谈话的重要构成部分。它们与其他谈话一起，是毛泽东本人和党中央对中国社会主义建设艰辛探索的成果，是搞清楚“什么是社会主义、怎样建设社会主义”这一根本问题的重要思想资料。在今天看来，许多正确而重要的理论观点，确是“超越前人、启迪后人的卓越见解”，对中国社会主义建设仍然具有借鉴意义。当然，由于历史、时代的局限性以及个人认识的局限性，读书中也不可避免地有一些不甚成熟的认识和看法。但不管经验还是失误，都是我们宝贵的财富。

在毛泽东等中央领导人的带动下，1959年底到1960年初，全党掀起了一股学习政治经济学的热潮。在广东，省委在1960年3、4月间分期举办省委政治经济学学习班，学员包括省委书记处书记、省委常委、各部委正副部长（书记）、各厅局党组书记、广州军区（在粤）党委委员、海南区党委、各地委第一书记、广东省军区党委常委，学习的主要教材是《毛泽东选集》和苏联《政治经济学教科书》。通过学习，干部的理论水平得到提高。

最后，不得不说，在纠“左”过程中，毛泽东发起的这场读书活动，虽然提出了一些突破苏联模式的观点和认识，但总体上没能跳出苏联模式的框架。因此，依旧继续运用苏联的经验来纠正错误，非但没能突破苏联模式，反而又向苏联模式靠拢了。

审定《毛泽东选集》第四卷

审定《毛泽东选集》第四卷，也是毛泽东1960年在广州期间完成的一项重要工作。

毛泽东一生著作丰厚，精品累累。《毛泽东选集》一至四卷集中收录了他从1925年12月到1949年9月各个革命历史时期最主要的、最具代表性的著作。这些理论著作是中国新民主主义革命时期历史进程的重要反映，也是毛泽东思想的集中展现，是中国共产党人理论宝库的重要组成部分，对于中国社会主义革命和建设具有重大历史意义。

1951年10月，由中共中央毛泽东选集出版委员会主持编辑的《毛泽东选集》第一卷出版，正式向全国发行。在“本书出版的说明”中，这样说道：“几年前各地方曾经出过几种不同版本的《毛泽东选集》，都是没有经过著者审查的，体例颇为杂乱，文字亦有错讹，有些重要的著作又没有收进去。”

的确，在中央正式编辑出版《毛泽东选集》之前，早在革命战争时期，一些根据地和解放区就编辑出版了多种版本的《毛泽东选集》。最早的版本是1944年晋察冀日报社出版的五卷本《毛泽东选集》；而1948年晋冀鲁豫中央局在党内发行的上下两册《毛泽东选集》，则是中华人民共和国成立前最后一个版本。这些毛泽东著作集都曾发挥过积极的作用，但不可否认的是，它们确实存在着如上述“出版说明”所言的一些问题。因此，由中共中央组织编辑出版一部权威的《毛泽东选集》非常具有必要性。这项工作也被提上了日程。

1950年5月，中央政治局会议决定成立《毛泽东选集》出版委员会，主要成员有毛泽东的3位秘书：陈伯达、胡乔木和田家英。毛泽东从头到尾亲自参加编辑工作，“他参加选稿和确定篇目，对大部分文章进行精心修改和校订，并为一部分文章写了题解和注释（有些题解和注释，与正文具有同等的文献价值）”。1951年10月，《毛泽东选集》第一卷正式出版。1952年4月和1953年4月，在毛泽东亲自把关下，第二卷和第三卷也先后出版。前三卷出版后，全国范围内掀起了中华人民共和国成立后学习《毛泽东选集》和毛泽东著作的第一个高潮。然而，《毛泽东选集》第四卷却迟迟未见出版。在《毛泽东选集》一卷出版后不久的1951年10月12日，出版总署召开庆祝会，田家英报告编辑情况时说：“选集凡四卷，今出版者为第一卷。各篇取舍，经毛氏审慎考虑，存录者复亲加校阅，多者六七遍，少者亦两遍。”由此可见，第四卷的编辑计划较早就已经确定了，若按照此前三卷编辑出版的进度，第四卷的出版不应该搁置那么长的时间。这引起了国内外社会舆论的关注。1956年3月14日，毛泽东在会见越南劳动党领导人长征、印度尼西亚共产党领导人艾地时，对“《毛泽东选集》第四卷什么时候可以出版？”这个问题这样作出回应：“因为我怠工，所以拖迟了。出版之前想把过去写的东西再看一遍，但总懒得看。对已经发表过的东西，完全满意的很少。”按原计划，第四卷主要辑录毛泽东在第三次国内革命战争时期和中华人民共和国成立后的论著，但由于1953年后国内外形势变幻，当时接着出版第四卷时机还不成熟，这一工作就被搁置了下来。

到了1958年，“大跃进”和人民公社化运动的发动，对社会生产力造成了极大破坏，给国家和人民带来了中华人民共和国成立以来从未有过的灾难性的损失。在这样的背景下，党中央和毛泽东开始重新强调必须开展政治战线和思想战线上的社会主义革命，对人的精神面貌和意识形态方面也越来越关注。1958年，各省、市党委按照中央有关指示，在干部中开展学习毛泽东著作的运动，并由此带动了群众学习毛泽东著作的，掀起了一个“学毛著”的小高潮。应该说，这对《毛泽东选集》第四卷的编辑出版产生了一定的促进作用。

1960年春，《毛泽东选集》第四卷的编审和定稿工作启动，此时距离1953年第三卷的出版已经有6年之久。第四卷的编辑工作主要由胡乔木负责主持，而不是像前三卷那样由毛泽东亲自做。毛泽东在别人编好之后，主持通读定稿。从2月27日至3月6日，毛泽东几乎每天都到广州鸡颈坑审阅修改第四卷的文稿，时间通常为下午5时至晚上9时，同他一起审读的有康生、胡乔木、田家英。在四卷《毛泽东选集》中，毛泽东最偏爱第四卷。他曾表示：“一、二、三卷我都没有多大兴趣，只有个别的篇章我还愿意再看，这个第四卷我有兴趣。那时候的方针是针锋相对，寸土必争，不如此，不足以对付我们这位委员

1960年，毛泽东在广州鸡颈坑主持《毛泽东选集》第四卷通读会

长。”因此，毛泽东在审阅时特别兴奋和认真，逐篇仔细审读，有时顺手改几个字。他还增加了几篇文稿，都是为新华社写的评论和中共发言人的谈话。

3月8日，毛泽东与康生、胡乔木、田家英以及其他参加《毛泽东选集》第四卷编选工作的中央宣传部副部长许立群、姚溱，中央对外联络部秘书长熊复，中央办公厅秘书逄先知，在小岛审读完《毛泽东选集》第四卷的最后一批文稿。开始有的同志还有点拘谨，经毛泽东一番轻松的谈话，紧张气氛顿时消除，觉得很舒坦、愉快。

《毛泽东选集》第四卷是毛泽东新民主主义革命时期著作的最后一部选集。内容与原定收录解放战争时期和中华人民共和国成立以后著作的计划有所差别，它只是收录了从1945年8月到1949年9月，即解放战争时期的著作，总共70篇，其中有35篇是首次公开发表。与前三卷一样，第四卷的文章按照年月次序进行排列，多是由毛泽东本人亲自撰写，并经过反复推敲修改而写就的。仅有少数几篇是根据他的讲话记录整理但又经他本人修改定稿的。而且，跟前三卷相比，以毛泽东手稿或毛泽东所作的修改件为依据版本的文章，在《毛泽东选集》第四卷所占的比重最大。

在《毛泽东选集》第四卷中，有许多我们熟知的产生过重大影响的名篇巨著，如《抗日战争胜利后的时局和我们的方针》《目前我们的形势和任务》《将革命进行到底》《论人民民主专政》等等，内容重要，思想深刻。而且“从文字上说也是上乘之作，有很高的艺术性。既有高屋建瓴、势如破竹的气势，又有行云流水、议论风生的韵致，还有嬉笑怒骂皆成文章的幽默、讽刺，刚柔相济，情文并茂，充分表现了毛泽东特有的文风”。

两个月后，毛泽东在北京又对《毛泽东选集》第四卷的题解和注释进行审阅修改。《毛泽东选集》第四卷的题解和注释，很多都涉及彭德怀。彭德怀在解放战争时期任西北野战军（后改称第一野战军）司令员兼政治委员，指挥过许多重要战役。此时正值庐山会议“批彭反右”之后，与彭德怀相关的撰述能否在第四卷中提及，在当时是非常敏感的政治问题。为妥善处理这些文稿，田家英曾专门请示过毛泽东。毛泽东明确回答：“应该写，过去那一段应该承认。”

1960年9月下旬，《毛泽东选集》第四卷正式出版，随即在全国掀起了学习《毛泽东选集》著作，宣传毛泽东思想的群众性热潮。

在那个国家建设面临巨大挫折、人民生活遭受严重困难的特殊年代，《毛泽东选集》第四卷的出版，使人民群众从充满“正能量”的历史文章中汲取了前进的力量和勇气，坚定了必胜信念，激励着他们坚持自力更生、艰苦奋斗，去战胜困难，获取胜利。

起草重要批语和指示

1960年在广州期间，毛泽东还为中央起草了大量重要批语和指示。这些批语和指示，有的针对“大跃进”运动中暴露的具体问题提出解决办法，推进了

1960年，毛泽东在广州住地批阅文件

党和国家工作的调整，有重大历史意义；也有的仍延续“大跃进”的做法，体现了历史的局限性。

2月27日，毛泽东和刘少奇、周恩来、朱德致电班禅额尔德尼，祝贺藏历新年。电报说：当此藏历铁鼠年来临，西藏人民正以欢欣鼓舞的心情庆祝自己的彻底翻身和解放的时候，特向你和西藏人民致以热烈的祝贺。祝西藏人民在中共西藏工委和以你为首的西藏自治区筹备委员会的领导下，在新的一年中，在巩固国家统一、加强民族团结、彻底平息西藏上层反动集团所发动的反革命叛乱的残余、进行民主改革和发展生产方面，都取得更加伟大的胜利。

2月29日，毛泽东就农业部党组2月2日关于全国农业科学研究工作会议情况报告作出批示：“康、乔、田阅后，由乔电告谭震林，为中央起草一文件，将此报告发给各有关学术机关及各级党委，直至公社，照此执行。”报告总结了1959年全国农业科研方面的主要成就和经验，同时对1960年的工作作了具体部署。3月8日，中共中央转发了这个报告。

3月1日，毛泽东阅读了广东省委2月25日关于当前人民公社工作中几个问题的指示。广东的这份文件指出目前农村中存在着值得全党重视的五个问题：第一，有些地方，出现了急于向基本社有制过渡的苗头；第二，有些地方，在发展公社经济上，实际上在重复“一平二调”、刮“共产风”的错误；第三，部分地区在分配问题上没有按照分配计划全部分到社员手上，少数地区积累多了，因而社员增收较少；第四，一些公社大搞非生产性的建筑和购置，不讲究经济效果，财政开支无制度；第五，有些干部在作风上头脑发热、谎报成绩、隐瞒缺点、不听群众意见的作风又开始萌芽。针对这五个问题，广东省委提出了相应的解决建议：当前的问题不是急于向社有制过渡，而是积极创造过渡条件；过渡到基本社有制的公社试点，必须严格控制，今年一个不再增加。发展公社一级的经济，必须在整个公社经济发展的基础上，逐步扩大其比重，决不能削弱大队经济，采用“割肉补疮”的办法；在发展公社经济上重复“一平二调”、刮“共产风”的错误，要坚决堵死。全党必须重视搞好分配工作，应在生产发展的基础上和适当增加积累的前提下，使社员的收入逐年有显著的增加；公社一级党委必须树立经济核算观念，最大限度地合理使用人力、物力、财力，讲究经济效果。全党要树立一种良好的工作作风。

广东提出的这五个问题，都是1959年“反右倾”斗争打断第一次郑州会议以来“纠左”进程后，“共产风”再度刮起，且越刮越大，所产生的问题。1959年底，农村人民公社急于由基本队有制向基本社有制过渡，这与第一次郑州会议为缩小基本核算单位，加强生产大队和生产小队所有制所作的努力背道而驰。各地纷纷平调生产队劳力和财物“大办”各种社有经济，又一次严重侵犯了许多生产大队、生产队和农民群众的利益，对刚刚有所恢复的农村经济造成新的破坏。

毛泽东看后，立即给刘少奇、邓小平写信，建议提到中央会议上讨论一次，如果大家同意，即以中央名义发一个批准并转发广东文件的指示。3月2日3时，毛泽东在广东文件上批示机要秘书高智：“请将此件印九份，发给总理、富春、康生、乔木及中南五省在从化学习的五位第一书记阅看，准备在三月三号下午讨论一下，在各省推广。”五位第一书记分别是指陶铸（广东）、王任重（湖北）、吴芝圃（河南）、张平化（湖南）和韦国清（广西）。6时，毛泽东将他写给刘少奇、邓小平的信，改写为中央为转发广东省委指示给上海局、各协作区委员会、各省市区党委等的指示，并批示：“印九份，发各同志阅看，准备三日下午讨论。”

3月3日，毛泽东对这个指示又作了修改，并定稿。他写道：“广东省委关于当前人民公社工作中几个主要问题的指示，是一个很好的文件，甚为切合现时人民公社在缺点错误方面的情况和纠正这些缺点错误的迫切要求。全国各省、市、自治区的情况大体上一定都同广东一样，发生了这些问题（一共有五个问题），应当提起严重的注意，仿照广东的办法，发出一个清楚通俗的指示，迅速地把缺点错误纠正过来。中央建议，把广东这个指示发到地、县、公社三级党委，请公社党委的同志们，切实讨论几次，开动脑筋，仔细地冷静地想一想，谈一谈，议一议，想通这五个问题，纠正缺点错误。”指示明确建议：今年春季，各省、市、自治区都由党委领导，开一次四级或者五级或者六级的干部会议，专门讨论广东文件中的五个问题。

广东文件及中央指示下发以后，各省相继召开六级干部会议。毛泽东在一些省的报告中，发现了与广东大致相同的两个突出问题，一是重刮“共产风”，一是干部作风中的虚报浮夸，贪污浪费。他对此非常生气。3月下旬，他在批转山东省的一个情况简报时，以极严厉的口气为中央起草了一个批语，其中说：“山东发现的问题，肯定各省、各市、各自治区都有，不过大同小异而已。问题严重，不处理不行。”“对于那些最胡闹的，坚决撤掉，换上新人。”“平调方面的处理，一定要算账，全部退还，不许不退。对于大贪污犯，一定要法办。”

3月2日，毛泽东在阅看了贵州省委2月24日关于目前农村公共食堂情况的报告后，批示：“印九份，发各同志阅看，准备三日下午谈一下。”报告论述了食堂的优越性和重要性，并不太真实：我省现有公共食堂13万多个，固定的或基本固定的占80%左右。在固定的食堂中，出现了一批办得很好的食堂。这些食堂已成为生产小队政治、经济、文化活动的中心。食堂办得好的地方，人民公社得到巩固，生产也搞得好，显示了食堂的优越性和重要性。尽管如此，3月4日，毛泽东仍将贵州的报告批转给上海局、各协作区委员会，各省市区党委，并给予很高的评价：“贵州省委关于目前农村公共食堂情况的报告，写得很好，现在发给你们研究，一律仿照执行，不应有例外。中央所以这样下断语，是因为贵州这一篇食堂报告，是一个科学的总结，可以使我们在从社会主义向共产主义过渡的事业中，在五年至十年内，跃进一大步。因此，应当在全国仿行，不要例外。仿行时要有步骤，要有坚强领导，要提高干部和群众觉悟，要走群众路线。在一九六〇年一年内，全国食堂达到贵州现时的那种水平，也就很好了。在领导不强的地方可能一年达不到，那就在一九六一年达到也可以。即使更长一点时间达到，也可以。总之一定要达到，并且还要提高。请你们在今年春季专为食堂问题开一次规模较大的会议，是为至要。”3月6日，中央将毛泽东起草的批语发给各地。农村公共食堂在1959年上半年曾经进行整顿，但到1960年作为有助于“从社会主义向共产主义过渡”的大事，又被要求恢复和坚持。毛泽东的批示下发后，全国农村重新大办公共食堂，给农业生产和群众生活造成很大影响。

3月3日，毛泽东向各地批转吉林省委2月26日关于技术革新和技术革命运动情况的报告。这个报告说：近三个月来，我省的机械化、半机械化、自动化、半自动化、连续化为中心的技术革新和技术革命运动，猛烈地开展起来，有在原有的技术设备基础上从一般的改革进入全面技术改造的趋势，而且开始向尖端技术进军，并总结了5条经验。毛泽东在批示中，“希望各省、市、区党委在这个重大问题上都能迅速总结自己的经验，并写一个报告给我们，同时通知你们的下级一体知晓和遵行”。这里说的“技术革命”，是毛泽东在1958年1月南宁会议上提出来的。他对这个革命运动的意义给予高度评价，把它视为提高劳动生产率、迅速改变中国经济技术落后面貌、赶超世界最发达的西方国家的重要途径，寄予很高的希望。在随后不到一个月的时间里，毛泽东又连续批转了几份关于技术革新和技术革命方面的报告。不可否认，技术革命和技术革新，对于发展生产力，提高劳动生产率，有重大作用。但在“大跃进”“反右倾”的指导思想下，用群众运动的办法去搞技术革命和技术革新，却助长了形式主义和浮夸作风，出现了拼设备、“左”倾蛮干的情况。在实践中，技术革命和技术革新尽管取得了一些重要成果，但总体来说，付出的代价也是很大的。

3月3日晚，毛泽东在鸡颈坑召集周恩来、李富春、康生、胡乔木、陶铸等人开会，讨论广东省委关于当前人民公社工作中几个问题的指示和毛泽东为中央起草的转发这个指示的指示稿，吉林省委关于技术革新和技术革命运动情况的报告和毛泽东为中央起草的转发这个报告的批语稿，和贵州省委关于目前农村公共食堂情况的报告。3月4日，毛泽东就审阅中央转发广东、吉林、贵州省委报告的3个批语稿写信给刘少奇和邓小平道：“此三件，请你们审阅，并请提到中央会议上讨论、通过。如有不同意见，请加修改。在三月十日以前，送到各省、市、区党委第一书记手里，远地用飞机送。恩来、富春、康生、中央在广州学经济学的各部长、中南五省在此学经济学的五位第一书记，共二十四五人，昨天开了一次会，大家都同意这三个文件发出去。”中共广东、吉林、贵州省委的文件和毛泽东为中央起草的指示和批语，在3月5日中央政治局会议讨论通过后下发。

3月5日，毛泽东对河南省委2月27日关于当前抗旱浇麦情况的简报（第一号）批示：“很好，各同志阅。有同样情况的，照样办理，是为至要。”简报介绍了针对河南普遍出现小麦旱象而采取的紧急措施：“我省当前突出的问题是小麦普遍出现旱象，而且正在继续向严重方面发展。省委为此多次召开会议动员和布置，各级都建立抗旱浇麦指挥部，采取了五项紧急措施：全省人民大动员；千方百计挖掘一切水源；抓好群众生活安排，保证群众旺盛的战斗情绪；在财力物力上支持抗旱；抽调大批干部下乡协助抗旱。”

3月6日，毛泽东阅看中央办公厅3月1日编印的《情况简报》第103号刊登的《党的思想建设的一个重要课题》的材料。这份材料是江苏省委关于整风运动的情况报告中的一段。其中说，党内有相当一部分同志，对社会主义革命的思想准备不够，存在三个方面的问题：第一，对小生产者和一部分富裕中农的自发资本主义倾向比较普遍地认识不足；第二，对高速度建设社会主义的思想准备不够，在农业的经营管理上不能适应“大跃进”形势的要求；第三，对意识形态方面的阶级斗争，估计不足，不同程度地忽视政治思想战线上的革命。阅后，毛泽东写下批语：“江苏省委写的关于整风中三个问题的分析，是正确的，应当提起你们大家一齐注意，并采取具体措施，逐步地解决这三个大问题。”

3月8日，毛泽东审阅修改刘少奇3月6日为中共中央起草的关于城市人民公社问题的指示稿。在指示稿的“中央目前还不能规定城市人民公社的统一办法。待一二年以后，在全国各城市普遍进行了试验以后，那时，中央将总结全国各地的经验，规定一些办法”这段话之后，毛泽东加写“看起来，以大工厂、以街道、以机关学校三种为中心，而又有各种所有制（国有制，社有集体制，社以下集体所有制）同时存在于一个公社内，是不可避免的，也是很好的”，并将指示稿中的“一二年”改为“一个时期”。在指示稿的“在北京、上海、天津、武汉、广州五个大城市，也不要在一个时期满街挂上人民公社的牌子（过去已经挂上者不取消）。但是一切有关城市人民公社的实际工作，都应当放手发动群众去进行”这段话之后，毛泽东加写“慢慢挂上公社牌子则是可以的。除这五个大城市外，其他一切城市则应一律挂牌子，以一新耳目，振奋人心”。在指示稿谈到对城市人民公社的领导问题处，毛泽东加写：“最好有一位书记专管城市人民公社。中央希望今年上半年全国城市普遍试点，取得经验，下半年普遍推广。各城市应派一位书记率领几个干部到哈尔滨、天津、郑州等处去参观那里的人民公社”。毛泽东审改后批示：“送少奇同志再阅，即发。本件及两附件，可登党刊。”关于城市人民公社问题的指示于3月9日发出。城市人民公社在1958年只是在个别省市建立，1960年3月中央指示发出后，几个月内，全国190个大中城市建立起1064个人民公社，参加公社的人口达到5500多万人。但城市人民公社大多有名无实，随着国民经济出现严重困难局面，难以为继。

3月8日，为转发河南省委2月29日关于召开五级干部会议情况的报告，毛泽东起草中央给上海局、各协作区委员会、各省市区党委等的批语。这份报告说：省委为了迅速地在河南党内贯彻中央一月上海会议精神，召开了五级干部会议。会议着重讨论了以农业为基础的指导思想，以及在今后三年左右的时间内争取粮食过关问题。讨论确定了1960年的计划，决定工农业总产值比1959年增长31.9%。粮食争取三年过关是可以做到的。毛泽东在批语中认为河南省委的报告写得十分好，是一个纲领性的文件和科学性的文件，希望各地都应当随时做出自己工作的科学总结，一年至少做4次，每季做1次。专题性的总结也要做。并批示“即送尚昆带交中央审阅，转发”。3月10日，中共中央转发了这个报告。

“大跃进”和人民公社化运动不仅对国民经济造成了严重破坏，也使党内盛行严重的弄虚作假的浮夸风。所以当时他们所报告的材料和情况大都是不切实际的、虚假的，而毛泽东也没有经过调查和核实，所了解到的很多情况都是不真实的。如食堂问题，1959年各地人民公社的食堂就已经暴露出严重问题，社员在食堂吃不好吃不饱，食堂实际上已经难以为继。但贵州关于公共食堂的报告，对食堂进行不切实际的吹嘘。应该说，此时毛泽东放弃了调查研究的优良作风，单凭下面报来的书面虚假材料，而轻率地作出批示和决策，要求全国仿行，这种决策方式是不科学的。

在广州期间，毛泽东还进行了一系列外事活动：

1960年2月21日，毛泽东在鸡颈坑召集周恩来、林彪、康生、陶铸、胡乔木等人开会，讨论中印关系问题。2月25日晚，毛泽东同康生、胡乔木谈周恩来给印度总理尼赫鲁复信问题。尼赫鲁于2月5日致信周恩来，表示不能接受中国政府关于整个边界从未划定的说法，请周恩来在3月下半月前来德里会晤。26日下午，毛泽东召集周恩来、康生、罗瑞卿、胡乔木开会，继续研究周恩来给尼赫鲁的复信。2月27日，周恩来复信尼赫鲁："中国政府对于两国总理会晤是采取肯定态度和有信心的，我将于4月间前往印度。"1960年4月19日至25日，周恩来在中印关系全面恶化的形势下，抱着友好解决边界争端的愿望，亲赴印度参加边界谈判。虽然最终在边界问题上没有取得重大突破，但表明了中国政府在中印边界问题上的坚定立场与和解的态度，在全世界面前证明了中国是愿意和平解决边界问题的，为中国政府赢得了政治和外交上的主动权。

2月1日，毛泽东复信赫鲁晓夫。信中说："您一月二十三日的来信收到了。感谢您把召开华沙条约缔约国政治协商委员会例会的决定通知我们。我们决定派康生同志（中共中央政治局候补委员）、刘晓同志（中共中央委员、中国驻苏联大使）和伍修权同志（中共中央委员）为代表，以观察员身份出席这次会议。"2月10日下午，毛泽东在鸡颈坑听取康生汇报他和刘晓、伍修权以观察员身份列席2月4日在莫斯科召开的这次例会的情况。这次会议讨论了当前国际局势问题，就全面彻底裁军和缔结对德和约问题交换了意见。赫鲁晓夫在会上宣布了关于苏联新的裁减武装部队的措施，以及苏联在即将召开的四国首脑会议上的立场。会议通过了《华沙条约缔约国宣言》。11日上午，毛泽东在小岛招待所召开会议，由康生汇报参会情况，周恩来、林彪、邓小平、彭真、李富春、贺龙、聂荣臻、谭政、罗瑞卿、陈伯达、柯庆施（中共中央华东局第一书记）、李井泉（四川省委第一书记）、陶铸、李雪峰（中央书记处书记）、刘澜涛（中央书记处候补书记）、杨尚昆、胡乔木出席。下午，在鸡颈坑继续召开会议，讨论康生汇报中提出的问题。

2月13日，毛泽东与刘少奇、朱德、周恩来联名向苏联发出贺电，祝贺《中苏友好同盟互助条约》签订10周年。贺电中说：《中苏友好同盟互助条约》的缔结对于中苏两国的繁荣和维护世界和平、促进人类进步的事业，已经发挥并且还将继续发挥巨大的影响。

3月7日晚，毛泽东在鸡颈坑会见到任不久的苏联驻中国大使契尔沃年科，杨尚昆在座。据杨尚昆日记记载："早上7时，主席处电话，要我陪同苏联大使于今日即去广州。11时率李越然、阎明复、小赵等人，由首都机场乘伊尔-18式巨型飞机飞广州，苏联方面有契尔沃年科和萨福龙、罗高寿3人，空中时间3小时半，于下午3时抵广州。7时半到12时半，主席接见大使，大使通知了赫鲁晓夫与尼赫鲁谈话的内容。"萨福龙，当时任苏联驻中国大使馆参赞；罗高寿，当时为苏联驻中国大使馆翻译。李越然、阎明复、小赵（指赵仲元），均为中共中央办公厅俄文翻译。在契尔沃年科谈到苏联正想办法用四年、最多五年的时间完成七年计划，同时对人民加强思想教育，培养共产主义的思想意识时，毛泽东非常赞同苏联的这个方针，认为中国取得的成绩还很小，需要鼓足干劲，赶一赶。

此外，毛泽东还有其他一些重要行程：2月12日，在鸡颈坑同周恩来、邓小平、彭真、贺龙、聂荣臻、谭政、罗瑞卿一起听取国防部长林彪等汇报军委扩大会议情况（1960年1月22日至2月27日，林彪在广州珠江宾馆主持召开中央军委扩大会议）；2月13日，同邓小平、彭真、柯庆施、李井泉谈话；2月15日晨5时，批示机要秘书罗光禄："请在今天到广州书店，买一本书，叫作《哲学研究》杂志，1959年11月—12月综合号，下午交我为盼。"毛泽东重视哲学，爱读逻辑学书，非常关注有关逻辑问题的学术讨论。《哲学研究》是毛泽东经常看的杂志。1959年12月10日出版的《哲学研究》第11、12期合刊上，刊载了多篇关于逻辑问题的文章。1960年3月，他还建议政治局委员人人都订一份《哲学研究》。

3月9日上午11时，毛泽东乘专列离开广州，经株洲、长沙、南昌、金华、杭州、上海、南京、徐州、济南、天津等地，于3月26日晚上回到北京。沿途他与当地的省、市委负责人和一些地委负责人谈话，还召开了几次会议。

六 主持召开“广州会议”（1961年春）

1961年2月，毛泽东又一次到广州。3月份，毛泽东在广州主持召开了中央政治局扩大会议、三南会议和中央工作会议等重要会议，史称“广州会议”。

历史背景与会议由来

1961年的“广州会议”是中国从“大跃进”和人民公社化运动，走向“经济调整”的重要转折点。在“广州会议”之前，毛泽东等中央领导人面对“三年困难时期”的严峻局面，认真总结历史经验教训，深入开展调查研究，反思并酝酿调整各方面的政策，特别是农村政策。

1. “三年困难时期”

1958年开始的“大跃进”和人民公社化运动，是毛泽东和党中央试图突破苏联模式，探索有别于苏联的、适合中国自己情况的、发展速度比较快的建设社会主义道路的一次尝试。但是，这场尝试却遭遇了严重的挫折。对于发动这场运动，毛泽东、党中央当时认为是有充足根据的，并且主观愿望是为了尽快改变中国“一穷二白”落后面貌，使祖国发展起来，强大起来。但是由于缺乏领导经济建设的经验，再加上对社会主义建设的长期性、艰巨性及其客观规律认识不足，导致在经济建设上急于求成，违背经济发展的客观规律，夸大主观意志和主观努力的作用。大规模的建设，事前也没有经过认真的调查研究和试点。

“大跃进”和人民公社化时期，是一个火热的年代。在中央是如此，地方党委、政府也头脑发热，甚至是普通群众，也有因建设社会主义的热情高涨，幻想“跑步进入共产主义”。在“大跃进”和人民公社化运动中，以高指标、瞎指挥、浮夸风和“共产风”为主要标志的“左”倾错误严重泛滥，片面强调“以钢为纲”，对社会生产力造成了严重破坏。

1960年，中苏关系急剧恶化，使得本已困难的中国经济雪上加霜。苏联政府背信弃义，撕毁合同，撤走专家，并向中国逼债；中国获得的外来援助锐减，工农业生产受到影响。中国政府坚持自力更生、艰苦奋斗。为了偿还苏联的债务，不得不扩大出口。当时中国的出口商品以农产品和加工业产品为主。中国经济的困难局面进一步加剧。

屋漏偏逢连夜雨，船迟又遇打头风。1959年至1961年连续三年，全国普遍遭受旱灾、水灾、虫灾、风灾、雹灾等各种自然灾害的接连袭击，国民经济雪上加霜。1959年的旱灾是中华人民共和国成立10年来最严重的一次，作物受旱面积达5亿亩，其他灾害面积1亿多亩。由于严重的自然灾害，1959年全国粮食少收600亿斤左右。对此，周恩来总理说：“这样大的灾害是我们开国11年所未有的，拿我们这个年龄的人来说，20世纪记事起，也没有听说过。”

天灾和人祸的双重作用，致使国民经济遭受中华人民共和国成立以来从没有过的打击。1959年至1961年，全国进入“三年困难时期”。经济发展和人民生活都陷入了困境：国民经济出现全面危机，主要比例关系严重失调，重工业畸形发展；与人民生活密切相关的轻工业和农业生产遭受严重冲击和挤占，轻工业生产大幅度滑坡，粮食产量连年下降。粮油、蔬菜和副食品的极度匮乏，

“三年困难时期”的广州

严重危害了人民群众的健康和生命，许多人吃不饱肚子因营养不良而引发浮肿病，非正常死亡人数不断攀升。在与香港毗邻的广州，一些生活困苦的民众铤而走险，蹈海求生，逃亡香港。

2. 走向政策调整

面对继续“大跃进”造成的经济全面紧张，全党和中央开始调整经济政策。1960年底，当代中国历史走出了“大跃进”，进入经济调整时期。调整最先从农村开始。

1960年10月，中央部署“整风整社”，以求肃清“共产风”、浮夸风、强迫命令风、生产瞎指挥风和干部特殊化风等“五风”。11月3日，经毛泽东审阅批准，中共中央发出由周恩来主持起草的《关于农村人民公社当前政策问题的紧急指示信》（即“十二条”）。指示信提出扭转农村严重形势的十二条措施，包括：人民公社“三级所有、队为基础”的根本制度，从1961年算起，至少7年不变；坚决反对和彻底纠正“一平二调”的错误，坚决退赔；允许社员经营少量自留地和小规模的家庭副业；有领导有计划地恢复农村集市，活跃农村经济；放手发动群众，整风整社；等等。“十二条”的贯彻，成为扭转农村严重形势的政策起点。

1960年12月24日至1961年1月13日，中共中央在北京召开工作会议。在会上，毛泽东承认：这三年大炼钢铁，挤了农业，工业战线过长，面过广，指标高了后来退不下来。现在看来，社会主义建设也不要那么十分急。过急了办不成，越急越办不成，要搞它半个世纪。要波浪式地向前发展。要搞几年慢腾腾，要搞扎实一点，不要务虚名而招实祸。要承认错误，有多少错误就说多少，有“左”反“左”，有右反右，必须从实际出发。会议最后一天，1月13日，毛泽东作了关于大兴调查研究之风的讲话。他希望同志们回去后要搞调查研究，把小事撇开，用一部分时间，带几个助手，去调查研究一两个生产队、一两个公社，在城市要彻底调查一两个工厂、一两个城市人民公社。毛泽东还对自己进行了剖析：“我这个人就是官做大了，我从前在江西那样的调查研究，现在就做得很少了。”毛泽东号召全党大兴调查研究之风，一切从实际出发，1961年搞一个“实事求是年”“调查研究年”。

1961年1月1日，《人民日报》按照惯例发表元旦社论。这篇题为《团结一致，依靠群众，争取世界和平和国内社会主义建设的新胜利》的社论，跟上一年元旦社论《展望六十年代》有着非常明显的区别，它没有再提“大跃进”的口号，却出现了“调整”的字样。从素有政治“风向标”意味的元旦社论中，人们开始读出了“不同以往的信号”。

1 月14 日，毛泽东主持召开中共中央八届九中全会。全会指出，1961年全国必须集中力量加强农业战线，贯彻执行国民经济以农业为基础，全党全民大办农业、大办粮食的方针；轻工业部门，应当努力增加生产，尽可能地保证人民生活必需品的供应；重工业方面应当适当地缩小基本建设的规模，调整发展速度，采取巩固、充实和提高的方针。经过充分讨论，全会将李富春和周恩来共同提出的“调整、巩固、充实、提高”八字方针确定为1961年经济工作的指导方针。农业政策的调整成为国民经济调整的重中之重。1 月18 日，毛泽东在会议结束时说：大家回去实事求是地干，不要老是搞计划、算账，要搞实际工

1961年1月14日至18日，中共中央在北京召开八届九中全会

作，调查研究，去督促，去实践。我今天讲了这么多，拿调查研究作为一个题目。希望今年这一年，1961年成为一个调查年，大兴调查研究之风。至此，毛泽东已经基本明确了经济调整的基本思路，那就是以农业问题为突破口，紧紧抓住调查研究这个工作环节。

恰在此时，毛泽东喜出望外地重获一篇题为《调查工作》的旧文。文章写于1930年5月，毛泽东当时在江西寻乌进行大规模的调查研究，即他自己在中央工作会议上所说的“从前在江西那样的调查研究”。《调查工作》一文中，毛泽东提出“中国革命斗争的胜利要靠中国同志了解中国情况”，反对教条主义。“没有调查，就没有发言权”首次出现在这篇文章中。当时在红四军和赣南闽西根据地曾有油印本、石印本流传，但数量不多。后因战争原因失传。1959年，中国革命博物馆的同志在征集革命文物时，从福建省龙岩地委党史办公室征集到由福建省上杭县茶地公社官山大队农民赖茂基珍藏多年的石印本。1960年底，中央政治研究室的同志从革命博物馆中借来这个本子作研究用。毛泽东的秘书、兼任中央政治研究室副主任的田家英看到后，立即呈送给毛泽东。毛泽东高兴地比喻说“失散多年的孩子终于找回来了”。文中的论述对于1961年初毛泽东正在大力提倡调查研究，恢复实事求是传统来说，具有直接的现实意义。1964年，毛泽东将《调查工作》改名为《反对本本主义》，收入《毛泽东著作选读》公开发表。

3. 调查研究之旅

八届九中全会一结束，毛泽东立即着手进行大规模地调查研究工作。1961年1月20日，他就派中央调查组到全国农村开展调查研究一事，给田家英写了一封信，要求秘书田家英、胡乔木和陈伯达3人各组成一个调查组，分别前往浙江、湖南和广东的农村进行调查研究。3人担任大组长，每组组员6人，分成两个小组，调查一个最坏的生产队和一个最好的生产队，时间10天至15天，最后到广州会合。又特别嘱咐“此信给三组二十一人看并加以讨论，至要至要”，并在后面连打了3个感叹号，以凸显重要性和紧迫性。田家英当时是中央政治研究室副主任，胡乔木任中央书记处候补书记，陈伯达则是中央政治研究室主任。接到毛泽东的指示信后，几位秘书立即组成三路调查组，到最基层的农村去开展调查研究。三路调研，拉开1961年“调查研究年”的序幕。

毛泽东本人也踏上调查研究之旅。1月25日，他乘专列离开北京南下，亲自进行调查研究。在路经天津、济南、南京时，他在专列上先后听取了河北、山东、江苏三省党委负责人的汇报，包括调查研究、整风整社、人民生活、轻工业生产和市场等问题。在听取汇报中，毛泽东一再强调调查研究的重要性。

2月1日，毛泽东到达杭州。2月5日，毛泽东听取田家英领导的浙江调查组的汇报。这个调查组成员7人，于1月22日到达杭州，选择富阳县一个好的生产队（东洲公社五星生产队）和嘉善县一个差的生产队（魏塘公社和合生产队）进行调查研究。田家英着重汇报了差的生产队——嘉善县魏塘公社和合生产队的调查情况，主要反映了三个问题：第一，和合生产队粮食生产大幅度减产，主要原因是“五风”的严重破坏；第二，和合生产队的规模太大，共辖11个小队；第三，社员对公共食堂普遍不满。

2月6日，毛泽东听取浙江省委负责人的汇报，并着重对社、队的规模和公共食堂两个问题发表意见。关于生产队规模问题，毛泽东认为，一个生产队太大了，管不了那么多；应该把小队改成生产队，把生产队改成大队，原来的小队变成生产单位和消费单位。这个意见，触及了人民公社的基本体制问题。关于食堂问题，毛泽东说：食堂划小为好，几户人家办一个，大了恐怕对生产不利。要多样化，有长期食堂，有农忙食堂，也有自己烧饭的。办食堂一定要适合群众的要求。

2月8日，毛泽东同江华（浙江省委第一书记）、林乎加（浙江省委副书记）、薛驹（浙江省委副秘书长）、田家英谈话，再次谈到食堂问题，强调食堂问题要多种多样，要按照群众的需要办事。在这次谈话中，田家英鉴于农村干部无章可循，社员也缺少一个章程来监督干部，抵制他们的违法乱纪及瞎指挥和强迫命令，向毛泽东建议制定一个人民公社工作条例。自1958年人民公社化运动以来，虽然中央陆续发布了《中共中央关于在农村建立人民公社问题的决议》《关于人民公社若干问题的决议》《关于人民公社的十八个问题》和“十二条”等一些党内文件，但始终没有制定一个全国性的规范人民公社的章程，这是造成农村政策混乱，“五风”泛滥的重要原因。因此，制定一个人民公社工作条例，非常具有必要性和紧迫性。田家英的建议被采纳。毛泽东在“广州会议”上提到这个工作条例的由来时说：“我是听了谁的话呢？就是听了田家英的话，他说搞条例比较好。我在杭州的时候，就找了江华同志、林乎加同志、田家英同志，我们商量了一下，搞这个条例有必要。搞条例不是我创议的，是别人创议的，我抓住这个东西来搞。”

2月9日，毛泽东乘专列离开杭州继续南下调查研究。2月10日，毛泽东在停靠南昌向塘的专列上听取中共江西省委负责人汇报江西省农村整风整社等情况。

2月11日，在停靠长沙附近的专列上，毛泽东听取中共湖南省委负责人和胡乔木关于湖南农村整风整社情况的汇报。胡乔木率领的调查组于1月下旬到达湖南，深入到湘潭县石潭公社古云大队进行系统周密的调查研究。2月12日，在停靠长沙附近的专列上，毛泽东再次听取中共湖南省委第一书记张平化和胡乔木汇报，主要谈公社体制问题。在两次听汇报的过程中，毛泽东最关心的是社队规模、公共食堂和基本核算单位放在哪一级的问题。他感到，中央“十二条”下发后，各地虽然开展了整风整社，“共产风”等问题得到了一定的遏制，农村的形势开始好转，但还是没有解决生产大队内部生产队与生产队之间、生产队内部社员与社员之间的平均主义问题。而这两个平均主义，又是与公社、大队、生产队规模过大，基本核算单位即分配权在生产大队，而组织生产的是生产队有关。因此，毛泽东认为，社队规模可以适当划小，基本核算单位可以下放到生产队一级。

在一路向南的调查研究过程中，毛泽东听取了浙江和湖南调查组第一手的情况汇报，以及各省负责同志的汇报，掌握了比较真实的情况，并与大家研究讨论，初步形成对人民公社体制和公共食堂等问题的新认识，为在“广州会议”上调整农村政策提供了思想基础。

从三南会议到中央工作会议

1961年2月12日晚上，毛泽东与湖南省委领导同志、胡乔木调查组的谈话结束后，离开长沙前往广州，于2月13日到达广州。2月14日下午，他和林彪进行谈话。2月15日，是中国农历正月初一，毛泽东第二次在广州过了春节。2月16日下午，他同陶铸谈话。春节后，他综合三路调查组的调研成果，并在广州主持召开了一系列重要会议。

1. 综合各路调研成果

1961年春节一过，毛泽东就通知3个调查组组长各带一名助手来广州，汇报调研所得。

在湖南、浙江调研组到达之前，毛泽东首先听取陈伯达领导的广东调查组的汇报。广东调查组是3个调查组织中最大的一个，包括来自中央办公厅、中央农村工作部、中央宣传部、国家计划委员会、《红旗》编辑部等单位的12名成员，由许立群、邓力群分任小组长。

广东调查组于1961年1月28日抵达广东后，先后听取了省委领导人陶铸、安平生等关于广东农村情况的报告。在听取报告过程中，广东领导同志提到的一位大队书记引起了调查组的重视。他就是当时广东省新兴县里洞公社蒙坑大队党支部书记梁纪南。面对从1958年下半年在新兴县刮起的“共产风”，而导致粮食紧张、社员吃不饱肚子的严重局面，梁纪南冒着危险，大胆直言人民公社化以来的各种弊端。他请人代笔，给副省长安平生写信，如实反映公社和大队的情况，提出体制下放、反对浮夸风和“共产风”、解散公共食堂、生猪政策问题要统一等四个问题，其中着重对解散公共食堂提出了10条意见。1月30日，广东省委召开座谈会，主要听取与会者对农村人民公社和公共食堂的意见。中央广东调查组的同志也一起出席了座谈会。对于公共食堂问题，在一片大唱赞歌、不敢说真话的氛围中，梁纪南语惊四座："你们尽说公共食堂的好处，我认为公共食堂弊端很多，群众意见很大，应该将其解散。"并慷慨激昂地阐述了解散公共食堂的理由。

广东调查组小组长邓力群曾有过这样的回忆："我们到广州时，恰好遇上广东省委召开五级干部会，检查、讨论执行'农村十二条'的情况。大家都说，有了'十二条'以后，情况大为好转，一致认为，只要认真贯彻'十二条'就行了，农村的问题就解决了。只有一个公社书记不以为然，他大会也好，小会也好，都坚持说：'农村十二条'解决了从上而下刮'共产风'的问题，但是没有解决生产队与生产队之间、生产队内部社员与社员之间刮'共产风'的问题。无论大家怎么批他、驳他，他都不退却。一个人，孤立啊，很有一股反潮流的精神。"

会后，调查组对梁纪南的意见给予高度重视，马上前往里洞公社蒙坑大队，对梁纪南反映的问题进行调查核实，并最终证实了他的说法。从2月1日开始，调查组深入番禺县大石公社、南海大沥公社等进行调查。

2月19日，广东调查组写出一份详细完整的《广东农村人民公社几个生产队调查纪要》（以下简称《调查纪要》），呈送给毛泽东。这是根据在广东的实地调查成果，并结合毛泽东南下调查中的最新谈话内容写成的。《调查纪要》中提到，"我们同意主席的意见，把现在所称的'生产小队'，一律改称生产队。现在的基本核算单位，有的地方叫作生产大队，有的地方叫作生产队，有的地方叫作管理区，以后也一律改称生产大队。""现在有的生产大队把富村和穷村勉强地合在一起，作为一个基本核算单位，原来收入较多的社员意见很多，可以根据不同的经济条件、自然条件和群众意见，划分为不同的基本核算单位。""公社各级的关系，在解决了自上而下的刮'共产风'问题以后，似乎应当注意更适当地解决队与队之间、社员与社员之间在分配问题上的某些平均主义。"

薄一波《回忆60年代初毛主席倡导的调查研究新风》一文中，详细介绍了广东《调查纪要》中对"两个平均主义"的说明：关于队与队的平均主义，《调查纪要》举例说，新兴县里洞公社蒙坑大队是由原来的两个高级社合并起来的，一个在山上，副业门路多，收入高，一个劳动日1.2元；另一个在平地，副业门路少，收入低，一个劳动日0.7元。现在，都降低了，而且降成一样，都是0.4元，两个大队的社员都有意见，收入降低多的社员意见更大。关于社员与社员之间的平均主义，《调查纪要》认为，主要表现在供给与工资的比例、公共食堂的某些制度上。大沥公社平均每月共发工资500元，可是按人口平均供应的粮食、菜、油、盐、柴等合计每月需2600元，按劳分配的工资部分还占不到总分配数的20%，而按人口平均分配的供给部分却占了总分配数的80%多。公社干部认为，"劳动力强的和弱的都一样地吃，能挑百斤泥的人没有劲了，劳动力弱的也不积极，有些人就'走自发'，谁也瞧不起工分了。"据典型调查，农村里劳动力多、人口少的家庭和人口多、劳动力少的家庭，大体都占农户总数的40%左右。人民公社要分配合理，重点就是处理好这两类户之间的矛盾。

毛泽东非常重视广东调查小组的意见，并从中受到了启发，意识到平均主义是全国普遍存在的问题，之前中央"十二条"只解决"调"（即无偿地调用生产队的土地、物资和劳动力）的问题，而没有解决"平"（即平均主义）的问题。

2月21日，毛泽东继续听取陈伯达、胡乔木汇报调查情况，兼任中南局第一书记的陶铸也参加。22日，3个调查组在广州会合。2月23日，毛泽东听取田家英汇报调查情况。

2月25日，毛泽东在鸡颈坑广州军区招待所召集陶铸、陈伯达、胡乔木、廖鲁言、田家英等开会，讨论起草人民公社工作条例问题。廖鲁言说："北京市委在讨论人民公社体制时，有的主张改，有的主张不要改。讨论的结果是，人民公社大中小都有比较好。"陶铸说："大"还是个方向，问题是现在的社、队也大了。看来，对于缩小社、队规模，调整人民公社体制，存在着一些不同的看法。一些人对“一大二公”的观念根深蒂固。听了大家的意见后，毛泽东完整地提出了两个“平均主义”的问题，他说：“如果社队划小后，大队与大队之间的平均主义解决了，现在还存在两种平均主义没有解决，一个是小队与小队之间的平均主义，一个是个人与个人之间的平均主义。我看这样好，把小队的名字去掉，公社就是三级，公社、大队、队。”两种平均主义的提法，是对人民公社体制和分配弊端的重要概括。这成为制定人民公社工作条例的指导思想。毛泽东还指示由陶铸挂帅，陈伯达为副帅，由廖鲁言、田家英执笔，负责起草一个农村人民公社的工作条例，3月10日写出初稿。3月3日晚，毛泽东同廖鲁言、田家英谈农村人民公社工作条例问题。

2. 中央政治局常委扩大会议

3月4日晚，毛泽东在小岛主持召开中共中央政治局常委扩大会议，讨论国际形势问题和《农村人民公社工作条例（草案）》初稿，以及苏联提议以贷款方式给中国100万吨粮食和转口古巴50万吨糖一事。周恩来、林彪、邓小平、彭真、陈伯达、陶铸、胡乔木出席会议。

3月5日，毛泽东在小岛主持召开中共中央政治局常委扩大会议，周恩来、朱德、林彪、邓小平、彭真、陈伯达、陶铸、胡乔木出席。在会上，毛泽东首先回顾了第二次郑州会议以来的工作，带有反思性质。他说：“在庐山会议之前，我们对情况的了解还是比较清楚的，但在庐山会议之后就不大清楚了。因为庐山会议之后一反右，有人讲真实话，讲困难，讲存在的问题，讲客观实际情况，等等，都被认为是右的东西。结果造成一种空气，不敢讲真实情况了。相反就产生了另外一种情绪，不讲实际了，例如河南本来粮食产量只有二百四十亿斤，他们说有五百多亿斤，这都是反右反出来的。右是要反的，也不得不反，不反，对我们工作就不利。庐山会议是要反右的，但是接着就在群众中反右，这就坏了。郑州会议的召开，是为了反‘左’。凡是贯彻郑州会议精神比较彻底的省，工作就比较实一些。从三月到六月只反了四个月的

‘左’，如果继续反下去，那就好了。谁知道彭德怀在中间插了一手，我们就反右。右是应该反的，反右是正确的。但是带来一个高估产、高征购、高分配。这个教训值得我们吸取，这件事也教育了我们，反‘左’中间插了一个反右，在群众中间一反，结果就反出一个浮夸风。庐山会议反右这股风把我们原来的反‘左’割断了。看来‘十二条’下去以后，现在我们比较摸底了，粮食产量也落实了。去年北戴河会议以后，各省都注意安排生活了，那时就提出低标准、瓜菜代的方针。可是有些省就抓迟了，如安徽、山东、河南就抓迟了，甘肃就更抓迟了，结果问题就多。这些省都抓得太晚了，对本省的问题估计不足。反革命复辟、掌权，这也是一个经验教训。还有几千万人搞工业，是个大问题。根据调查，在农村主要的是个领导问题。”

会议主要讨论工农业生产与农村体制问题，由周恩来汇报工业生产和市场供应等情况。毛泽东在周恩来汇报的过程中几次插话，主动讲起农业和人民公社体制问题。

毛泽东说：“我这次出来之后，沿途和河北、山东、江苏、上海、浙江的同志谈了一下，也和江西、湖南的同志谈了一下。他们所反映的问题和你们了解的情况差不多。他们普遍感到社、队大了，要求划小一点。我们搞了三个调查组，目前他们来在这里起草一个农村人民公社各级的工作条例，初稿已经起草好了，准备让几个省来几个同志参加讨论修改。修改后让他们带回去广泛征求意见，研究讨论是否可行，然后提交四月会议。”关于社、队划小的问题，有的人顾虑重重，担心会造成重大影响。但毛泽东很坚持。他列举了湖南湘潭和浙江的具体情况，进一步阐述社、队划小的必要性，并指出：“总而言之，要适合群众的要求，要反映群众合情合理的要求。食堂也是一样。田家英同志在浙江调查了一个生产大队，二百多户。这个大队领导了十一个生产小队，这十一个小队里面有富队，有中等队，也有穷队，在分配的时候统统拉平，这么一来就发生问题了。现在他们建议将这个生产大队分成三个大队，把经济基础差不多的小队分在一起。这样，分配上就不拉平了，使得经济情况都差不多。这是队与队之间的拉平问题。还有一个队里面人与人之间的拉平问题，这个问题还没有解决。如果这些问题解决了，就可以调动起群众的积极性。”

毛泽东还对浮夸风、形式主义进行了尖锐的批评：“过去我们老是要数字，什么东西种了多少，产了多少，今天积了多少肥，明天又搞些什么，天天统计，天天上报，统计也统计不及。横直就是那样，你瞎指挥，我就乱报，结果就浮夸起来了，一点也不实在。包括我们中央发的文件在内，也是那样。今后不要搞那么多文件，要适当压缩。不要想在一个文件里什么问题都讲……不要批文件过多，过去我也是热心家，也批了许多文件。”最后，毛泽东再次强调，公社规模要划小：“这个原则是肯定了的，今年不划小，明年得划小，明年不划小，后年一定得划小，横直是要划小就是了。”他还指出，公社划小不划小、分不分，不要听干部的，主要听群众的。他还谈到商业问题，说：“三反”以来，将近十年了，商业上的问题也不少，这个问题秋后再搞。会议决定，在广州、北京分别召开会议，讨论人民公社问题。南方三个中央局的会议在广州召开，北方三个中央局的会议在北京召开。

3月6日，毛泽东同张平化谈农村人民公社规模化小问题；同周恩来、邓小平、彭真和陶铸谈农村人民公社体制问题。根据毛泽东的意见，人民公社工作条例起草小组又吸收了几个省的负责人参加讨论和修改，湖北省参加的是王任重。3月7日，毛泽东和王任重谈话，了解湖北农村情况。毛泽东在了解情况后说：“看来，一个自留地，一个退赔，一个指挥权，这是三个主要问题。”对于食堂问题，毛泽东说：“参加食堂要大家愿意，如果不愿意就搞农忙食堂。农村和城市总不一样，不愿意吃食堂的就让他不吃食堂。我们办食堂这个制度是肯定的就是了。”当听到说，为了办食堂，解决食堂烧柴问题，好多人去拾柴供食堂用，结果没有多少劳动力去搞生产，有的拆房子烧，有的拆桥烧，有的甚至把修好了的水闸拆了当柴烧的情况后，毛泽东说：“那就非得改变不可！”毛泽东告诉王任重，想搞一个公社各级工作条例，目的就是把公社各级职权搞清，把生产小队改作生产队，就是三级：公社、大队、队。把各级的职权搞清楚后，他们就知道该办什么不该办什么，该管什么不该管什么。公社没有一个章程，原来有的都废掉了。“十二条”解决了一些问题，就是不具体，没有规定生产队、生产大队、公社各级管些什么事。毛泽东还向王任重了解了关于“瞎指挥”的问题，并提出解决问题的意见。

3月8日，毛泽东在小岛招待所召集陈伯达、胡乔木、陶铸等人开会，讨论《农村人民公社工作条例（草案）》的起草问题。

3. 三南会议

为系统解决包括两个平均主义在内的农村人民公社工作中的各种问题，党中央决定在广州和北京分别召开会议，讨论人民公社工作条例和农业问题。广州的会议于1961年3月10日召开，由毛泽东主持，中南局、西南局、华东局（也称“东南局”）及所属各省、直辖市、自治区负责人参加（即三南会议）；北京的会议3月11日召开，由刘少奇主持，西北局、东北局、华北局及所属各省、直辖市、自治区负责人参加（即三北会议）。

3月10日早上，毛泽东在阅完中央宣传部部长陆定一12月27日关于在广东新会、于1961年3月1日在花县参观情况的两封信后，批示陶铸，让他邀请在广东的朱德、陆定一参加三南会议，并将陆定一的两封信印发给与会各同志，同时批示廖鲁言、田家英、陈伯达和胡乔木阅。第一封信中说，新会县委第一书记党向民说，人民公社以来有三点不同：第一点，没有经过试点，是一哄而起；第二点，人民公社办法不具体，不细致，有的问题反复多次；第三点，管理制度不严密。人民公社要不要？看了新会，肯定必须要，不能不要。总之，群众不想解散公社，公社也有事可为。新会的公社是可以站住脚的。食堂要不要？要，可以办好。第二封信中说，昨天（2月28日）去花县参观，才知道那里不仅3年来年年增产，而且全县6个公社，有3个公社是社有制为基础。看来，在人民公社运动中，信阳一类的地区是一个极端，花县一类的地区又是一个极端。一个坏极，一个好极。花县虽然不大，但其成功将有极大意义，横扫那些对人民公社运动的悲观情绪。毛泽东对陆定一两封信作出批示，可以看出他对人民公社体制和公共食堂制度是持肯定态度的。上午，毛泽东召集柯庆施、李井泉、陶铸、陈伯达、胡乔木开会，讨论三南会议的开法问题。

3月10日下午，毛泽东正式主持召开三南会议。会议分为华东、中南、西南3个小组，分别就《农村人民公社工作条例（草案）》、两个平均主义以及人民公社体制等有关问题进行讨论和研究。中南小组认为，调整公社的规模，势在必行。华东小组的讨论集中在包产问题和粮食问题上：安徽省委第一书记曾希圣提出正在一些小队中试行的“定产到田，责任到人”的包产办法；江苏省委第一书记江渭清建议恢复高级社时许多好的政策与制度；江西省委第一书记杨尚奎建议将权力交给生产队，严格实行超产奖励；江西省委书记处书记刘俊秀认为，解决农民口粮问题，一是征购任务要合理负担，二是口粮要分户。

3月11日，毛泽东同胡乔木、田家英讨论《调查工作》一文的修改问题，对正文作了一些文字修改，并将标题改为《关于调查工作》，然后印发给参加三南会议的与会同志。毛泽东还为该文写下批语：“这是一篇老文章，是为了反对当时红军中的教条主义思想而写的。那时没有用‘教条主义’这个名称，我们叫它做‘本本主义’。写作时间大约在一九三〇年春季，已经三十年不见了。一九六一年一月，忽然从中央革命博物馆里找到，而中央革命博物馆是从福建龙岩地委找到的。看来还有些用处，印若干份供同志们参考。”并批注：送林彪同志阅，一九三〇年的，从闽西找出来的。

在接下来的两三天里，三南会议的中南、西南、华东3个小组，围绕着人民公社工作条例、公社的结构和规模、食堂等必须解决的问题，继续进行一般性的讨论。

3月13日，毛泽东在三南会议上再次明确提出“两个平均主义”问题，并将其确定为这次会议要解决的重点。他说：“这次会议要解决两个很重要的问题：一是生产队与生产队之间的平均主义；一是生产队内部人与人之间的平均主义。这两个问题不解决好，就没有可能充分地调动群众的积极性。”毛泽东反复阐明调查研究的重要性。他说，要做系统的由历史到现状的调查研究。过去这几年我们犯错误，首先是因为情况不明。情况不明，政策就不正确，决心就不大，方法也不对头。最近几年吃情况不明的亏很大，付出的代价很大。大家做官了，不做调查研究了。毛泽东承认自己虽然也做了一些调查研究，但大多也是浮在上面看报告。他强调，了解情况主要不靠报表，也不能靠逐级的报告，要亲自了解基层的情况。

毛泽东还专门阐述了公共食堂问题：有些食堂难以为继。广东有个大队总支书记说，办食堂有四大坏处：一是破坏山林，二是浪费劳力，三是没有肉吃（因为家庭不能养猪），四是不利于生产。这个同志提出的问题值得注意。这些问题不解决，食堂非散伙不可。毛泽东提到的广东大队总支书记，正是新兴县里洞公社蒙坑大队党支部书记梁纪南。他秉公直言，为民请命，如实地向上级反映农村人民公社体制和公共食堂存在的问题。他的意见被中央广东调查组吸纳进向毛泽东汇报的《调查纪要》当中，专门以新兴县里洞为例子，对两个平均主义问题进行解剖和分析。里洞公社蒙坑大队由两个经济水平相差很大的合作社合并而成，合并后实行平均主义，严重挫伤了群众的积极性。《调查纪要》中梁纪南所反映的应该解散公共食堂的意见引起毛泽东的高度关注。毛泽东还说食堂要有几种形式，一部分人可以吃常年食堂，大部分人吃农忙食堂。可见，当时毛泽东虽然看到了一些食堂有坏处，应该解散，但是仍然肯定食堂制度，并没有从根本上取消食堂的打算。

在会上，毛泽东宣读了他当天清早写给刘少奇、周恩来、陈云、邓小平、彭真及三北会议其他与会者们的一封信。信中说道：“大队内部生产队与生产队之间的平均主义问题，生产队（过去小队）内部人与人之间的平均主义问题，是两个极端严重的大问题，希望在北京会议上讨论一下，以便各人回去后，自己并指导各级第一书记认真切实调查一下。不亲身调查是不懂得的，是不能解决这两个重大问题的（别的重大问题也一样），是不能真正地全部调动群众的积极性的。”信中还建议他们研究一下《关于调查工作》这篇文章。

毛泽东原先提出派陶铸前往北京，向三北会议通报三南会议的情况，并带去他写的信和《关于调查工作》一文。在北京的刘少奇和周恩来等中央领导人，得知毛泽东准备派陶铸前来北京的消息后，认为事关重大，两地开会不利于政策的制定，建议合开。毛泽东同意两会在广州合开，陶铸就没去北京了。原计划开7天的三南会议也因此于3月13日结束，只开了4天。

3月14日，毛泽东同陈伯达、胡乔木、廖鲁言、田家英谈《农村人民公社工作条例（草案）》的修改问题。当时，条例草案初稿已经完成。全文算上序言，分8个部分，67条，共14000字。当天，参加三北会议的同志分乘两架飞机抵达广州。当晚，毛泽东主持召开中央政治局常委扩大会议，讨论修改《农村人民公社工作条例（草案）》及中央工作会议议程。在会上，毛泽东对条例草案的修改、公社的体制、基本核算单位等问题发表了意见。对于条例草案初稿，毛泽东不太满意，认为内容太繁杂，篇幅太长，逻辑性不强，不能抓住人一口气读下去。他要求写一个说明，把条例的主要条文加以说明，以压缩条例的篇幅。关于公社体制，他再一次重申并肯定公社、生产大队划小这个原则，认为过大了对生产不利。他对从农业合作化到公社化以来，一直存在着的没有解决的平均主义问题，进行了深刻的反思。毛泽东又提出了基本核算单位的问题，认为到底是生产大队还是生产小队，还可以研究。他确定中央工作会议主要讨论公社体制问题、条例问题、粮食问题。周恩来补充了商业和对外贸易问题。

4. 中央工作会议

从3月15日开始，三南会议与三北会议合二为一，在广州小岛招待所召开，由毛泽东主持，各中共中央局书记，各省、市、自治区党委书记参加，称为“中央工作会议”。会议重新编组，分中南、华北小组，华东、东北小组，西南、西北小组这3个小组进行讨论。

15日至18日，会议集中讨论两个平均主义及公社体制、公共食堂、供给制等问题。在这些问题上，特别是食堂、供给制问题，与会者存在着比较大的分歧。

对于两个平均主义问题，中南、华北小组认为，解决人与人之间的平均主义，关键在于如何办好公共食堂的问题。现在的大多数食堂，实际上搞成了伙食供给制。食堂越强调办好，家底越大，占用生产小队的人力、物资也越多。这种平均主义，与今天以人力为主的农业生产水平不相适应，因此必须坚决实行30%按人头、70%按劳分配，打破平均主义。西南、西北小组认为，造成社

1961年3月，毛泽东在广州主持召开中央工作会议

员之间平均主义的原因，主要在于扩大了供给部分的比例，使工资部分相对减少；没有实行超产奖励，破坏了评工记分，也拉平了社员之间的差别。解决队与队之间的平均主义，主要是应该承认和照顾穷富队之间的差距，认真执行“三包一奖”制度。同时，应该恰当地规定基本核算单位统一核算的范围，适当增加生产队的权力。

对于公社规模问题，与会者一致认为，目前社队的规模过大，必须调整。原则是有利于加强领导，发展生产，组织人民经济生活，增强团结，并照顾到历史和自然条件。中南、华北小组认为，以一乡一社为宜，公社一级的权力要缩小到只行使乡政府的职能，加上一些社办企业等；作为基本核算单位的大队，应相当于原来的高级社，平均300户左右，大队的权力也要适当划分范围。西南、西北小组认为，公社一般以万人社为宜，可以原来的乡作基础，管理区（生产大队）为基本核算单位，规模一般相当于原来的高级社或联社，生产小队一般可以20～50户。华东、东北小组认为，调整生产大队的规模，一般恢复到1957年底高级社的规模，有的可大些，有的可小些。

围绕供给制问题，与会者展开了讨论。人民公社建立后，在分配上实行供给制与工资制相结合。供给制是典型的平均主义。虽然名义上是工资与供给相结合，但许多地方人民公社并无工资可发，供给部分占了大头。与供给制相关联的是食堂问题。农民在公共食堂吃名副其实的大锅饭。公共食堂被人为地添加了许多光环，甚至把公共食堂看成是“社会主义阵地”。实际上，食堂不但限制了农民的吃饭自由，而且浪费了大量劳力、燃料，与供给制一样最为农民所不满。与会人员虽然也感到食堂有许多弊端，但仍认为食堂“不能散”，要坚持积极办好、自愿参加原则，既可办常年食堂，也可办农忙食堂，对规模过大的食堂可适当划小。这与毛泽东对公共食堂的看法非常接近。

3月15日，《农村人民公社工作条例（草案）》第二稿形成，共50条、9000多字。3月16日，毛泽东同陈伯达、胡乔木、廖鲁言、田家英谈条例草案第二稿，决定印发中央工作会议讨论。3月18日，《农村人民公社工作条例（草案）》第二稿印发中央工作会议讨论。3月19日，开始修改条例草案第二稿，吸收每一个大区1～3人参加。华北是陶鲁笳，西北是白治民，东北是冯纪新，中南是王延春等人，华东是林乎加、薛驹、魏文伯，西南是黄流。3月19日和20日，毛泽东连续两次在小岛招待所同陈伯达、胡乔木、廖鲁言等人谈条例草案第二稿的修改问题。毛泽东说：“这个条例怎么样？没有危险吗？农业问题抓得晚了一些，这次一定决心解决问题。”他认为农村问题在1959年就已经发生，但是中央召开的多次会议都没有认真、彻底地解决。虽然他担心条例纠“左”的步子会不会过大，但仍坚定地认为这次应该要下决心彻底解决农村问题。

3月21日，条例草案写出第三稿，毛泽东主持召开中央政治局常委会议进行了讨论。3月22日，中央工作会议讨论通过《农村人民公社工作条例（草案）》。这个条例草案共有10章：第一章，农村人民公社在现阶段的性质、组织和规模；第二章，人民公社的社员代表大会和社员大会；第三章，公社管理委员会；第四章，生产大队管理委员会；第五章，生产队管理委员会；第六章，社员家庭副业；第七章，社员；第八章，干部；第九章，人民公社各级监察委员会；第十章，人民公社中的党组织，共计60条，所以简称为“农业六十条”。中共中央同时发出《关于讨论〈农村人民公社工作条例（草案）〉给全党同志的信》，要求各地对工作条例进行认真讨论。信中提出了“六十条”着重要解决的五个问题：第一，在分配上，生产队和生产队之间，社员和社员之间，都还存在着程度不同的平均主义现象；第二，公社的规模在许多地方偏大；第三，公社对生产大队一般地管得太多太死，生产大队对生产队，也一般地管得太多太死；第四，公社各级的民主制度不够健全；第五，党委包办公社各级行政的现象相当严重。"这五个问题的提出，是毛泽东号召大兴调查研究之风，各级领导干部，包括毛泽东本人在内，调查研究的第一批重要成果。"

3月19日至22日，会议还集中讨论了调查研究的问题。3月19日，中南局第一书记陶铸在中南、华北小组讨论会上发言，指出1958年以来，广东省委在大炼钢铁、粮食生产搞高指标和反瞒产等方面犯了错误。主要原因，一是缺少搞经济建设的经验；二是缺乏认真的调查研究，这是根本原因。许多干部看脸色行事，你想听什么，就汇报什么，你要什么材料，就做什么材料，这样根本无法了解真实情况。他认为，干部要搞好调查研究，必须亲自深入下去，倾听多方面的意见，特别是反面意见，真正解剖一个麻雀来。

刘少奇、周恩来等中央领导同志也参加了讨论，就调查研究发表讲话。刘少奇说：调查研究是做好工作的最根本的方法。从1958年以来，在执行"三面红旗"的过程中，犯了不少的大大小小的错误，受了相当大的损失。这些损失，有些是可以避免的。如果做好了调查研究，工作作风好，工作方法对，损失可能减少，时间可以缩短，不至于陷于现在这样的被动。如果不解决作风方法问题，以后还会受损失。周恩来认为：进行调查研究，必须实事求是，要从客观存在出发。这几年来，实事求是的作风减低了，"五风""五气"就不是实事求是。要敢于听取不同意见，敢于和不同意见的人讨论问题。同时还要贯彻从群众中来、到群众中去的民主集中。"三面红旗"、总路线是完全正确的。出现问题的责任主要是中央没有以身作则地做好调查研究，"上有好者，下必甚焉"。

3月22日，中央工作会议按预定计划即将闭幕。毛泽东机要秘书罗光禄回忆道："开了几天会议，（农业六十条）基本通过了。但有些同志不完全理解，只是组织上服从，思想上还未真正解决问题。会后，主席问我：罗秘书，你看这次会议开得怎么样？是不是真正解决问题？我老老实实回答：‘从总的看是基本解决问题，但我看还有少数同志思想问题还没有完全解决。我的看法不知道对不对？’主席略有所思地点点头：‘你说得对。’他又问我：‘代表们走了没有？’我说：‘代表们到机场去了！’主席问：‘叫回来可不可以？’我说：‘可以打电话问问飞机起飞了没有。’他说：‘你赶紧办办吧！’我立即打电话问，知道代表们刚刚到机场，便通知他们不要走了，留下继续开会。”于是，中央工作会议继续进行，增加两天时间，以进一步解决代表们的思想问题。

3月23日，是中央工作会议的最后一天。早晨，毛泽东同彭真进行谈话。并在开会前，审定了由胡乔木起草的中央“关于认真进行调查工作问题”的指示信，为这封信加标题《中共中央关于认真进行调查工作问题给各中央局，各省、市、区党委的一封信》，并加写“（请发至地方县级，军队团级，城市发至区级及大工厂党委，大学党委，大报党委）”，扩大文件的印发范围。信后还附有《关于调查工作》一文。信中强调，“一切从实际出发，不调查没有发言权，必须成为全党干部的思想和行动的首要准则”。要求县级以上党委的领导人员，首先是第一书记，把深入基层，亲身进行有系统的典型调查，每年一定要有几次，当作领导工作的首要任务，并且要定出制度，造成风气。“在调查的时候，不要怕听言之有物的不同意见，更不要怕实际检验推翻了已经作出的判断和决定。”会议对这封指示信进行了讨论。薄一波回忆：“在大会讨论这封指示信时，田家英同志边念信稿，毛主席穿插边作解释。信稿不过800字，而毛主席的解释记录上万字。毛主席坦诚地说明：‘最近几年吃情况不明的亏很大，付出的代价很大’。‘情况不明，政策就不对，决心就不大，方法也就不对头。’‘为补过起见，我现在提倡调查研究。’‘第一书记亲身调查很重要，足以影响全局。’他还说，听李雪峰同志（华北局第一书记）讲，河北省原152个县，现在并为63个县，没有一个县委书记做过典型调查。这种现象很值得注意。”

讨论结束后，毛泽东发表以调查研究为主旨的讲话。他逐节对《关于调查工作》一文进行说明和讲解。他说：这篇文章中心点是要做好调查研究工作。反对本本主义，这里头包含一个破除迷信的问题。现在我们中央搞的文件，如果没有具体措施也是不可能实现的。要有正确的措施，就要做调查研究工作。毛泽东说：我总是不相信没有调查会有发言权的。我们大部分人，包括我自己在内，都是调查研究不够。我的经验历来如此，凡是忧愁没有办法的时候，就去调查研究，一经调查研究，办法就出来了，问题就解决了。现在我来提倡一下，今年我在中央工作会议上讲过一次，九中全会上又讲了一次，这次会议还得讲一次。他还说：民主革命阶段，要进行调查研究，社会主义革命和社会主义建设阶段，还是要进行调查研究，一万年还是要进行调查研究工作。教条主义这个东西，只有原理原则，没有具体政策，是不能解决问题的。正确的策略只能从实践经验中产生，只能来源于调查研究。

指示信在中央工作会议上获得通过。会后，毛泽东根据讨论的意见，对指示信作了修改。将信中“但是在具体工作中，也发生了不少严重的问题”，改为“但是在农业、工业等方面的具体工作中，也发生了一些缺点错误，造成了一些损失”。将“并且根据许多不符合实际的或者片面性的材料作出判断和决定”，改为“并且在一段时间内，根据一些不符合实际的或者片面性的材料作出一些判断和决定”。将“夸夸其谈，以感想代政策的恶劣作风，又有了抬头。这是一个主要的教训，全党决不可忽略和忘记这个代价很大的教训”，改为“在这段时间内，夸夸其谈，以感想代政策的恶劣作风，又有了抬头。这是一个主要的教训，全党各级领导同志决不可忽略和忘记这个付出了代价的教训”。指示信发出后，进一步推动了全党的调查研究工作。

5. 关于农村问题的系列批示

在广州期间，毛泽东还作了大量的批示，其中基本上都是关于农村问题的。

1961年3月12日或13日，毛泽东批示印发河北省委3月10日《关于调整社、队规模和分配体制的意见》到三南会议与会人员，并在标题下特别注明“（主张以生产小队为基本核算单位）”以醒目。河北省委的报告说：为了研究调整社队规模和分配体制，先后召开两次座谈会。大家的意见是：现在的生产小队改为生产队；现在的生产队改为生产大队，规模大体上相当于原来的高级社；原来的一个公社准备划分为四五个，规模大体上相当于原来的乡。关于分配体制，大家都同意由生产队统一分配改变为以生产小队为分配单位，可以更充分地调动生产小队和广大社员的生产积极性。这样改变以后，生产队（原来的生产小队）作为基本核算单位，生产大队（原来的生产队）和公社为部分所有制。

3月14日，毛泽东批示将《群众对搞好今年生产的要求和意见——湖南醴陵县石塘庵生产队座谈会记录》印发三南会议到会各同志。记录中说：社员要求政府现在就把粮食征购任务确定下来，使社员早就心中有数；要求多劳多得，按初级社的办法，实行劳动定额管理。

3月15日，毛泽东指示印发《生产小队改为基本核算单位的利弊——陕西省委同志三月十二日在西安座谈的意见》。该材料认为，生产小队改为基本核算单位有7个好处、8个缺点和问题。

3月16日，毛泽东在陈伯达3月15日报送的《一个座谈会的记录》上作出批示："一个重要文件，印发各同志讨论。"记录中说，3月14、15日，广东省委和中央调查组同新兴县里洞公社蒙坑大队总支书记梁纪南、公社宣教委员苏品芳就社队规模问题、分配问题、食堂问题和定征定购问题等交换了意见。同一天，毛泽东还批示将陶铸3月15日报送的《关于广东省南海县大沥公社沥西大队试行生产队上调任务包干办法》印发给参加中央工作会议的同志，并要求各组讨论，这个办法是否可以在各地推广。为了解决"共产风"问题，沥西大队试行了在"三包"（包产、包工、包成本）、"四固定"（固定劳力、土地、耕牛、农具）的基础上，在全大队进行统一分配的原则上，定死各生产队对大队的包干上调任务，完成上调任务后，超产部分全部为生产队自行处理的办法。这个办法实行后，各生产队干部和社员的生产积极性被进一步调动起来，整个大队的生产面貌完全改观。

3月17日，毛泽东批示印发3月13日编印的三南会议情况简报第三号，并指出：“此件提出许多重大问题，很值得研究。”简报摘要登载了各组12日下午分组讨论《农村人民公社工作条例（草案）》时的发言。同日，毛泽东批示印发三南会议文件《华东几个同志关于当前农村人民公社需要解决的几个问题的意见》，并指出：“讨论公社条例问题时，请认真考虑这些意见。”该文件主要谈了当前农村人民公社需要解决的组织规模问题、管理体制问题、党政社关系问题、干部问题、经营管理问题等几个重要问题，并就解决这些问题提出了相应的意见。

3月18日，毛泽东批示印发中央办公厅1961年3月11日编《情况简报》第80期上的《杨放之同志谈农村见闻》和《河北省和北京郊区农村的新气象》。这两份材料反映了春节期间农村群众生活安排得好、群众生产情绪高的情况和目前农村工作中存在的问题。同日，毛泽东阅田家英3月18日的信，批示：“即送曾希圣同志阅，阅后送刘、周、陈、邓、彭、柯庆施同志阅，退毛。”曾希圣为安徽省委第一书记。田家英在信中谈到从时任中共中央华东局书记处候补书记魏文伯处接到的一份关于安徽省宿松县试行包产到户情况的材料，认为很值得看，并将其送给毛泽东阅看。宿松的材料里指出两个公社对包产到户不同的态度：在连年增产的九姑公社，大部分人不赞成包产到户；在情况很坏的二郎公社，便有大部分人拥护包产到户。田家英认为，要在二郎公社实行包产到户，就是把一些孤儿寡妇丢下不管。在困难的时候实行包产到户，把一些生活没有依靠的群众丢开不管，对于共产党人来说良心上过不去。他主张，方针应当是办好集体经济，扭转群众情绪。“维护集体经济，是我们考虑问题的出发点。依靠集体经济来克服困难，发展生产，是我们不能动摇的方向。为了总结多方面的经验，我们应该进行各种各样的试验。包产到户的办法，也不妨试一试，但是只能是试点。从宿松的材料看，包产到户，在安徽已经不是简单的试点了，已经是在大面积推行。这种做法，应该制止。”可见，田家英认为包产到户只能搞试点，而反对大面积推行，必须坚持集体经济。

3月19日，毛泽东作了两条批示。一是批示将西南局第一书记、四川省委第一书记李井泉3月17日报送的南充市火花公社1960年决算分配经验的材料

《群众拥护哪一种分配方案？》印发中央工作会议。该材料介绍了火花公社1960年决算分配方案，那就是“包五保户，照顾困难户，其余实行小部分的伙食供给”，这样既解决了困难户的问题，又使劳动力强的人可以多劳多得，体现按劳分配的原则。毛泽东指出:“这个问题有普遍性，请各地同志注意研究四川的经验。”二是批示印发东北局第一书记宋任穷报送的《关于东北地区农村人民公社和农业生产的若干问题》供会议“研究采纳”。该材料说：在3月15、16日的小组会议上，东北的同志一致认为，目前农村人民公社有相当一部分规模偏大，体制上存在一些问题，不能使广大群众的积极性得到更充分地调动。因此，必须采取积极有效的措施，做好对人民公社规模和体制的调整工作。

3月22日，毛泽东批示印发陈伯达报送的《一些社员和干部对于按劳分配问题的意见》。这份材料是由两位跟陈伯达一起来广东做调查的工作人员写的，主要谈了河北省霸县堂二里和广东省高鹤县一些社员和干部对按劳分配的意见。毛泽东批示：“这是一个全国性问题，必须迅速解决。”

3月25日，毛泽东收到参加中共广西桂林地委四级干部会议的恭城栗木公社全体代表给中央的电报。电报说：桂林地区出现严重死亡事件，党的基层组织受到严重破坏，现仍有大批病人急需抢救，请速派人参加现正在召开的四级干部会议，了解实情，以便严肃处理。毛泽东批示陶铸：“此件请交刘建勋同志一阅，并请他迅速予以处理。告诉恭城县栗木公社的同志们：他们三月二十日的电报，我已看到了，对他们及整个桂林专区的不幸情况，极为怀念。中央委托自治区党委派大员去他们那里直接处理这件大事。”刘建勋为中共广西壮族自治区委第一书记。

除了对农村问题作出大量批示外，毛泽东还批示了其他一些问题。2月15日，毛泽东阅读了1961年2月11日《光明日报》发表的何明的文章《框框乎？指导原则乎？》，在文章标题下批注“好文章”，并批示陈伯达：“何明是谁？一九五七年反右整风时期，他写过一篇短文，很好，我跟你谈过，想找他谈谈，未果。现在请你找他坐飞机来广州一次。同时请艾思奇、胡绳、王若水、任继愈、关锋五人一起同来。以上请你即办为盼！”何明又名关锋，时任《红旗》杂志编委。毛泽东写这个批注时并不知道“何明”即为关锋，是其发表文章时常用的笔名。毛泽东之所以喜欢关锋的这篇文章，是因为对它所阐述的“不要带着框框，而要带着马克思列宁主义的指导原则去进行调查研究”的观点非常赞同。这篇文章正好契合了毛泽东提倡1961年为“调查研究年”的想法。

2月27日，毛泽东阅林彪转报的罗瑞卿2月10日关于几个地区部队情况的考察报告。这份报告是罗瑞卿在昆明、成都、重庆、武汉等地看了几个连队，并同一些团、师、军和大军区的负责干部谈话，听了几个单位的汇报后，所了解到的部队的“两忆三查”运动、整风、连队管理工作、军事训练等方面的情况。毛泽东批示：“此件已阅，很好。建议每个军区派有能力的人去调查两个连队，一个好的，一个坏的。如何，请酌。”

3月1日，毛泽东圈阅同意周恩来关于进口粮食问题的信。信中说：截至2月22日止的计算，粮食上半年尚差44亿多斤，估计第三季度还差30亿斤，两项共差74亿多斤。因此，决定今年进口粮食100亿斤。现已签好合同的有52.4亿斤，正在谈判中的还有50亿斤。

3月28日，毛泽东对周恩来3月27日报送的中共中央对苏共中央3月21日来信的口头答复稿进行了修改，并请周恩来酌定。答复稿说：苏共中央在来信中重申，拟以贷款形式为中国拨出100万吨粮食和50万吨糖，并且同意把100万吨粮食留作中国的后备。我们再一次感谢苏共中央所表示的这种国际主义的关怀和好意。如果今年我们能够争取到一个好的夏收或者秋收，或者今年夏季从国际市场进口粮食比较顺利，那么，我们就将通知你们，不再使苏联为我们承担100万吨后备粮的负担。毛泽东加写：“如果那时粮食情况不那么顺利，我们将通知你们，那100万吨粮仍作为我们的后备粮。我们认为，这样处理，比较切实有利。我们想，你们会同意的。”

“广州会议”的历史意义

1961年在广州召开的中央工作会议，是中国共产党在社会主义时期的一次意义重大的会议。毛泽东评价这次会议是“公社化以来中共中央领导同志第一次坐下来一起讨论和解决农业问题的会议”。“广州会议”的意义重大而深远，下面试从两个问题着重展开说明。

1. 制定“农业六十条”

“广州会议”最主要的成果是制定了《农村人民公社工作条例（草案）》，即“农业六十条”。1961年3月29日，中共中央发出《农村人民公社工作条例（草案）》。“农业六十条”对人民公社中发现的各种问题作了较系统的规定，主要解决了两大问题。

一是把社、队的规模划小。条例草案作出明确规定：农村人民公社一般地分为公社、生产大队和生产队三级。以生产大队所有制为基础的三级所有制，是现阶段人民公社的根本制度。人民公社各级的规模都应该利于生产，利于经营管理，利于组织生活，利于团结，不宜过大。特别是生产大队的规模不宜过大，避免在分配上把经济水平相差过大的生产队拉平，避免队和队之间的平均主义。人民公社的规模，一般地应该相当于原来的乡或者大乡；生产大队的规模，一般地应该相当于原来的高级农业生产合作社。但是，也不要强求一律。公社、生产大队和生产队，都可以有大、中、小不同的规模，由社员根据具体情况，民主决定。这个规定具有非常重要的意义。社队规模过大、大队与大队间、小队与小队间情况各异，不但不利于因地制宜安排生产，也容易导致干部在生产工作中的瞎指挥和强迫命令，并造成队与队间的平均主义。缩小社、队规模，可以一定程度上调动社员的生产积极性，因地制宜安排生产，对盛行的

“共产风”、瞎指挥风和强迫命令风起到一定的遏制作用。

二是把有关自留地、家庭副业等政策明确写入条例之中。条例草案强调，人民公社社员的家庭副业，是社会主义经济的必要补充部分。在积极办好集体经济，不妨碍集体经济的发展，保证集体经济占绝对优势的前提下，人民公社应该允许和鼓励社员利用剩余时间和假日，发展家庭副业，增加社会产品，补助社员收入，活跃农村市场。并规定：社员家庭副业的产品和收入，都归社员所有，都归社员支配。除了国家统购的农产品以外，其他的农副产品，在完成国家规定的交售任务以后，都可以拿到集市上进行交易。自留地的农产品，不算在集体分配的产量和口粮以内，国家不征公粮，不计统购。这样，对社员经营自留地和家庭副业进行了制度上的肯定，在一定程度上缓解了农民担心党的政策多变的心理，调动了他们的生产积极性，生活得到一定的保障，有效缓解了大灾荒带来的影响，也有利于以后农村市场的活跃。

“农业六十条”还对供给问题和公共食堂问题作出了规定：生产队必须认真实行按劳分配、多劳多得，避免社员和社员之间在分配上的平均主义。在生产队（包括食堂）分配给社员的现金和实物当中，一般地工资部分至少不能少于七成，供给部分至多不能多于三成。在一切有条件的地方，生产队应该积极办好公共食堂。公共食堂必须真正实现自愿参加的原则。

“农业六十条”发出后，全国广大农村基层干部和社员群众进行了认真的学习和讨论，并提出了一些问题和意见，其中最大的问题是公共食堂和部分供给制。根据中央和地方党委调查反馈回来的意见，1961年5月21日到6月12日，毛泽东在北京主持召开中央工作会议，对《农村人民公社工作条例（草案）》作了重要修改，制定出“修正草案”。对草案的最重要修改是：将原规定的公共食堂“应积极办好”，改为“在生产队办不办食堂，完全由社员讨论决定”；取消了原有的分配中的供给部分。这反映了党中央积极倾听群众声音，解决群众意见最大最紧迫的问题，走群众路线的优良作风。“农业六十条”的贯彻执行，使得农村局势得到扭转。1961年，全国粮食生产比1960年增长2.8%，扭转了自1959年以来农业生产两年连续下滑的局面。1962年，农业生产进一步好转，从而促进了整个国民经济的恢复和发展。

应该说，“农业六十条”是一个巨大的进步，是开始正确解决农村问题的一个意义重大的文件，它对人民公社存在的问题给予了高度重视，并努力加以解决。其中缩小社队规模，恢复自留地和家庭副业等政策反映了农民群众的需求，受到热烈的欢迎。但是，草案作为初步解决人民公社体制问题的文件，具有一定的历史局限性，仍存在许多不足。之后，草案又在不断的调查研究中得到修改和完善。到1962年2月，中共中央发出《关于改变农村人民公社基本核算单位问题的指示》，确定以生产队为人民公社的基本核算单位，规定至少30年不变。至此，农村体制问题基本上已经解决，形势稳定下来，为发展农业生产奠定了良好的基础。“广州会议”制定的“农业六十条”，在较长的一段时期内都是我国农村工作的基本依据，发挥了积极的作用。后来在“文革”中，这个条例也遭到了破坏。党的十一届三中全会前后整顿经济，启动农村改革，恢复党在农村的政策，最初主要就是恢复“农业六十条”。

2. 倡导实事求是之风

“广州会议”另一重大成果是重新掀起调查研究之风，恢复和发扬实事求是的传统。

在“广州会议”前，毛泽东多次发表关于调查研究的讲话，提出开展“实事求是年”，并亲自推动和领导开展调查研究。在“广州会议”上，毛泽东号召各级干部要到基层做调查研究，逐节对《关于调查工作》一文进行讲解，亲自修改审定了《中共中央关于认真进行调查工作问题给各中央局，各省、市、区党委的一封信》，为这篇800字的信稿作了上万字的解释。

毛泽东十分关注群众对“农业六十条”的反映。“广州会议”结束后，毛泽东于3月23日离开广州到湖南，听取湖南省委汇报后，又返回广州。随后又在广州待了几天，直到3月29日，陶铸、陈伯达从番禺大石公社回来，听取群众对“农业六十条”的意见的汇报后，才离开广州。在北上途中，毛泽东多次听取湖南、湖北、浙江、河北等地负责人和调查组反映群众对“农业六十条”

的意见。同时，从4月中旬到5月中旬一个月时间里，毛泽东批转了中央、中央局和省委一些负责同志的有典型意义和参考价值的调查材料、调查报告和通信，还加上批语，供各地参考。这些材料清晰反映了全国各地的真实情况和群众普遍关心的问题。这大大推动了调查工作更加深入地开展，对农村政策的制定起到了重要作用。

为了响应毛泽东和党中央关于调查研究的号召，从中央到县一级，各级党委纷纷组织调查组，走出机关，深入基层农村进行调查研究，征求意见，形成规模空前的调查研究活动。

中央领导同志都带头开展调查研究工作：刘少奇从4月1日到5月15日，深入湖南宁乡县花明楼公社炭子冲大队和长沙县广福公社天华大队进行了44天深入细致的调查研究；周恩来从4月下旬至5月中旬，在河北邯郸的武安和涉县进行调研；朱德从3月下旬至5月上旬，到四川、陕西、河南等省农村进行调研；邓小平、彭真在4月到5月，在京郊顺义县和怀柔县农村进行调研；陈云从6月27日至7月11日，在上海青浦县小蒸人民公社进行15天的调查研究。此外，中央还组织了杨尚昆领导的河北徐水、安国调查组，习仲勋领导的河南长葛调查组，胡耀邦领导的辽宁海城调查组，钱瑛领导的甘肃天水调查组，王从吾领导的黑龙江双城调查组，平杰三领导的山东泰安调查组，陈正人领导的四川简阳调查组，廖鲁言领导的山西长治调查组，谢富治领导的河北邯郸调查组等大批调查组，分赴各地开展农村调查。

在农业调查研究的示范下，其他各条战线也纷纷进行系统的调查研究工作。在此基础上，中共中央陆续制定了《国营工业企业工作条例（草案）》（即“工业七十条”）、《关于城乡手工业若干政策问题的规定（试行草案）》（即“手工业三十五条”）、《关于改进商业工作的若干规定（试行草案）》（即“商业四十条”）、《关于确定林权、保护山林和发展林业的若干政策规定（试行草案）》（即“林业十八条”）等一系列工作条例。这对于纠正“大跃进”以来的“左”倾错误，实现各项工作正常化、有序化，恢复和发展国民经济起到重要作用。

“广州会议”后，全党大兴调查研究之风，取得了十分显著的成果，有力地促进了党的经济政策的调整和经济形势的好转。调查研究，纠正“大跃进”以来主观主义的工作作风，在一定程度上恢复了我们党一切从实际出发、实事求是的优良传统和作风。各级领导干部在调查过程中，亲近群众，与群众同甘共苦，共渡难关。在困难时期，虽然遭受了严重的损失，但人民群众不埋怨、不气馁，更没有与党离心离德，始终跟党走，团结一致，克服困难，最终走出困局。令人遗憾的是，“广州会议”重新开启的实事求是的传统，在“文革”中遭到严重破坏。中共十一届三中全会后，中国共产党恢复了这个优良传统，实行改革开放政策，中国社会主义现代化建设也走上了康庄大道。

3月29日上午4时，毛泽东批示陶铸、陈伯达立即看中央办公厅1961年3月24日编印的《情况简报》第113号上转载的山东省召开公社体制问题座谈会的情况材料。下午1时，毛泽东同陶铸、陈伯达谈话，了解广东番禺县大石公社的群众对“农业六十条”的意见。陶铸、陈伯达说，群众对这个条例草案基本上同意，但是还有某些意见。群众最大的一条意见是，过去一些重大问题，就是上边决定，根本不和他们商量。这次这个条例草案跟他们商量，他们很高兴。谈话中，还就山东省材料中提出的四权统一、核算单位等问题进行了研究。

同日，毛泽东乘专列离开广州前往长沙。他从广州出发的时候，正是广东的插秧季节。他在火车上细心地观看铁道两旁农民插秧的情况，发现插秧还是太密，便派身边工作人员下去问几个农民，那几个农民都赞成六寸乘六寸的插秧密度。毛泽东说，瞎指挥生产有很多出自领导生产的部门。瞎指挥是由于没有生产知识，既没有实际生产经验，也没有现代农业科学知识。在广州期间，毛泽东还同陈云一起商量用外汇进口一些设备，多搞快搞一些化肥以增产粮食的问题；同曾希圣谈安徽试行责任田的问题，表示责任田可以在小范围内试验；还同周恩来谈给赫鲁晓夫复信的问题。

至此，毛泽东这次在广州的行程就结束了，1961年自2月13日到广州始，共一个半月。这是中华人民共和国成立后毛泽东来广州时间最长的一次。

附录

第一部分 创作“反修诗”（1961年底）

（一）行踪之谜

关于毛泽东1961年底来广州，是一个有争议的问题。众多论著认为：毛泽东在广州，为即将召开的中共中央扩大会议作准备，并写下《卜算子·咏梅》等诗篇，我们可称持这一观点的人为“肯定派”；但《毛泽东年谱》却未予采信或“背书”，认为其间毛泽东离京行程表没有广州，我们可称持这一观点的人为“保留派”。

1. 肯定派观点

关于毛泽东诗词鉴赏之类的著作普遍肯定：1961年11月，毛泽东在广州读了郭沫若的《七律·看〈孙悟空三打白骨精〉》后，于1961年11月17日写下《七律·和郭沫若同志》；同年12月读了陆游的《卜算子·咏梅》，毛泽东“反其意而用之”，在广州写下《卜算子·咏梅》。根据笔者不完全检索，关于这两首词的写作地点，要么不提，要么就说是广州。极少见有说写于其他地方的说法（近年网络上也有说写于杭州的）。关于这首词写作的历史背景与过程，有的仅提及中苏关系破裂，中国遇社会主义阵营围攻之背景。绝大多数论著，除指明中苏关系恶化之外，还说是“为即将召开的中共中央扩大的工作会议，即七千人大会作准备”。

前述毛诗研究著作，主要对毛泽东的诗词进行文学性、文字性导读或解释；关于诗词创作的历史背景，比较简单，而且大多不是作者自己提出的观点。但笔者也注意到两种由党史、国史学者撰写的权威论著，可能是众多毛泽东诗词研究论著乐于引用的，颇具权威性和影响力。下面分别介绍：

一是中国社会科学院当代中国研究所陈东林研究员所著的《毛泽东诗史》（中共中央党校出版社1997年，第261页），在叙述中苏论战后说：11月17日，毛泽东在广州看了郭沫若写下的《七律·看〈孙悟空三打白骨精〉》，感触顿生，挥笔写下了一首奉和之作《七律·和郭沫若同志》。同年12月，“毛泽东在广州，为即将召开的中共中央扩大的工作会议，即七千人大会作准备”。毛泽东反复诵读了陆游的《卜算子·咏梅》。词中孤芳自赏却又凄凉无奈的情调，不合毛泽东的脾性，也不能吸纳他的诗兴。于是，毛泽东“反其意而用之”，写下令人耳目一新的《卜算子·咏梅》。

二是中央文献研究室李捷、闻郁合写的《毛泽东诗词50首写作背景介绍》（增订二版时，改为《诗史与史诗的和谐统一——毛泽东诗词写作背景介绍》）说：1961年10月25日，郭沫若填写《七律·看〈孙悟空三打白骨精〉》一诗。不久，毛泽东在广州读到郭沫若的这首诗，便于11月17日奉和，表示他对唐僧的不同看法。1961年12月，毛泽东在广州，为即将召开的中共中央扩大会议作准备。闲暇时，他读了陆游的《卜算子·咏梅》，不甚满意词中表现的孤芳自赏、凄凉抑郁的情调，因而“反其意而用之”，写下《卜算子·咏梅》。

《毛泽东诗词50首写作背景介绍》刊载在臧克家主编的《毛泽东诗词鉴赏》（蔡清富、李捷副主编，河北人民出版社1990年出版后多次再版）。臧克家是著名诗人，也是毛泽东诗友，还是毛诗研究的开拓者。1957年1月，臧克家主编的《诗刊》首次集中发表毛泽东诗词18首，在全国掀起学习、研究毛泽东诗词的热潮；同年，臧克家与周振甫合著的《毛主席诗词讲解》问世，后来一再增订重印，在读者中影响甚广。在20世纪60年代，臧克家同毛泽东书信往来颇多，坦诚而细心地给毛泽东的几首诗词提出修改意见，他们成了共同切磋诗艺的诗友。

李捷则是著名的毛泽东研究专家。1987年进入中央文献研究室，从事毛泽东研究，曾任该室毛泽东研究组生平小组副小组长，第一编研部（主要负责毛泽东研究）副主任、主任，中央文献研究室副主任。中华人民共和国成立后，全国各地的毛泽东档案，集中收藏于中央档案馆，中央文献研究室在利用方面有着特殊的便利条件。李捷还是2013年版《毛泽东年谱（一九四九—一九七六）》的副主编，兼任中国中共文献研究会毛泽东思想生平研究分会会长、中国毛泽东诗词研究会会长。在关于毛泽东生平和毛泽东诗词方面，有其权威性。

中共广东省委的《旭日临南粤　光辉照神州——缅怀毛主席第一次国内革命战争时期在广东的伟大革命实践》（刊于1977年9月11日《人民日报》《南方日报》）说："一九六一年十二月，在帝修反掀起反华反共的妖风恶浪面前，毛主席在广州写下《卜算子·咏梅》的光辉辞章，形象而又深刻地表现了中国共产党人反修、反霸的英雄气概和崇高的无产阶级境界。"这是笔者所见较早肯定毛泽东1961年底在广州的史料，也可能是其他论著的根据。但文章没有提及《七律·和郭沫若同志》和为七千人大会做准备。显然，众多论著特别是陈东林和李捷、闻郁等人的论著认定毛泽东1961年底来过广州，另有资料来源。

2. 保留派说法

《毛泽东年谱》的记载：

1961年11月17日，毛泽东作《七律·和郭沫若同志》，但没有写明创作地点。但在此前后，毛泽东都是在北京。12日晚上，在钓鱼台12号楼主持召开会议。14日，在中南海颐年堂会见参加苏共二十二大途经北京回国的胡志明。就在11月17日晚上，在中南海颐年堂会见参加苏共二十二大后途经北京回国的印度尼西亚共产党中央主席艾地。

12月，毛泽东作《卜算子·咏梅》，但未写明创作地点和精确日期。月内，毛泽东确曾离京近20天，但行经地并没有广州：12月1日，乘专列离京南下；2日到上海；3日晚上到杭州；5日在杭州会见委内瑞拉客人；8日从杭州到上海；13日到无锡；14日、15日，在无锡召开座谈会，听取汇报；16日，听取驻无锡部队汇报，傍晚离开无锡；17日到济南；18日到天津；19日晨回到北京。12月20日至1962年1月10日，在北京参加中央工作会议。

在中共广东省委办公厅、广东省公安厅警卫处编写的《广东省警卫工作历史资料汇编》（1994年6月编印）中，我们也没有发现关于毛泽东1961年11月和12月在广州的记载。应该指出，该资料汇编无记载，不一定就是没有。理由有二：一是“文革”期间大量档案材料遗失。例如，广东省委原副秘书长关相生的日记本，就因受批斗被毁。二是地方档案集中于北京。

3. 初步结论

由上述可知，肯定毛泽东1961年11月至12月在广州的论著不仅够多，而且够权威，当系“有所本”；保留派持谨慎态度，但也只是不支持肯定派。显然，肯定派与保留派都有权威性和代表性，各自有其资料来源和立论基础。可谓两说并存，“互不否定”。关于1961年底毛泽东的广州行，下面依据3个事件进行判断和分析。

一是1961年11月17日在广州写下《七律・和郭沫若同志》。陈东林的《毛泽东诗史》和李捷、闻郁所撰的《毛泽东诗词50首写作背景介绍》，都明确肯定。但在《毛泽东年谱》中，这一天毛泽东在北京有公开的行程，所以不可能在广州。目前，在没有其他第一手档案资料的情况下，也不排除毛泽东其他日期在广州写下这首诗的可能。

二是1961年12月在广州写下《卜算子・咏梅》。毛泽东在12月份，确实有19天的外访行程。不排除有漏记的可能。例如，12月8日至13日，都是在上海，没有会见和听取汇报的记载。12月20日开始的中央工作会议，议程也相当轻松。按毛泽东的说法，“会议不要开得太紧，上午休息，下午开会，晚上看戏”。因此，也不排除有毛泽东到广州的可能。《毛泽东年谱》关于这首词的写作，只是笼统地记在“12月”，显然是写作时间不详。因此，毛泽东1961年12月在广州写下《卜算子・咏梅》，是有可能的。

三是1961年12月在广州“为即将召开的中共中央扩大会议作准备”。这个“中共中央扩大会议”，也就是著名的“七千人会议”。所谓“作准备”，可以有两种解读：一是会前的“中央工作会议”，这是在北京召开的；二是相关调研活动，这完全可能轻车简从，甚至微服私访。因此，“为即将召开的中共中央扩大会议作准备”是可能的。

总之，根据现有文献资料条件，毛泽东1961年底的广州之行，是可能的。

（二）主要活动

毛泽东1961年底在广州，主要是创作了《七律·和郭沫若同志》和《卜算子·咏梅》两首“反修诗”，并为即将召开的中共中央扩大会议作准备。

1. 创作《七律·和郭沫若同志》

要了解毛泽东1961年底在广州的情况，必须了解一个关键人物：郭沫若。有意思的是，一代伟人毛泽东与文学巨匠郭沫若的交往，就是始于广州。

相识相交于广州

1926年3月，郭沫若受党组织委派，出任广东大学（今中山大学）文科学长（系主任）。郭沫若23日抵达广州后，与成仿吾去林伯渠家拜访。不料林伯渠不在，却在他的书房里遇见了也在等候林伯渠的毛泽东。毛泽东与郭沫若年龄相仿（郭长一岁）、相互知名，攀谈起来非常投机。毛泽东特向他们介绍中山舰事件后广东的局势。

初次见面，毛泽东便给郭沫若留下深刻印象。郭沫若在1937年写的《创造十年续编》中这样描述对毛泽东的第一印象：太史公对留侯张良的赞语说：“余以为其人计魁梧奇伟，至见其图，状貌如妇人好女。吾于毛泽东亦云然。”人字形的短发分排在两鬓，目光谦抑而潜沉，脸皮嫩黄而细致，说话的声音低而委婉。中国人中，尤其是在革命党人中，而有低声说话的人，倒是一种奇迹。

这年7月，郭沫若随军北伐离开广东。在广州的4个月里，毛泽东与郭沫若至少有4次见面。第一次是毛泽东亲自去找郭沫若请他讲课，郭沫若欣然应允；第二次是毛泽东去迎接郭沫若到农讲所作报告，并坐在台下与学员们一同听讲；第三次是广东东山青年会邀请毛泽东、郭沫若去作演讲；第四次是5月5日晚，郭沫若去广州农讲所出席全国劳动大会和广东省第二次农民代表大会所举行的纪念马克思诞辰108周年大会。此外，郭沫若还在国民党政治讲习班任教，讲授革命文学，毛泽东是该班理事并曾代理班主任。

毛泽东与郭沫若是诗友。每有诗作面世，都会寄给对方，惺惺相惜，双方唱和之作不断，堪称佳话。1961年底毛泽东（可能）在广州创作的两首诗词，都与郭沫若有密切关系。

《七律·和郭沫若同志》

1961年10月18日，郭沫若在北京民族文化宫看过浙江省绍剧团《孙悟空三打白骨精》的演出后，绍剧团即请求郭沫若提意见。尔后，郭沫若便挥笔写成七律赠与剧团。很显然，郭沫若的观感，主要是集中在唐僧身上。他在诗中痛斥被白骨精欺骗的唐僧，并把唐僧作为打击对象，认为他死有余辜。原诗如下：

人妖颠倒是非淆，对敌慈悲对友刁。
咒念金箍闻万遍，精逃白骨累三遭。
千刀当剐唐僧肉，一拔何亏大圣毛。
教育及时堪赞赏，猪犹智慧胜愚曹。

郭沫若还将这首诗抄送给毛泽东。11月1日，《人民日报》发表了郭沫若的这首诗。1961年10月上旬，毛泽东在中南海怀仁堂也观看了这一剧目，并曾多次鼓掌表示赞赏。读到郭诗，毛泽东不同意把被白骨精欺骗的唐僧作为打击对象，认为唐僧是被蒙蔽的，主观上并没有想害孙悟空，像唐僧这样慈悲的糊涂人，还是可以教育好的；而像白骨精那样的妖怪，则必然酿成大灾难。于是便写下了这首《七律·和郭沫若同志》：

一从大地起风雷，便有精生白骨堆。
僧是愚氓犹可训，妖为鬼蜮必成灾。
金猴奋起千钧棒，玉宇澄清万里埃。
今日欢呼孙大圣，只缘妖雾又重来。

毛泽东这首“和诗”，告诫人们既要敢于斗争，又要善于斗争，正确区分两类不同性质的矛盾，团结大多数群众，最大限度地孤立敌人。毛泽东后来曾公开说：“郭沫若原诗针对唐僧。应针对白骨精。唐僧是不觉悟的人，被欺骗了。我的和诗是驳郭老的。”

1962年1月6日，郭沫若在广州看到毛泽东的和诗后，又立即步毛泽东和诗的原韵，和成另一首七律《再赞〈三打白骨精〉》，并呈送毛泽东：

赖有晴空霹雳雷，不教白骨聚成堆。
九天四海澄迷雾，八十一番弭大灾。
僧受折磨知悔恨，猪期振奋报涓埃。
金睛火眼无容赦，哪怕妖精亿度来。

1962年1月12日，毛泽东看到郭沫若送上的和诗后表示满意，让康生转告郭沫若：“八日惠书收到，极高兴。请告郭沫若同志，他的和诗好，不要‘千刀当剐唐僧肉’了，对中间派采取了统一战线政策，这就好了。”至此，两人关于《三打白骨精》的公案告一段落。

2. 创作《卜算子·咏梅》

毛泽东推陈出新的咏梅诗

与前述《七律·和郭沫若同志》应和之作不同，《卜算子·咏梅》是毛泽东主动填写的。

1961年11月6日，毛泽东三次写信给田家英，请他找咏梅诗。第一封早上6点写就：“请找宋人林逋（和靖）的诗文集给我为盼，如能在本日下午找到，则更好。”8点半的第二封信说：“有一首七言律诗，其中两句是：雪满山中高士卧，月明林下美人来。是咏梅的，请找出全诗八句给我，能于今日下午交来则最好。何时何人写的，记不起来，似是林逋的，但查林集没有，请你再查一下。”第三封信说：“又记起来，是否是清人高士奇写的。前四句是：琼枝只合在瑶台，谁向江南处处栽。雪满山中高士卧，月明林下美人来。后下句忘了。请问一下文史馆老先生，便知。”

后来终于查知，这是明代高启《梅花九首》的第一首，毛泽东挥毫作书写这首诗。《毛泽东手书古诗词选》影印了毛泽东书写这首诗的墨迹：“高启，字季迪，明朝最伟大的诗人。《梅花》九首之一：琼枝只合在瑶台，谁向江南处处栽。雪满山中高士卧，月明林下美人来。寒衣疏影萧萧竹，春掩残香漠漠苔。自去何郎无好咏，东风愁寂几回开。”落款是：毛泽东1961年11月6日。

接下来，毛泽东阅读了不少古人咏梅的诗词。南宋诗人陆游平生爱梅，写咏梅的诗词在百首以上，其中最有名的《卜算子·咏梅》一词引起毛泽东的关注。陆词原文如下：

驿外断桥边，寂寞开无主。
已是黄昏独自愁，更著风和雨。
无意苦争春，一任群芳妒。
零落成泥碾作尘，只有香如故。

这首词以清新的情调写出了傲然不屈的梅花，暗喻自己的坚贞不屈，笔致细腻，意味深隽，是咏梅词中的绝唱。但那时陆游正处在人生低谷，十分悲观，整首词十分悲凉。毛泽东不欣赏词中的自怨自艾、孤芳自赏和凄凉哀愁，乃“反其意而用之”，写下自己的《卜算子·咏梅》：

风雨送春归，飞雪迎春到。
已是悬崖百丈冰，犹有花枝俏。
俏也不争春，只把春来报。
待到山花烂漫时，她在丛中笑。

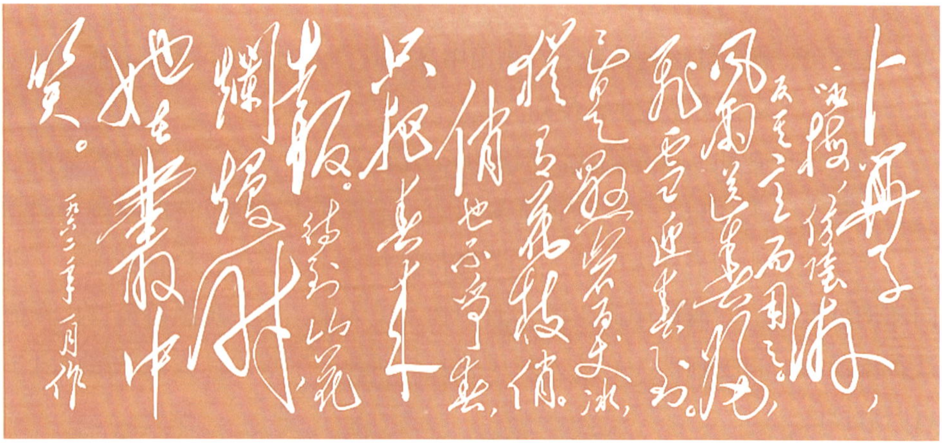

毛泽东手书《卜算子·咏梅》

毛泽东的《卜算子·咏梅》写梅花的美丽、积极、坚贞，不是愁而是笑，不是孤傲而是具有新时代革命者的操守与傲骨，力扫过去文人那种哀怨、颓唐、隐逸之气，创作出一种新的景观与新的气象。因此，有学者认为，毛泽东的词，在形式上受陆游《卜算子·咏梅》的影响，其内容与思想上却明显受高启咏梅诗的影响。

郭沫若点评《卜算子·咏梅》

毛泽东的《卜算子·咏梅》写成后，曾于1961年12月27日批示内部印发这首词，并将陆游的原词附录于后，还加注说明："作者北伐主张失败，皇帝不信任他，卖国分子打击他，自己陷于孤立，感到苍凉寂寞，因作此词"。

1962年1月12日，毛泽东致信康生，并转郭沫若："近作咏梅词一首，是反修正主义的，寄上请一阅。并请送沫若一阅。外附陆游咏梅词一首。末尾的说明是我作的，我想是这样的。究竟此词何年所作，主题是什么，尚有待于考证。我不过望文生义说几句罢了。请代问郭老好！"

1月30日，郭沫若在海南岛的三亚收到康生1月20日转抄的1月12日毛泽东对《再赞〈三打白骨精〉》的评语及新作《卜算子·咏梅》词，当天就和了一首《卜算子·咏梅》：

曩见梅花愁，今见梅花笑。
本有东风孕满怀，春伴梅花到。
风雨任疯狂，冰雪随骄傲。
万紫千红结队来，遍地吹军号。

1963年12月，人民文学出版社出版的《毛主席诗词》首次收录《卜算子·咏梅》。郭沫若撰写了《待到山花烂漫时——读毛主席新发表的诗词〈卜算子·咏梅〉》，发表在1964年3月15日的《人民日报》上。这是关于这首词最早的解读文章。郭沫若在文章中说：“主席的词写成于‘一九六一年十一月’，当时是美帝国主义和他的伙伴们进行反华大合唱最嚣张的时候。这也就是‘已是悬崖百丈冰’的时候。在这样的时候，我们的处境好像很困难，很孤立，不从本质上来看问题的人便容易动摇。主席写出了这首词来鼓励大家。首先是在党内传阅的，意思就是希望党员同志们要擎得住，首先成为毫不动摇、毫不害怕寒冷的梅花，为中国人民做出好榜样。”

关山月的花鸟画《俏不争春》

广州在北回归线以南，亚热带季风气候，四季如春，极少下雪。毛泽东在广州，如何会写下“已是悬崖百丈冰”的词句呢？这是很多人怀疑这首词写于广州的论据。不过，我们也可以从另一角度解读：“悬崖百丈冰”是在北方看到的景象，在广州则“花枝俏”乃至“山花烂漫”。著名岭南画派大师关山月根据毛泽东的《卜算子·咏梅》创作的《俏不争春》，就是“悬崖百丈冰”与“花枝俏”“山花烂漫”的完美结合。

关山月与毛泽东也不陌生。至今悬挂在人民大会堂的大型国画《江山如此多娇》，就是他们“合作”的杰作：傅抱石、关山月绘画，毛泽东题字。1959年初，著名山水画家傅抱石和关山月接受了周恩来总理交给的“政治任务”：为北京人民大会堂创作巨幅国画。两人认真研究几天后画出了小稿，周恩来看后建议“画上红太阳”，体现“东方红，太阳升”之意。周恩来请毛泽东题字时介绍他们的名字，毛泽东笑着说：早就听说两位画家的大名了。傅抱石介绍创作意图；关山月补充说明“红太阳”的象征意义，并说：今天特敬请毛主席您老人家来挥毫落款。毛泽东挥毫题上“江山如此多娇”6个行草大字。

毛泽东的《卜算子·咏梅》问世后，相关和词、词评与画作源源不断。关山月1974年完成咏梅的力作《俏不争春》，就是受毛泽东《卜算子·咏梅》的影响。关山月用夸张的手法把梅花画得繁密而灿烂，几乎布满整个画面，但并不使人感到挤迫，反而给人以无限生机之感。梅枝坚挺向上，用彩鲜艳、绚丽夺目，凸显了梅的俏丽，又以其俏烘托出整个春天，充分体现“俏也不争春，只把春来报”的词境。作品所要赞颂的正是那种富于挑战性的革命英雄主义气概。娇艳似火的红色正是中国革命的象征，它象征着革命英雄主义的精神归宿；那铺天盖地、繁密挺拔的气势，直观地展现出当时风起云涌的政治态势——“俏”得令人精神鼓舞，“红”得让人斗志昂扬！

3. 为七千人大会作准备

1962年1月11日至2月7日，中共中央在北京召开了扩大工作会议。出席会议的有中央、中央局、省、地、县（包括重要厂矿）五级领导干部，共7118人。通称七千人大会。

1958年以来“大跃进”运动和农村人民公社化运动的失败，是召开七千人大会的一个最根本的原因。到1961年底，城市局势依然十分严峻。1961年12月11日，邓小平在中央书记处会议上说：我们的干部要讲理想、讲全局。“现在有点被困难吓倒了”，有些同志“对前途没有信心”。

1961年10月，苏共中央在莫斯科举行第二十二次全国代表大会，中共派周恩来率代表团参加。这正是赫鲁晓夫个人权力达到巅峰的时候，决定“利用中国国内的局势，动摇毛泽东的地位”，组织各国共产党围攻中共。面对赫鲁晓夫的挑衅行为，周恩来提前回国。毛泽东以率刘少奇、朱德、邓小平等到机场迎接周恩来的举动，向赫鲁晓夫表明中共领袖的团结一致，以及对赫鲁晓夫的不屈服态度。为顶住压力，毛泽东和中央决心团结一致，克服困难，搞好经济。这也是毛泽东下决心要召开七千人大会的原因之一。

1961年11月10日，中央召集有各中央局第一书记参加的会议，专门落实粮食征购及上调问题。会上，各中央局书记其实也在心里叫苦。中南局第一书记陶铸提出一个建议，把全国的地委书记找到北京来，打通思想。邓小平觉得这也是一个办法。毛泽东认为有道理，进而提出干脆开一个县委书记以上的五级干部会议。在起草通知时，邓力群建议全国重要厂矿的厂长、党委书记也来参加大会。毛泽东和中央同意了这个建议，原本六千多人参加的大会，就变成了七千多人的规模。

1961年12月20日至1962年1月10日，中共中央在北京召开有各中央局、省市区负责人和中央各部门负责人参加的工作会议，完成七千人大会的所有准备工作。

毛泽东创作的反修诗，还有复杂的国际背景。1959年9月苏美戴维营会谈以后，赫鲁晓夫采取一系列步骤，恶化同中国共产党的关系。在1960年7月，苏联突然撤走援华专家，撕毁中苏合同，挑起中苏边境纠纷，走上“现代修正主义”道路。1961年10月，赫鲁晓夫召开苏共二十二大。一个月后，毛泽东便写下了《七律·和郭沫若同志》，1961年写下《卜算子·咏梅》，目的是为了激励全国人民的斗志，增强大家战胜困难的信心。

此前，毛泽东曾写下《七律·赫鲁晓夫访美》（1959年10月）、《七律·读报有感》（1959年12月）、《七律·读报》（1959年12月）、《七律·读报有感》（1960年6月13日），此后又有《七律·冬云》（1962年12月26日）、《满江红·和郭沫若同志》（1963年1月9日）和《念奴娇·鸟儿问答》（1965年秋）。党和国家其他领导人也有类似的“反修诗”。例如，毛泽东手书的叶剑英“《远望》一诗，为刺责‘北极熊’蜕化变修而作，时在1965年秋”。当然，“变修”不仅仅是单纯的国际政治问题。对“苏修”的驳斥，也隐含对国内“修正主义”的警告。“反修诗”有历史的烙印与局限。

第二部分　毛泽东在广州主要著述介绍

（一）民主革命时期

1.《省宪下之湖南》，原载《前锋》创刊号（1923年7月1日，广州）。署名“石山”。文章分析了赵恒惕颁布湖南省宪的经济、政治原因，揭露其军阀统治的实质，并介绍湖南各派势力的斗争与消长变化情况。全文约4000字。《毛泽东文集》未收录。《党的文献》2011年第1期（总第139期）重刊。

2.《北京政变与商人》，原载《向导》周报第31、32期合刊（1923年7月11日，广州）。文章说：“用国民的力量打倒军阀并打倒和军阀狼狈为奸的外国帝国主义，这是中国国民历史的使命。”这也是毛泽东运用马克思主义阶级分析方法研究资产阶级的重要尝试。全文约3000字。《毛泽东文集》未收录。《党的文献》2011年第1期（总第139期）重刊。

3.《〈广东省党部代表大会会场日刊〉发刊词》，这是毛泽东为国民党广东省代表大会撰写的。中国国民党广东省第一次代表大会，于1925年10月20日至27日在广州召开。毛泽东负责起草大会宣言，并撰写《〈广东省党部代表大会会场日刊〉发刊词》。《发刊词》和毛泽东起草的大会宣言，坚持国民党一大的正确路线，反对国民党右派的斗争，捍卫了孙中山的新三民主义和三大政策，高度评价广东在国民革命中的特殊贡献和历史作用。中共中央文献研究室编《毛泽东文集》第1卷（人民出版社1993年版，第15~17页）收录。

4.《答少年中国学会改组委员会问》，这是毛泽东填具的少年中国学会改组委员会的调查表。少年中国学会，由李大钊、王光祈等人发起，1919年7月在北京成立。毛泽东于1920年1月参加该学会。这份表格填写的内容，表达了毛泽东关于中国社会各阶级及其对革命态度的看法，包括新民主主义革命思想。收入《毛泽东文集》第1卷，第18~20页。

5.《中国社会各阶级的分析》。文章开门见山地提出：“谁是我们的敌人？谁是我们的朋友？这是革命的首要问题。”在逐一分析了中国社会各阶级的经济地位和政治态度后，文章指出：一切勾结帝国主义的军阀、官僚、买办阶级、大地主阶级以及附属于他们的一部分反动知识界，是我们的敌人。工业无产阶级是我们革命的领导力量。一切半无产阶级、小资产阶级，是我们最接近的朋友。此文最初发表在国民革命军第二军司令部的内部刊物《革命》半月刊第4期（1925年12月1日出版），后又连续多次在广州重新发表。1926年2月1日，仍以原文刊登在国民党中央执行委员会农民部所办《中国农民》第2期；1926年3月13日开始，在中国共产主义青年团中央主办的《中国青年》周刊第116期和117期上，连续刊登此文。后来编辑出版《毛泽东选集》《毛主席著作选读》，这篇《中国社会各阶级的分析》都是开卷篇。

6.《〈政治周报〉发刊理由》，发表于《政治周报》创刊号（1925年12月5日）。这是毛泽东为《政治周报》创刊写的发刊词。《政治周报》是第一次国共合作时期中国国民党中央宣传部主办的刊物，毛泽东主编。发刊词说明了《政治周报》的创刊背景及办刊思路。“为什么出版《政治周报》？为了革命。为什么要革命？为了使中华民族得到解放，为了实现人民的统治，为了使人民得到经济的幸福。”收入《毛泽东文集》第1卷，第21~23页。

7.《国民党右派分离的原因及其对于革命前途的影响》（1925年冬），发表于《政治周报》第4期（1926年1月10日）。文章揭露戴季陶曲解孙中山遗教，反对三大政策，使中国走“前代西洋民主革命”老路的阴谋；坚持与国民党新老右派作不妥协的斗争，打消部分人士“和稀泥式”无原则让步的幻想。文章说：“半殖民地中国的国民革命政党，在今日应有这个分裂。这是一种必然的现象。”收入《毛泽东文集》第1卷，第24~32页。

8.《纪念巴黎公社的重要意义》，这是毛泽东1926年3月18日为纪念巴黎公社55周年在国民党政治讲习班上的讲演，题为《纪念巴黎公社应注意的几点》，后来发表在《中国国民党政治讲习班旬刊》第2期（1926年3月31日）。文章高度评价公社的历史意义：俄国的十月革命和巴黎公社，是工人阶级以自己的力量，来求人类真正的平等自由，它们的意义是相同的。毛泽东总结了巴黎公社失败的主要原因，并针对怀疑或反对阶级斗争的倾向，提出：“其实四千多年的中国史，何尝不是一部阶级斗争史呢？”收入《毛泽东文集》第1卷，第33~36页。

9.《国民革命与农民运动》，这是毛泽东为《农民问题丛刊》写的序言。《农民问题丛刊》是毛泽东1926年5月至9月在广州主办第六届农讲所期间主编的一套丛书，计划出版52种，实出17种。文章批评一些同志只重视城市工人、学生和中小商人的工作，忽视农民运动的倾向；明确指出：“农民问题乃国民革命的中心问题，农民不起来参加并拥护国民革命，国民革命不会成功。”文章发表后，在党内外引起强烈反响。1926年9月21日出版的《农民运动》第8期全文转载。收入《毛泽东文集》第1卷，第37~41页。

10.《中国国民党选派学生赴莫斯科孙文大学》，署名“子任”，载《政治周报》第2期（1925年12月13日），全文近4000字。“孙文大学”即著名的“莫斯科中山大学”。文章介绍孙文大学首批学生的招生情况，并阐述了学校的创设目的：为中国培养国民革命的领导人才，中苏两国的联合是为了反对帝国主义。文章介绍了孙文大学在莫斯科创办和在广州招生的情况，并附有广州录取的140名考生名录和学生基本情况的统计分析。最后是汪精卫对学生的几点要求，以及苏联顾问鲍罗廷的长篇演说。《毛泽东文集》未收录。

11.《中国农民中各阶级的分析及其对于革命的态度》，撰写于1925年底，发表在《中国农民》第1期（1926年1月1日），全文约4300字。文章把全部农村人口划分为八种成分：大地主、小地主、自耕农、半自耕农、半益农、贫农、雇农及乡村手工业者、游民。划分的经济依据是：以占有他人的剩余劳动力为准。有的误以为是《中国社会各阶级的分析》。《毛泽东文集》未收录。

（二）社会主义革命与建设时期

1.《〈中国农村的社会主义高潮〉序言》（1955年12月27日），后来编入《毛泽东选集》第五卷，作为“序言二”（1955年9月写的《〈怎样办农业生产合作社〉序言》，则作为“序言一”编入《毛泽东选集》第五卷）。该书由毛泽东亲自主持，编辑过两次：第一次是在1955年9月，书名叫作《怎样办农业生产合作社》；第二次是在1955年12月，由于书中不少材料已经过时，毛泽东决定重新编辑，补充新的材料，并将书名定为《中国农村的社会主义高潮》，1956年1月由人民出版社出版。从序言中可以看出，毛泽东一方面希望把已经掀起的农业合作化高潮引向深入，巩固已经取得的成果；另一方面，想通过这部书把对农业合作化过程中“右倾思想”的批判，引导到其他战线，以农业合作化运动的高潮来带动其他各项建设事业的快速发展。收入《建国以来毛泽东文稿》第五册（1955.1—1955.12）第484~487页。（中央文献出版社，1991年2月第1版）

2.《〈中国农村的社会主义高潮〉按语》，毛泽东1955年9月和12月两次编辑《中国农村的社会主义高潮》一书时所写的，共104篇。其中有十几篇是9月份写的，其他都是12月份撰写或修改的。其中包括为广东6篇材料写的按语，分别是《我当大社主任四个月的几点体会》《中山县新平乡第九农业生产合作社的青年突击队》《琼山县第一区红旗农业生产合作社，在同自然灾害和同资本主义思想作斗争中巩固起来了》《在和自然灾害作斗争中成长起来的边海乡农业生产合作社》《台山县田美村农业生产合作社组织开荒生产的经验》和《广宁县江布乡红星农业生产合作社发展了多种经济》。毛泽东加写的按语，充分体现了毛泽东关于农业合作化运动的思想，也成为各地进行农业合作化的指导思想。收入《建国以来毛泽东文稿》第五册（1955.1—1955.12）第488~575页。（中央文献出版社，1991年2月第1版）

3.《中央关于各省市区党委向中央汇报工作的具体安排的通知》（简称《通知》）和《中央关于各省市区党委向中央汇报工作的补充通知》（简称《补充通知》），这是由毛泽东起草，中共中央于1956年5月14日和5月20日发出的。《通知》就各省市区向中央汇报工作的时间作了大致安排，并将汇报内容分为工业、交通运输业、商业等11个问题。《补充通知》根据广东、湖北、武汉、广州等省委、市委向中央汇报工作的情况，对汇报对象进行了一些修改。收入《建国以来毛泽东文稿》第六册（1956.1—1957.12）第116~117页、第119页。（中央文献出

版社，1992年1月第1版）

4.《介绍一个合作社》（1958年4月15日），这是毛泽东在阅读中共河南省封丘县委3月20日关于介绍该县应举农业社的报告《一个苦战二年改变了面貌的合作社》后而写的。这份报告介绍了应举农业社依靠合作社集体的力量，战胜自然灾害，改变落后面貌的事迹。毛泽东对此十分赞赏，写下该文，高度赞扬人民群众斗志昂扬、意气风发的精神面貌。收入《建国以来毛泽东文稿》第七册（1958.1—1958.12）第177~178页。（中央文献出版社，1992年8月第1版）

5.《读苏联〈政治经济学教科书〉的谈话（节选）》，这是1959年12月10日至1960年2月9日，毛泽东组织由陈伯达、胡绳、邓力群、田家英等参加的读书小组，先后在上海、杭州和广州，通读苏联科学院经济研究所编的《政治经济学教科书》修订第三版下册（人民出版社1959年版）时所发表的一系列谈话。内容涉及哲学、经济学、科学社会主义、国际问题、相关的国内政策问题，以及对一些历史事件、历史人物的评价等等，提出了许多正确而富有价值的重要理论观点。收入《毛泽东文集》第八卷第103~148页。（人民出版社，1996年6月第1版）

6.《要做系统的由历史到现状的调查研究》，这是毛泽东1961年3月13日在广州召开的中共中央中南局、西南局、华东局负责人和这三个地区所属省市自治区党委负责人参加的工作会议（即三南会议）上讲话的主要部分。收入《毛泽东文集》第八卷第252~255页。（人民出版社，1996年6月第1版）

7.《在广州中央工作会议上的讲话》（1961年3月23日）。在讲话中，毛泽东逐节介绍《关于调查工作》一文的主要内容，强调调查工作的重要性。《关于调查工作》一文原题为《调查工作》，写于1930年5月，是毛泽东为了反对当时红军中的教条主义思想而作的。1961年3月11日，毛泽东在广州召开的三南会议期间批示印发这篇文章时，将题目改为《关于调查工作》。1964年编入《毛泽东著作选读（甲种本）》时，毛泽东将题目改为《反对本本主义》。收入《毛泽东文集》第八卷第256~267页。（人民出版社，1996年6月第1版）

8.《农村人民公社工作条例（草案）》（1961年3月22日）。毛泽东主持制定，在中央工作会议讨论通过。该条例草案共有10章：第一章，农村人民公社在现阶段的性质、组织和规模；第二章，人民公社的社员代表大会和社员大会；第三章，公社管理委员会；第四章，生产大队管理委员会；第五章，生产队管理委员会；第六章，社员家庭副业；第七章，社员；第八章，干部；第九章，人民公社各级监察委员会；第十章，人民公社中的党组织。共计60条，故又称“农业六十条”。该草案的制定是1961年广州中央工作会议的主要成果，对人民公社中发现的各种问题作了较系统的规定，在重新纠“左”的道路上前进了一大步。《毛泽东文集》第八卷未收录。

第三部分　毛泽东在广州活动大事记

（一）民主革命时期

1923年

4月中下旬　离长沙经上海，南下广州。行前向继任中共湘区委员会书记李维汉移交工作，把领导工人运动、农民运动和青年团的具体工作分别交给郭亮、夏曦等。

4月28日　与共产国际代表马林等人到达广州（马林此行途经汕头、香港）。毛泽东到广州后，在中共中央任职，住在东山“春园”，参与中共三大的筹备工作。

6月上旬　参加中共三大预备会议。会议由陈独秀主持，马林传达共产国际执行委员会《关于中国共产党同国民党关系问题的决议》，报告国际形势。会议讨论中央委员人选和起草中共三大的各个决议案问题。

6月12日至20日　出席在广州东山恤孤院路后街31号召开的中国共产党第三次全国代表大会，大会通过《关于国民运动及国民党问题的议决案》等决议案。毛泽东当选为中央委员，大会后推举陈独秀、毛泽东等5人组成中央局。陈独秀为委员长，毛泽东为秘书，协助委员长处理中央日常工作。

中共三大期间，常利用休息时间到培正路简园同谭延闿谈国共合作问题。会后，同陈独秀、李大钊、蔡和森、向警予留在广州。曾与陈独秀、李大钊到廖仲恺家谈国共合作问题。国民党本部派覃振去湖南，毛泽东托覃振带信给李维汉，要求中共湘区委员会协助覃振在湖南筹建国民党组织。

6月25日　同陈独秀、李大钊、蔡和森、谭平山以国民党党员身份致信孙中山，建议国民党“在上海或广州建立强有力的执行委员会，以期合力促进党员的活动和广泛开展宣传”。

7月1日　中共中央致国际红色工会、苏联铁路工人联合会等，对他们给予中国工人阶级的援助表示感谢。

同日　在广州中共中央理论刊物《前锋》月刊创刊号发表《省宪下之湖南》一文。

7月2日　中共中央局委员长陈独秀、秘书毛泽东致信共产国际，报告中共三大及其以后的活动情况："目前党内存在的一些困难已经在这次会议上获得解决。"信中还说："此次会议后，我们决定把中央执行委员会的机关搬到上海工作。"

7月11日　在中共中央机关报《向导》周报第31、32期合刊上发表《北京政变与商人》一文。文章说："惟有号召全国商人、工人、农人、学生、教职员，乃至各种各色凡属同受压迫的国民，建立严密的联合战线，这个革命才可以成功。"

7月13日　中共中央在广州召开会议，决定中央局于近日迁往上海。

7月19日　中共中央在广州召开会议，讨论共产党人在国民党中的处境问题，研究中央迁往上海有关问题，决定加强对国民党的宣传，在华北、华中建立国民俱乐部。

7月下旬　离开广州去上海。

1924年

1月中旬　同国民党部分代表乘轮船离上海到广州，参加国民党第一次全国代表大会。

1月17日　参加国民党一大的中共党团会议，研究中共党团活动的组织形式。会议决定："分成几个小组，而不是集中在一起出席全体会议"。

1月18日　国民党一大的中共党团继续举行会议，鲍罗廷出席。毛泽东向会议报告1月17日中共党团会议的情况。鲍罗廷在会议上作了长篇报告，并总结了国共双方的4点分歧。毛泽东就民族问题和农民问题作了发言。

1月19日　中国国民党第一次全国代表大会召开预备会议。

1月20日下午 大会讨论孙中山提出的《组织国民政府之必要案》。代表在讨论时把问题扯得很宽泛。毛泽东发言说：此案还不是说明怎样组织政府及何时组织政府，表决也仅限于“组织国民政府之必要”。议案得以顺利通过。

1月20日至30日 作为湖南国民党地方组织的代表，出席在广州召开的国民党第一次全国代表大会。大会由孙中山主持，毛泽东出席会议并在会上多次发言。

1月22日上午 大会讨论《中国国民党章程草案》。会议审议通过章程审查委员会19人名单，毛泽东为审查委员会委员之一。

1月28日 国民党一大讨论《中国国民党章程》时，国民党右派方瑞麟等反对共产党党员跨党，主张在章程中增加一条：“本党党员不得加入他党。”李大钊当即予以反驳，并得到廖仲恺等多数代表的支持。毛泽东适时提议停止讨论，请付表决。方瑞麟的提案被大会否决。

1月29日 国民党一大在讨论“比例选举制为大会政纲之一”的议案时，毛泽东发言说：“本席根本反对本案，以为不能讨论，不能表决。”比例选举制的议案，未被通过。

1月30日 国民党一大闭幕。大会通过有共产党人参加起草、以反帝反封建为主要内容的宣言以及新的中国国民党党纲、党章等，确定联俄、联共、扶助农工的三大政策。大会选举中央执行委员会，毛泽东当选为候补委员。

1月31日 出席国民党第一届中央执行委员、监察委员第一次全体会议。会议决定派遣中央执行委员分赴上海、北京、汉口等特别区，组织执行部，指导和监督当地党务。毛泽东被派到上海执行部。

2月9日 孙中山主持召开国民党中央党部第四次会议，讨论10项提案。其中有毛泽东提出的4项议案：（1）重要市县党部及区党部宜有经费补助；（2）本年内各省省党部宜兼理所在地之市党部，中央及各地执行部宜兼理所在地之特别区党部；（3）中央执行委员会及各地执行部实际组织时，应注意事实上之需要；（4）本年内地方组织宜分别轻重缓急，定一计划。上述四案，除第二项未通过，其余三项分别交预算委员会审查或交中央执委会参考。

2月中旬　从广州到上海，参加国民党上海执行部，同时在中共中央工作。

1925年

8月28日　湖南军阀赵恒惕电令湘潭县团防局逮捕毛泽东。毛泽东离开韶山去长沙。

8月底　在长沙向中共湘区委员会报告韶山农运运动情况。就农民问题同湘区委员会的同志交换意见，建议湘区委多派同志前往广州学习，多派优秀同志到各县农村秘密组织农民协会和发展国民党组织。

9月上旬　同准备到农民运动讲习所（第五届）学习的庞叔侃、周振岳由长沙动身赴广州。毛泽东一行，经株洲、衡阳、郴州等地南下，到广东韶关，再转乘火车抵广州。

9月中旬　到广州后，因身体虚弱，住进东山医院，进行短期疗养。

9月29日　国民党第二次全国代表大会重要议案委员会召开第一次会议。会议决定：宣传问题议案由汪精卫、陈孚木、毛泽东负责起草。这时，毛泽东开始参与国民党“二大”的筹备工作。

10月5日　国民政府主席汗精卫以政府事繁，不能兼任宣传部部长职务为由，向国民党中央党部常务会议推荐毛泽东代理宣传部部长。常务会议通过，并请毛泽东即日到部任事。

10月7日　到国民党中央宣传部就职，召开宣传部第一次部务会议。

10月13日　出席国民党中央执行委员会第113次会议。会议决定对戴季陶7月擅自出版《国民革命与中国国民党》一书通告各党员：今后“凡关于党之主义与政策之根本原则之言论，非先经党部决议，不能发表”。会议通过毛泽东关于调戴季陶来广州工作的提议。

10月14日　主持召开国民党中央宣传部第二次部务会议。

10月16日　出席国民党中央执行委员、监察委员、各部部长第114次联席会议。会议决定组织国民党党史编纂委员会，指定毛泽东、甘乃光、詹菊似3

人起草编纂党史章程。

10月20日 参加国民党广东省党部第一次代表大会。会议决定由毛泽东、黎樾廷、李谷珍3人组成大会宣言起草委员会，负责宣言的起草工作。为《广东省党部代表大会会场日刊》撰写《发刊词》并发表。

10月26日 国民党广东省第一次代表大会通过由毛泽东等起草的大会宣言。

10月27日 出席国民党广东省第一次代表大会闭幕会，并向参加大会的千人发表演说。演说指出，“中间派在中间是不能立足的”。

11月12日 出席国民党中央执行委员会第一百一十九次会议，会议决定成立国民党第二次全国代表大会代表资格审查委员会，推定谭平山、邓泽如、林伯渠、林森、毛泽东5人为委员。

11月21日 填写少年中国学会改组委员会调查表。

11月23日 国民党右派林森、谢持等在北京西山非法召开西山会议，议决解除共产党员谭平山、李大钊、林伯渠、毛泽东等中央执行委员和候补中央执行委员职务。

11月27日 国民党中央执行委员汪精卫、谭延闿、谭平山、林伯渠、李大钊、于右任、于树德、王法勤、丁惟汾、恩克巴图，候补执委毛泽东、瞿秋白、韩麟符、于方舟、张国焘通电全国各级党部，指出林森等在北京西山召开的所谓国民党一届四中全会为非法。

同日 出席国民党中央执行委员、监察委员、各部部长第123次联席会议。会议推定毛泽东起草中央通告，将国民党一届三中全会关于在广州收集四中全会会议决议以及此项决议延续执行的经过详情，通告海内外各级党部；并通过毛泽东以代理宣传部部长名义提出的《中国国民党之反奉战争宣传大纲》。12月3日，毛泽东发出关于反奉战争宣传的通告。

11月 向国民党中央建议在上海设立交通局，作为沟通中央与全国各地的机关。国民党中央同意，并决定将上海交通局的工作交宣传部负责。

12月1日 在国民革命军第二军司令部编的《革命》第4期发表《中国社会各阶级的分析》。文章后来在1926年2月1日出版的《中国农民》和3月13日出版的《中国青年》先后转载，还在广东汕头出版了单行本。

12月4日　出席国民党中央执行委员、监察委员、各部部长第125次联席会议。会议通过毛泽东起草的《中国国民党对全国及海外全体党员解释革命策略之通告》。通告在12月5日出版的《政治周报》和广州《民国时报》同时发表。

12月5日　毛泽东主编的《政治周报》在广州创刊；为该刊撰写的《〈政治周报〉发刊理由》，还以“润”为笔名发表了7篇杂文。

12月11日　出席国民党中央执行委员、监察委员、各部部长第126次联席会议。会议就西山会议派开除中央执行委员、候补执委中的共产党党员党籍一事，作出决议：“此种会议，违法无效”；会议对上海《民国日报》擅自发表拥护西山会议的言论问题，决定交中央宣传部部长审查，并拟具处置办法。

12月13日　在《政治周报》第二期发表北京、广东、上海等地国民党组织发出的20份反对西山会议的文电，并加写按语。在本期周报以“润”为笔名发表《向左还是向右》《赤化原来如此》两篇杂文，还发表《中国国民党选派学生赴莫斯科孙文大学》一文。

12月15日　出席国民党中央执行委员会第127次会议。会议应湖南政治研究会要求，指派谭延闿、程潜、陈嘉祐、鲁涤平、李富春、林伯渠、毛泽东为“短期政治讲习班”理事。

12月20日　在《政治周报》第三期发表《上海〈民国日报〉反动的原因及国民党中央对该报的处置》，以及《北京右派会议与帝国主义》等3篇杂文。

12月31日　出席国民党中央执行委员会第131次会议。会议讨论并决定国民党二大主席团名单、大会议程，以及各项政务报告人名单，推定毛泽东作宣传工作报告。

12月　写信给中共韶山支部，并送农民协会简章，建议在原有农民协会的基础上成立区农民协会。

冬　杨开慧和母亲携毛岸英、毛岸青由湖南来到广州，同毛泽东住在东山庙前西街38号。杨开慧协助毛泽东从事革命活动和编辑《政治周报》。

本年　在广州期间，曾到中共广东区委同陈延年等商量工作。在国民党第五届中央农民运动讲习所讲授中国社会各阶级的分析和农民运动等。在国立广东大学附设中学兼任教员，每周授课两小时，讲授农工政策。还兼任国民革命军第二军军官学校教官。

1926年

1月1日 在《中国农民》第一期发表《中国农民中各阶级的分析及其对于革命的态度》一文。文章将中国农村分为八个阶级：大地主、小地主、自耕农、半自耕农、半益农、贫农、雇农及乡村手工业者、游民。

1月1日至19日 以候补中央执行委员身份出席中国国民党第二次全国代表大会。

1月8日 向大会作宣传报告。报告总结两年来在办报、图画及口头宣传、重要事件宣传等方面取得很大成绩。

1月9日 同邵力子、陈其瑗、朱季恂、范鸿劼被大会主席团推选组成宣传报告审查委员会，对宣传报告进行审查并提出决议草案。

1月10日 在《政治周报》第四期发表《国民党右派分离的原因及其对于革命前途的影响》。在本期周报上，以“十二月二十日广州的反段大示威”为题报道了广州十万民众集会并游行示威反对段祺瑞政府的情形；并摘发一组从中央到地方以及军队中国民党组织和个人反对国民党西山会议派的文电，共29件。

1月16日 同汪精卫、陈孚木起草的《关于宣传决议案》在国民党二大通过。

同日下午 国民党第二次全国代表大会进行选举，选举结果，在36名中央执行委员中，有共产党党员谭平山、林伯渠、李大钊、于树德、吴玉章、杨匏安、恽代英7名；24名候补中央执行委员中，有共产党党员毛泽东、许甦魂、夏曦、韩麟符、董必武、邓颖超、屈武7名。

1月18日 在国民党二大会议上，同丁君羊、侯绍裘等5位代表，受大会主席团指定，修改《农民运动决议案》。此决议案为农民部部长陈公博等起草。有代表提出，要求增加审查委员重新拟定，大会主席团决定由毛泽东等进行修改。

同日　代表宣传报告审查委员会向大会作审查报告。大会通过《宣传报告决议案》。

同日　在大会讨论中国国民党党务报告关于容纳共产党党员加入国民党的问题时，针对黄埔军校代表袁同畴提出的限制共产党活动的意见，发表反对意见。结果，袁同畴收回自己的意见。

1月19日　在国民党二大会议讨论关于覃振、石瑛、茅祖权的处分问题时发言说，应将原案要求3人于一个月内声明脱离同志俱乐部的期限改为两个月。大会采纳。

1月22日至25日　出席国民党第二届中央执行委员会第一次全体会议。会议决定：何香凝、戴季陶、毛泽东、邓演达、邓颖超等23人被派为驻广东的中央执委和候补执委。

2月1日　列席国民党中央常务委员会第一次会议。会议任命周恩来、李富春、朱克靖分别为国民革命军第一军、第二军、第三军副党代表。

2月5日　国民党中常会第二次会议批准毛泽东继续担任中央宣传部代理部长。会议决定继续开办农民运动讲习所设立农民运动委员会，以研究农民运动之理论与实施计划之指导。

同日　国民党中央农民部发出第一号通告，宣布农民运动委员会正式成立。委员为：林伯渠（主席）、陈公博、毛泽东、甘乃光、宋子文、谭植棠、萧楚女、阮啸仙、罗绮园。

2月8日　列席国民党中常会第三次会议，提议宣传部以沈雁冰为秘书，顾彀宜为指导干事，吴求哲、陈曙风为编辑干事，萧楚女、朱则、赖特才、朱稚零为检阅干事。

2月16日　国民党中常会第五次会议通报：宣传部代理部长毛泽东因病请假两星期，部务由沈雁冰代理。

2月28日　在国民党政治讲习班开学典礼上发表演说。

2月　在国民革命军第二军军官学校讲授农民问题。

3月9日　列席国民党中常会第十一次会议。关于宣传部提出的国民党二大宣传大纲草案，经中常会第9次、第10次会议讨论原则通过并增写后，于本次会议最后通过。

3月16日上午 列席国民党中常会第12次会议。宣传部提出关于孙文主义学会的3项议案，均为会议通过；毛泽东提议对统一两广有功的李宗仁、黄绍竑、白崇禧“由中央嘉勉”，获通过。

同日下午 出席农民运动委员会第一次会议。会议决定，第六届农民运动讲习所所长由毛泽东担任。

3月18日 在广州国民党政治讲习班纪念巴黎公社55周年集会上发表讲演，题为《纪念巴黎公社应注意的几点》。

3月19日 出席国民党中常会第13次会议。会议讨论了农民运动讲习所问题，批准毛泽东任第六届农民运动讲习所所长。

3月20日 蒋介石在广州制造中山舰事件。事件发生后，毛泽东、周恩来在李富春住处商讨对策。他们认为，在广东的国民革命军6个军中，有5个军的军长同蒋介石存在矛盾，而在蒋介石直接指挥的第一军中政治骨干大部分是共产党党员。基于这种形势，他们提出以叶挺独立团为主，联合国民党左派和一切能联合的力量给蒋介石以回击。但共产国际和中共中央未予采纳。

3月23日 国民党中常会第14次会议通过宣传部关于黄花岗七十二烈士纪念日宣传大纲草案；针对段祺瑞3月18日在北京镇压爱国民众制造惨案，决定由宣传部起草反段宣言及宣传大纲。

3月30日上午 列席国民党中常会第16次会议。会议决定4月2日召集各团体举行示威，抗议段祺瑞残杀北京爱国民众。

同日下午 出席农民运动委员会第2次会议。提议：请任高语罕为中央农民运动讲习所政治训练部主任；目前各省农民运动应以全力注意将来革命军北伐经过之区域，如赣、鄂、直、鲁、豫诸省。以上提议均由会议通过或作出相应决定。

4月5日至7月4日 应聘任国民党广东省党部青年部训育员养成所讲师，讲授“农民问题”。

4月6日　列席国民党中常会第18次会议。会议根据蒋介石提议，决定5月15日至25日召开第二届中央执行委员会第二次全体会议。

4月10日　国民党中央农民部指派毛泽东、林伯渠、高语罕、罗绮园、阮啸仙、谭植棠组成第六届农民运动讲习所考试委员会，对20个省区选送的学生进行复试。

4月13日　列席国民党中常会第20次会议，提出在上海开办党报的议案。会议通过。

4月14日　出席广东省党部青年部训育员养成所举行的欢迎大会，并应邀发表演说。

4月16日　出席国民党中常会第21次会议。会议听取关于南京举行孙中山陵墓奠基典礼时反动分子捣乱情形的报告，决定由邓泽如、陈其瑗、毛泽东等进行审查，议定办法。

4月27日　出席国民党中常会第23次会议。宣传部提出4项提案：（1）扩大国民党和国民政府的宣传于全国各地；（2）编印关于革命理论、策略、史事的丛书小册子；（3）在宣传部之下设宣传委员会，以讨论、计划全国宣传事项；（4）指派汪精卫、陈公博、甘乃光、彭泽民、陈其瑗、林伯渠、毛泽东7人为宣传委员会委员。除第一项交政治委员会办理，其他各项会议均照准。

4月30日　出席国民党中常会第24次会议，提出3项提案：（1）五一节用中央名义发表告工人、农民通电，在广州发传单；（2）“五四”“五七”纪念日中央发表通电；（3）请中央发起纪念“五卅”全国反帝国主义示威运动。会议决定：一、二两项通电由宣传部起草，第三项照办。

5月3日　第六届广州农民运动讲习所举行开学典礼，由国民党中央农民部部长林伯渠主持，所长毛泽东报告农讲所筹备经过和招生情形。

5月4日　出席国民党中常会第25次会议。会议根据宣传部提议，通过编辑“国民运动丛书”办法；任沈雁冰为驻沪编纂“国民运动丛书”干事；增补胡汉民、顾孟余、邵力子为宣传委员。

5月7日　上午，出席国民党中常会第26次会议。会议决定，派缪斌、褚民谊、陈其瑗、毛泽东代表中央常委会参加本日“五七”纪念大会。中午12时，在国立广东大学操场参加广东各界纪念“五七”国耻大会。毛泽东被选为大会主席团成员。

5月11日 列席国民党中常会第27次会议。由毛泽东等组成的纪念“五七”大会主席团，向会议报告右派分子捣乱纪念会事实经过。

5月13日 主持召开国民党中央宣传部所属宣传委员会第一次会议。

5月15日至22日 出席在广州举行的国民党第二届中央执行委员会第二次全体会议。会上，蒋介石向全会提出限制共产党、由新右派独揽国民党党权的《整理党务案》。

5月20日 向国民党二届二中全会报告三个多月来宣传部的工作。

5月28日 国民党中常会第29次会议通过关于谭平山、毛泽东、林伯渠辞职问题案。6月22日国民党中央宣传委员会改组，毛泽东及其他共产党人被免去委员职务。

5月30日 在农讲所召开纪念“五卅”大会。率农讲所学生到东教场参加广州各界纪念“五卅”大会并游行示威。

6月初 开始为农讲所学生讲授《中国农民问题》，共授课23课时。

6月3日、8日、25日 为农讲所学生讲授农村教育问题。毛泽东在农讲所还讲授地理课，讲述学习地理与革命工作的关系。

6月23日 同农讲所全体学生一起参加广州沙基惨案一周年纪念大会。全市各界群众游行时，忽狂风大作，暴雨骤降，毛泽东率领全体学生走在最前列，高呼口号，冒雨行进。

7月4日至6日 出席国民党第二届中央执行委员会临时全体会议。会议讨论国民革命军出师北伐事宜，通过《关于国民革命军出师对全体党员之训令》，决定发布《国民革命军出师宣言》，并举行出师典礼大会。

7月 带领农讲所50名学生到韶关地区实习一个星期，参观并考察农民运动的情况。8月中旬，又组织农讲所全体学生到海丰实习两个星期。

8月14日 以农讲所所长身份应邀参加在广州中山大学礼堂举行的中华农

学会第九届年会开幕大会并致辞。

8月17日　应邀参加国民党广东省农民协会执行委员会扩大会议开幕典礼，并发表演说。

8月20日至9月中旬　应聘为国民党广东省农委举办的调查员训练班讲课，讲授共产国际、苏俄、土地问题。

9月1日　为《农民问题丛刊》写序言，题为《国民革命与农民运动》。

9月3日　到黄埔军校讲演。

9月11日　在第六届农民运动讲习所毕业典礼上作总结报告。

9月　《农民问题丛刊》开始陆续出版。毛泽东主持编印的这套丛刊，是在主办农讲所期间，在条件十分困难的情况下进行的。原计划出版52种，因条件所限只出版了17种。

10月15日至28日　出席国民党中央执行委员和各省区市党部、海外党部代表联席会议。会议讨论国民政府的发展、迁都、召开国民会议、国民党的最近政策等问题，通过《联席会议决议案效力问题决议案》《中国国民党的最近政纲》等，重申继续执行国民党一大、二大决议。

10月23日　国民党中央各省区联席会议讨论国民党的最近政纲草案。毛泽东提议，应“重订适合一般商人利益之商会法”。毛泽东等7人联名提出《商民运动提案》。

10月25日　国民党中央各省区联席会议继续讨论国民党的最近政纲草案。在讨论农民问题时，会议否决了湖南等代表提出的“解散摧残农会之民团或田防局”一案。毛泽东支持湖南代表，要求将其作一议案另行提出讨论。

10月26日　国民党联席会议决定由主席团指定徐谦、陈其瑗、毛泽东等7人会同主席团起草全国联合会政纲。次日，大会通过《全国联合会之政纲》。政纲提出一些符合人民利益的基本要求。

10月27日　国民党联席会议讨论国民党的最近政纲草案。毛泽东发言说：“本党最重要之政策为农民政策，预征钱粮足使农民对本党发生怀疑，不如用公债一法取之于少数有钱人较为可行。”大会主席团指定陈其瑗、甘乃光、孙科、毛泽东等与财政部部长宋子文会下商议解决办法。宋子文仍坚持预征钱粮。会议僵持不下，主席宣布交政治会议“办理”。

10月28日　联席会议讨论由甘乃光、毛泽东等30余人提出的《关于民团问题决议草案》并通过。

同日　在《向导》周报发表《江浙农民的痛苦及其反抗运动》。

11月上旬　离开广州到上海。杨开慧和母亲携毛岸英、毛岸青也回到湖南。

（二）社会主义革命与建设时期

1954年

11月3日　抵达广州，住小岛招待所（今珠岛宾馆）。

11月3日至24日　在广州与刘少奇、周恩来、李富春等一起审定《中华人民共和国发展国民经济的第一个五年计划草案（初稿）》。

11月6日　以中华人民共和国主席名义，与国务院总理兼外交部部长周恩来，就苏联十月革命37周年，给苏维埃社会主义共和国联盟最高苏维埃主席团主席伏罗希洛夫、部长会议主席马林科夫、第一副主席兼外交部部长莫洛托夫发去贺电。

11月9日　发布中华人民共和国主席令，根据第一届全国人大常委会第二次会议的决定，任命粟裕为中国人民解放军总参谋长，刘伯承为中国人民解放军训练总监部部长，罗荣桓为中国人民解放军总政治部主任和总干部部长，叶剑英为中国人民解放军武装力量监察部部长，黄克诚为中国人民解放军总后勤部部长，杨立三为中国人民解放军财务部部长。

11月10日　与刘少奇、周恩来代中央起草了一个发给各省省、市委的指示电报，请他们于11月底前就“一五”计划草案初稿提出意见报告中央，并请各省、市委召集本地区的计划工作会议，定出各省、市地方经济的五年计划纲要，于12月10日送中央。

11月18日　就学习苏联《政治经济学教科书》问题，写信给刘少奇、周恩来和李富春、陈伯达（中央宣传部副部长）、李维汉（中央统战部部长）、陶铸（华南分局书记）。

同日 阅政协全国委员会工作会议讨论筹备第二届全国政协会议情况的简报，批示周恩来：章程与名单数日内即宜大体确定，否则12月20日以前开会恐来不及。19日和23日，分别收阅周恩来报送的政协章程和第二届全国政协委员会初拟名单。

11月19日 阅越南劳动党中央10月27日给中共中央的电报，就越南要求中国协助“救济灾民”的请求，给刘少奇和周恩来作出批示。

11月20日 审阅周恩来11月19日转来的杨尚昆报送的，国防部关于颁发中国人民解放军在中国人民革命战争时期有功人员勋章、奖章的决议草案等3个文件，以及杨尚昆16日给周恩来的信，并作出批示。

11月22日 以中华人民共和国主席名义，与全国人大常委会委员长刘少奇、国务院总理兼外交部部长周恩来，祝贺《中朝经济及文化合作协定》签订1周年，致电朝鲜民主主义人民共和国最高人民会议常任委员会委员长金枓奉、内阁首相金日成和外务相南日。

11月23日 审阅彭德怀11月18日关于报送中华人民共和国兵役法草案和颁发中国人民解放军在中国人民革命战争时期有功人员勋章、奖章条例草案的报告。

同日 复信中国民主建国会主任委员、全国人大常委会副委员长黄炎培。黄炎培于10月30日给毛泽东写信，反映粮食收购中存在的问题。

同日 审阅修改周恩来报送的《中国人民政治协商会议章程（草案）》，并就征求对兵役法草案和勋章奖章条例草案意见问题作出批示。

11月24日 致电朝鲜民主主义人民共和国内阁首相金日成并告志愿军司令部，就朝鲜开城的工作提出办法。

同日 结束在广州的工作，与刘少奇、周恩来等乘专列离开广州北返。

1955年

12月 到达广州，重编《怎样办农业生产合作社》，精心地选材料、改文字、拟标题、写按语。

12月20日 完成编辑工作，并将书名定为《中国农村的社会主义高潮》。这次重编，保留了原样书中材料91篇，吸收新材料85篇，共计176篇，约90万字，按照各方面的具体经验分成47类。同时，“为了批判某些错误思想和建议某些东西”，还为85篇材料撰写按语，并对9月所写的按语加以修改。两次编辑共计撰写按语104条，其中包括为广东报送的材料所写的6条。

12月27日 为《中国农村的社会主义高潮》写序言。

12月下旬 离开广州。

1956年

5月3日 6时，乘坐专机从北京西郊机场起飞，下午4时30分，乘专机由武昌抵达广州，住小岛招待所。

5月5日晚上 同广东省委第一书记陶铸、公安部部长罗瑞卿谈工业问题，空军司令员刘亚楼参加。

5月11日 和中央书记处书记彭真、中央书记处候补书记兼中央办公厅主任杨尚昆在小岛招待所听取陶铸汇报广东省工业情况，参加汇报的还有广东省副省长、工业厅厅长、农业厅厅长、省委秘书长、广州市委副书记。

5月12日下午 和彭真、罗瑞卿、杨尚昆在越秀山游泳池听取中共广东省委汇报农业情况。

5月13日下午 和彭真、罗瑞卿、杨尚昆、陶铸在小岛招待所听取广西省委第一书记陈漫远汇报广西省工业情况。参加汇报的还有广西省副省长、工业厅副厅长、手工业管理局局长等。

5月14日 为中共中央起草关于各省市区党委向中央汇报工作的具体安排的通知。下午，和彭真、陶铸等在越秀山游泳池听取陈漫远汇报广西省农业情况，广州市委汇报农业发展规划。

5月16日下午 和彭真、谭震林（中共中央财经小组领导副组长、国务院副总理）等在小岛招待所听取中共广东省委关于造纸和制糖业的情况汇报。

5月17日下午　和彭真、谭震林、陶铸等在小岛招待所听取江西省委第一书记杨尚奎汇报江西工业情况。

5月18日至20日　连续三天下午和晚上，在小岛招待所或越秀山游泳池，和彭真、谭震林、陶铸听取湖北省委第一书记王任重关于湖北省工业情况的汇报，湖北省委第三书记、湖北省省长张体学关于湖北省财粮贸工作的汇报，湖北省委第二副书记王延春关于湖北省农村情况的汇报，武汉市市长宋侃夫关于武汉市产供销和职工生活情况的汇报。

5月18日　从晚上到深夜，听取身边7个省籍的10名警卫员战士回家乡所作农村调查的情况汇报。

5月20日　为中共中央起草关于各省市区党委向中央汇报工作的补充通知。

5月21日　在陶铸等人的陪同下视察广东水产馆。

5月21日至23日　每天下午和晚上，和彭真、谭震林、陶铸等在小岛招待所听取中共湖南省委周小舟等汇报。

5月24日、25日　每天下午和晚上，和彭真、谭震林、罗瑞卿、杨尚昆、陶铸等在小岛招待所听取中共江西省委杨尚奎等汇报。

5月26日、27日　每天下午和晚上，和谭震林、罗瑞卿、杨尚昆、陶铸等在小岛招待所听取中共广西省委陈漫远、韦国清等汇报。

5月28日下午　和谭震林、罗瑞卿、杨尚昆等在小岛招待所听取中共广东省委关于港澳问题的汇报，提出“引进外资”的观点。

5月29日上午　和谭震林、罗瑞卿、杨尚昆等在小岛招待所听取中共广东省委关于镇反问题的汇报。随后，参观广州造纸厂和广州通用机械厂。

在广州期间，实现畅游珠江的愿望，并决定到武汉畅游长江。

5月30日　晨6时，乘专机离开广州，上午8时50分到达长沙。

1958年

1月23日　南宁会议结束后，乘专机到达广州，住小岛招待所。

同日晚上 在广东省交际处（现广东迎宾馆）会见奉调离任的印度驻华大使拉·库·尼赫鲁及夫人，并共进晚餐，陶铸等参加。

1月24日 关于中国人民志愿军撤出朝鲜问题，复电金日成。

同日晚上 在中山纪念堂接见广州地区驻军、广东省、广州市干部，并观看粤剧名演员马师曾、红线女等出演的《昭君出塞》《搜书院》等文艺节目。

1月26日 乘专机离开广州返回北京。

4月13日下午 乘专机由长沙到广州，入住小岛招待所。

同日 到达小岛后，与国务院副总理、中共中央农村工作部部长邓子恢，广东省委第一书记陶铸，以及陶铸的夫人曾志和卫生部妇幼卫生司副司长朱琏等人谈话。

4月15日 阅中共河南省封丘县委3月20日关于介绍该县应举农业社的报告《一个苦战二年改变了面貌的合作社》后，写《介绍一个合作社》一文。

4月19日下午 专门找著名针灸学家、卫生部妇幼卫生司副司长朱琏和医生洪敏就卫生工作进行谈话。

4月22日晚上 主持召开会议，与刘少奇、邓小平、陈伯达、康生、陆定一、胡乔木、胡绳、邓力群、田家英等人一起，讨论由刘少奇主持起草的中共八大二次会议的工作报告稿。23日晚和25日晚，会议继续进行。

4月23日 给各省、市、自治区党委书记处各同志写《临时通信》，要求他们立即将第二个五年计划期内关于省市区的地方工业指标大体研究一下。

4月25日 6时，致信周恩来、陈云、彭德怀、李富春、薄一波，邀请他们及有关负责人来广州开会，谈一下工业问题。

同日 阅水利电力部向中共中央政治局报送的关于电力工业的第二个五年计划，并作出批示。

4月27日 下午和晚上，主持召开有中共中央领导人及部分部委负责人参加的会议，讨论工业问题。在会上明确指出超英口号不变。

同日 阅广东潮安县一名共产党员于4月1日写给中央办公厅的一封反映广东潮汕地区整风情况的来信，并作出批示。

4月28日　下午和晚上，主持会议，继续讨论工业问题。会后，同刘少奇、周恩来、陈云、邓小平谈话。29日下午和晚上，会议继续进行，出席会议的增加了陶铸、陈伯达、康生、杨尚昆。

4 月29 日　写《给生产队长的一封信》。

4 月30日　下午3时30分，参观广州市郊区的棠下农业生产合作社。5时余，到珠江游泳。6时余，在船上接见粤剧演员红线女。晚8时余，参观广东省农具改革展览会。

5月1日上午　乘专机离开广州到达武汉。

12月13日下午　乘专机由长沙飞抵广州，住小岛招待所。

12月14日　同陈伯达、胡乔木谈中共八届六中全会公报稿修改问题。

12月15日　本日前，对中共八届六中全会公报稿做过一次修改。晚10时，关于中共八届六中全会公报稿，批示胡乔木："此件可以定稿。只在第三页增了几个字。请用电话把修改处告诉北京，准备十七日下午广播，连同主席问题决议一起，十八日见报。"晚上，又同陈伯达、胡乔木谈六中全会公报稿和关于人民公社决议稿的修改问题。

12月16日　同陈伯达、胡乔木谈中共八届六中全会公报稿修改问题。

12月21日　阅文物出版社1958年9月刻印的大字线装本《毛主席诗词十九首》后，在书眉上写说明，并写了12条批注。

12月23日下午　听取中国人民解放军总政治部主任谭政关于中国人民解放军政治工作会议情况的汇报。然后到广州军区接见参加全军政治工作会议的代表，并同与会的各总部、各军兵种、各大军区、各院校的负责人共50余人谈话。

12月26日　在广州平淡度过65岁生日。下午，从广州乘专列前往湖南。离开广州前，在小岛一号楼前接见广东参加接待、警卫工作的人员，并合影留念。

1960年

1月27日　晨，乘专列由湖南衡阳抵达广州，住小岛招待所。

2月1日 复信赫鲁晓夫，决定派康生（中共中央政治局候补委员）、刘晓（中共中央委员、中国驻苏联大使）和伍修权（中共中央委员）为代表，以观察员身份出席华沙条约缔约国政治协商委员会例会。

2月4日至9日 在鸡颈坑广州军区招待所，同陈伯达、胡绳、邓力群、田家英、陶铸、胡乔木读完苏联《政治经济学教科书》第三十四至三十六章及结束语，结束自1959年12月10日开始的读书活动。

2月10日下午 在鸡颈坑听取康生汇报他和刘晓、伍修权以观察员身份列席2月4日在莫斯科召开的华沙条约缔约国政治协商委员会例会的情况。

2月11日上午 在小岛招待所召开会议，由康生汇报参加华沙条约缔约国政治协商委员会例会的情况。下午，在鸡颈坑继续召开会议，讨论康生汇报中提出的问题。

2月12日下午 在鸡颈坑听取中央军委副主席、国防部长林彪等汇报军委扩大会议情况。

2月20日 阅李富春2月14日邀集在广州参加读苏联《政治经济学教科书》的六位部长和国家计委两位副主任座谈有关经济计划的几个问题的纪要，并批示林彪及各位元帅阅读。

2月21日下午 在鸡颈坑召开会议，讨论中印关系问题，周恩来、林彪、康生、陶铸、胡乔木出席。

2月25日晚上 同康生、胡乔木谈周恩来给尼赫鲁复信问题。26日下午，召集周恩来、康生、罗瑞卿、胡乔木开会，研究周恩来给尼赫鲁的复信。

同日 阅中共国家经济委员会党组2月13日关于1月份和2月上旬工业、交通生产情况向中央政治局口头汇报的提纲，并作出批示。

2月27日至29日，3月2日、5日、6日 每天下午至晚上，在鸡颈坑审读《毛泽东选集》第四卷文稿，康生、胡乔木、田家英参加。

3月1日 阅广东省委2月25日关于当前人民公社工作中几个问题的指示，写信给刘少奇、邓小平，建议将这一文件提到中央会议上讨论一次，并以中央名义转发。3月2日晨3时，批示机要秘书高智将文件印发给在广东从化读《政治经济学教科书》的周恩来等人。晨6时将给刘少奇、邓小平的信，改写为中央为转发广东省委指示给上海局、各协作区委员会、各省市区党委等的指示。

3月2日　阅贵州省委2月24日关于目前农村公共食堂情况的报告，并作出批示。

3月3日　为转发吉林省委2月26日关于技术革新和技术革命运动情况的报告，起草中央给上海局、各协作区委员会、各省市区党委的批语。

同日晚上　在鸡颈坑召开会议，讨论中共广东省委关于当前人民公社工作中几个问题的指示和毛泽东为中央起草的转发这个指示的指示稿，吉林省委关于技术革新和技术革命运动情况的报告和毛泽东为中央起草的转发这个报告的批语稿，和贵州省委关于目前农村公共食堂情况的报告。

3月4日　为转发贵州省委关于目前农村公共食堂情况的报告，起草中央给上海局、各协作区委员会、各省市区党委的批语。

同日　致信刘少奇、邓小平，请他们审阅中共广东、吉林、贵州省委的文件和毛泽东为中央起草的指示和批语，并提到中央会议讨论通过。

3月7日晚上　在鸡颈坑会见到任不久的苏联驻中国大使契尔沃年科，中央书记处候补书记杨尚昆在座。

3月8日　审阅修改刘少奇3月6日为中共中央起草的关于城市人民公社问题的指示稿。

同日晚上　在小岛招待所审读《毛泽东选集》第四卷最后一批文稿。康生、胡乔木、田家英及其他参加《毛泽东选集》第四卷编辑工作的许立群、姚溱、熊复、逄先知参加。

3月9日　上午11时，乘专列离开广州。

1961年

2月13日　到达广州，住小岛招待所。

2月19日　听取陈伯达调查组汇报广东调查情况，阅《广东农村人民公社几个生产队调查纪要》，引起重视。

2月21日 听取陈伯达、胡乔木汇报调查情况，陶铸参加。

2月23日 听取田家英汇报调查情况。

2月25日 在鸡颈坑广州军区招待所召集陶铸、陈伯达、胡乔木、廖鲁言、田家英等人开会，讨论起草农村人民公社工作条例问题。

3月3日晚上 同廖鲁言、田家英谈农村人民公社工作条例问题。

3月4日晚上 在小岛招待所主持召开中共中央政治局常委扩大会议，讨论国际形势问题和《农村人民公社工作条例（草案）》初稿，以及苏联提议以贷款方式给中国100万吨粮食和转口古巴50万吨糖一事。

3月5日 在小岛招待所主持召开中央政治局常委扩大会议，讨论工农业生产与农村人民公社体制等问题。

3月6日 同中共湖南省委第一书记张平化谈农村人民公社规模化小问题；同周恩来、邓小平、彭真谈农村人民公社体制问题。后又同陶铸谈这个问题。

3 月7日 和湖北省委第一书记王任重谈话，了解湖北农村情况。

3月8日 在小岛招待所召集陈伯达、胡乔木、陶铸等人开会，讨论修改《农村人民公社工作条例（草案）》。

3月10日早上 阅中央宣传部部长陆定一关于在广东新会、花县参观情况的两封信后，批示陶铸，让他邀请在广东的朱德、陆定一参加即将召开的中南局、西南局、华东局及所属的各省、市、自治区负责人会议（即三南会议），并将陆定一的两封信印发给与会各同志。上午，召集柯庆施、李井泉、陶铸、陈伯达、胡乔木开会，讨论三南会议的开法问题。

3月10日至13日 在小岛招待所主持召开三南会议，主要讨论人民公社工作条例和农业问题。

3月11日 同胡乔木、田家英讨论《调查工作》一文的修改问题，对正文作了一些文字修改，将标题改为《关于调查工作》，并印发三南会议。

3月12日 听取陶铸、胡乔木汇报三南会议开会情况，研究会议开法问题。

3月13日 上午8时，为认真调查公社内部两个平均主义问题，致信刘少奇、周恩来、陈云、邓小平、彭真以及三北会议各同志。

3月14日　同陈伯达、胡乔木、廖鲁言、田家英谈《农村人民公社工作条例（草案）》修改问题。

同日晚上　主持召开中央政治局常委扩大会议，讨论修改《农村人民公社工作条例（草案）》。

3月15日至23日　在小岛招待所主持召开有各中共中央局书记，各省、市、自治区党委书记参加的中央工作会议，即“广州会议”。会议集中讨论两个平均主义、公社体制、公共食堂、供给制和调查研究等问题。

3月16日　批示印发陈伯达3月15日报送的《一个座谈会的记录》。

同日　同陈伯达、胡乔木、廖鲁言、田家英谈《农村人民公社工作条例（草案）》第二稿，决定印发中央工作会议讨论。

同日　批示印发陶铸3月15日报送的《关于广东省南海县大沥公社沥西大队试行生产队上调任务包干办法》。

3月17日中午　同陶铸、陈伯达谈话，了解中央工作会议情况。

3月18日中午　听取柯庆施、李井泉、陶铸、李雪峰、刘澜涛、宋任穷汇报中央工作会议各小组讨论情况，彭真参加。

3月19日、20日　连续两次在小岛招待所同陈伯达、胡乔木、廖鲁言等人谈《农村人民公社工作条例（草案）》第二稿的修改问题。

3月21日　主持召开中央政治局常委会议，对《农村人民公社工作条例（草案）》第三稿进行讨论。

3月22日　中央工作会议讨论通过《农村人民公社工作条例（草案）》；中共中央发出《关于讨论〈农村人民公社工作条例（草案）〉给全党同志的信》，要求各地对工作条例进行认真讨论。

同日　批示把陈伯达报送的《一些社员和干部对于按劳分配问题的意见》印发参加中央工作会议的同志。

3月23日　在中央工作会议全体会议开会前，审改由胡乔木起草的中央关于认真进行调查工作问题的指示信，为这封信加标题《中共中央关于认真进行调查工作问题给各中央局，各省、市、区党委的一封信》，并加写“请发至地方县级，军队团级，城市发至区级及大工厂党委，大学党委，大报党委”。并主持会议，发表以调查研究为主旨的长篇讲话。

3月24日晨 同田家英谈话，指示农村调查工作延续到5月，去江苏搞20天，选3个点；同周恩来谈给赫鲁晓夫复信问题。

同日晚上 同陈伯达、胡乔木、田家英谈调查组继续调查农村问题。

3月29日4时 批示陶铸、陈伯达立即看中央办公厅1961年3月24日编印的《情况简报》第113期上转载的山东省召开公社体制问题座谈会的情况材料。下午1时，同陶铸、陈伯达谈话，了解广东番禺县大石公社群众对“农业六十条”的意见。谈话中，还就山东省材料中提出的四权统一、核算单位等问题进行了研究。

同日 乘专列离开广州前往长沙。

第四部分　毛泽东在广州活动地点

（一）民主革命时期

1923年

春园　位于广州东山新河浦路22～26号（双号）。1923年4月至9月初，是中共中央机关所在地。1923年4月底，毛泽东到广州后就住这里；1923年6月中共三大召开后，毛泽东担任中央局秘书，也在这里办公。

中共三大会址　位于广州东山恤孤院后街31号，这是一幢砖木结构的"人"字形两层民居。1923年6月，毛泽东在这里出席中共三大，并在会上当选中央执行委员会委员。会址在抗日战争时期被日机炸毁，后来建起民居。2006年，建成中共三大会址纪念馆，现对游客开放。

简园　位于今培正路，是一座有欧美风情和地方特色的别墅，原系南洋兄弟烟草公司简琴石的产业，当时是谭延闿公馆。中共三大前后，毛泽东曾多次到简园找谭延闿，商谈国共合作。

1924年

惠州会馆　位于广州市越秀南路53号（今89号），南边为"东园"。1924年，这里是中国国民党中央党部所在地。1925年9月底，国民党中央党部迁往大东路30号旧省议会，惠州会馆成为中华全国总工会办公地。中华人民共和国成立后辟为纪念馆。1988年1月公布为全国重点文物保护单位。1924年1月，毛泽东到广州参加国民党一大，就住在惠州会馆。大会后，又在这参加国民党一届一中全会。

国立广东高等师范学校的钟楼　位于文明路6号（今215号）。钟楼首层有一个小礼堂，即国立广东高等师范学校（后来改名为广东大学、中山大学）礼堂。1924年1月20日至30日，毛泽东在此出席国民党第一次全国代表大会。会上，当选为国民党中央执行委员会候补委员。

1925年至1926年

旧省议会 1925年9月底，国民党中央党部迁至此地（今中山三路广州起义烈士陵园内广东革命历史博物馆）。10月5日，毛泽东担任国民党中央宣传部代理部长后，在此办公；并参加在党部礼堂召开的国民党广东省第一次代表大会、第二次全国代表大会，以及中央党部会议（中常会）。

庙前西街38号 旧址是一幢两层楼的别墅。1925年冬，夫人杨开慧和母亲携毛岸英、毛岸青由湖南来到广州，同毛泽东在这里居住。杨开慧协助毛泽东从事革命活动和编辑《政治周报》。

广东省农民协会 位于东皋大道1号（今东皋大道礼兴街6号）。原系广州商团副团长陈恭受的别墅。商团叛乱被镇压后没收充公，为广东省农民协会办公地，第三至第五届农讲所在此举办。毛泽东在第五届农讲所任教，在这里办公、住宿，并参加广东省农民协会的有关会议。

国立广东大学附设中学 位于国立广东大学东北部。1925年毛泽东在此兼任教员，每周授课两小时。

广州农讲所 现位于中山四路42号，即原番禺学宫。1925年，国民革命军第二军军官学校在此举办，毛泽东曾兼任该校教官。次年，毛泽东在这里主办第六届农讲所。现辟为“毛泽东同志主办农民运动讲习所旧址”，为全国重点文物保护单位。

国立广东大学操场 位于文明路6号（今215号）原国立广东大学校内。1926年5月7日中午12时，毛泽东在国立广东大学操场参加广东各界纪念“五七”国耻大会。

东较场 位于中山三路，现广东省人民体育场一带。大革命时期，革命群众常在此举行重要集会。1926年5月30日，毛泽东率农讲所学生参加广州各界纪念“五卅”大会。

国立中山大学礼堂（钟楼） 1926年8月14日，毛泽东在这里出席中华农学会第九届年会。

黄埔军校（中国国民党陆军军官学校）　位于黄埔区长洲岛内，创办于1924年6月16日，是第一次国共合作的产物。1926年9月3日，毛泽东到黄埔军校讲演。

（二）社会主义革命与建设时期

1954年

广东省委小岛招待所　位于越秀区沿江东路463号。始建于20世纪50年代，小岛上最早的建筑是一幢西式两层小楼，三面临水，被称为“船屋”。1956年，小岛一号楼落成。这是毛泽东在广州的主要住处。1970年，周恩来将小岛招待所改名为“珠岛宾馆”。1954年11月，毛泽东到广州，住在“船屋”，与刘少奇、周恩来、李富春、蔡畅、陈伯达、罗瑞卿等在这里一同审议国家“一五”计划草案。

越秀山游泳池　位于解放北路988号越秀公园内，是中华人民共和国成立后广州市第一个标准化游泳池，始建于1952年。1954年11月，毛泽东在审议“一五”计划草案间隙到此游泳。

中山纪念堂　位于今东风中路，是全国重点文物保护单位。这里原是1921年孙中山的总统府，次年陈炯明叛变时被毁。后在原址建成中山纪念堂，是广州人民和海外华侨为了纪念伟大的革命先行者孙中山先生而筹资兴建的，由我国著名建筑师吕彦直先生设计，1929年动工，1931年完成。是广州地标性建筑物。

第六届全国农民运动讲习所旧址　位于中山四路42号，全国重点文物保护单位，现辟为“毛泽东同志主办农民运动讲习所旧址纪念馆”。

广州三元里抗英烈士纪念碑　位于广州白云区三元里村西门楼的上岗上，是一座纪念1841年在三元里抗英中阵亡的中国军民而兴建的纪念碑，是广州市爱国主义教育基地。

广州苏维埃政府旧址　位于起义路200号之一，原为国民政府广东省立公安局（今广州市公安局），现辟为广州起义纪念馆，全国重点文物保护单位。

岭南文物宫 位于广州荔湾区西堤二马路37号。始建于1951年6月，是为了举办“华南土特产展览交流大会”而建起来的展馆设施。交流会结束后，叶剑英拍板改建成岭南文物宫，并亲笔题名。

1955年

广东省委小岛招待所 毛泽东于1955年12月在广州主编《中国农村的社会主义高潮》时，住在这里。

1956年

旧白云机场 位于广州白云区白云山西边，曾是中国三大机场之一。2004年8月，位于白云、花都交界的新机场启用后，改建成白云新城。1956年5月3日下午4时30分，毛泽东乘专机抵达这里。

广东省委小岛招待所 1956年5月3日至30日，毛泽东在此多次召集中央和多位省委主要负责人开会，听取广东、江西、湖北、广西等省工业情况的汇报。

越秀山游泳池 1956年5月12日下午，毛泽东和彭真、罗瑞卿、杨尚昆在此听取广东省委汇报农业情况。

广东水产馆 位于广州文化公园（即原岭南文物宫，1956年改此名）中心广场东面。1956年5月21日，毛泽东在广东省委书记陶铸等人陪同下到这里视察，指示“南海水产资源很丰富，大有可为，应很好地开发利用”。

广州造纸厂 坐落于广州工业大道中，于1932年陈济棠主粤时筹建，1938年建成，定名为广东省营制纸厂。1953年4月改称为国营广州造纸厂。在较长时期内，广州造纸厂都是华南地区新闻纸的主要生产基地。1958年5月29日上午，毛泽东到此视察。

广州通用机器厂 位于工业大道北沙园与革新路交会一带，始建于1948年，建成后直属国家机械工业部，是华南地区的大型工厂和中国机械工业的骨干企业。1958年由国家机械工业部下放给广州市，同年8月经国家计委和机械工业部批准投资7000万元扩建，并改名广州重型机器厂。1958年5月29日上午，毛泽东在杨尚昆、罗瑞卿、陶铸等人陪同下到此视察。

1958年

广东省委小岛招待所　毛泽东分别于1958年1月23日、4月13日、12月13日三次乘专机抵广州，住小岛招待所。并于4月19日至29日召开多次会议，分别讨论中共八大二次会议的工作报告稿和工业问题。

广东省交际处（今广东迎宾馆）　位于解放北路603号，曾是国民党政府行政院所在地。1952年建馆，接待中外客人。1958年1月23日晚，毛泽东在此会见即将奉调回国的印度驻华大使尼赫鲁及夫人。

中山纪念堂　是广州市重要集会和文艺演出的场所。1958年1月24日晚上，毛泽东在此接见广州地区党政军干部，并观看马师曾、红线女等出演粤剧。

棠下农业生产合作社　位于广州天河棠下达善大街27号。现建成毛主席视察棠下纪念馆，成为重要的爱国主义教育基地。1958年4月30日下午，毛泽东由广东省委书记陶铸和广州市市长朱光陪同到这里视察。

广州军区　位于广州东山达道路。1958年12月23日下午，毛泽东在此接见参加全军政治工作会议的代表，并同与会的各总部、各军兵种、各大军区、各院校的负责人共50余人谈话。

1960年

广东省委小岛招待所　1960年1月27日晨，毛泽东乘专列由湖南衡阳抵达广州，在此工作和居住。

鸡颈坑广州军区招待所　位于白云山脚不远处，属军事管制单位。毛泽东1960年在广州期间，多次在这里组织学习和谈话活动，包括读苏联《政治经济学教科书》和审读《毛泽东选集》第四卷文稿等。

1961年

广东省委小岛招待所 1961年2月13日到广州后，毛泽东便在此工作和居住。主持召开了政治局常委会议、三南会议和中央工作会议，制定了《农村人民公社工作条例（草案）》（“农业六十条”），倡导调查研究。

鸡颈坑广州军区招待所 1961年2月25日，三南会议召开期间，毛泽东在此召集陶铸、陈伯达、胡乔木等人开会，讨论起草《农村人民公社工作条例（草案）》问题。

第五部分　参考文献

1. 中共中央党史研究室.《中国共产党历史（第一卷）》（1921—1949）. 北京：中共党史出版社，2002.

2. 中共中央党史研究室.《中国共产党历史（第二卷）》（1949—1978）. 北京：中共党史出版社，2011.

3. 中共中央文献研究室.《毛泽东年谱（1893—1949）》. 北京：中央文献出版社，2002.

4. 中共中央文献研究室.《毛泽东年谱（1949—1976）》. 北京：中央文献出版社，2013.

5. 金冲及.《毛泽东传（1893—1949）》. 北京：中央文献出版社，1996.

6. 逄先知，金冲及.《毛泽东传（1949—1976）》. 北京：中央文献出版社，2003.

7. 中共中央文献研究室.《建国以来毛泽东文稿》. 北京：中央文献出版社，1987.11—1998.

8. 中共中央文献研究室.《毛泽东文集》. 北京：人民出版社，1996.

9. 罗家伦.《革命文献》第8辑. 中国国民党中央委员会党史史料编纂委员会，1955.

10. 中国人民政治协商会议广东省委员会，广州市委员会文史资料研究委员会，广东革命历史博物馆.《中国国民党"一大"史料专辑》（广东文史资料第四十二辑）. 广州：广东人民出版社，1984.

11. 广州农民运动讲习所旧址纪念馆.《广东农民运动资料选编》（中国现代革命史资料丛刊）. 北京：人民出版社，1986.

12. 毛泽东.《毛泽东自述》. 北京：人民出版社，2008.

13. 李新芝，郑俊明.《毛泽东纪事（1893—1976）》. 北京：中央文献出版社，2011.

14. 苏峰，熊根琪. 《毛泽东：三十一年还旧国》. 北京：人民出版社，2014.

15. 龚育之，逄先知，石仲泉. 《毛泽东的读书生活》. 上海：生活·读书·新知三联书店，2010.

16. 中共中央文献研究室. 《缅怀毛泽东》. 北京：中央文献出版社，2013.

17. 斯诺. 《早年毛泽东：传记、史料与回忆》. 上海：生活·读书·新知三联书店，2011.

18. 罗平汉. 《回看毛泽东》. 北京：人民出版社，2013.

19. 李锐. 《毛泽东：峥嵘岁月（1893—1923）》. 北京：北京联合出版公司，2013.

20. 陈汉. 《八月的足迹——毛泽东1958年河南农村视察纪实》. 北京：中央文献出版社，2001.

21. 高中华，尹传政. 《毛泽东与共和国非常岁月 》. 北京：人民出版社，2013.

22. 李静，师哲. 《实话实说丰泽园》. 北京：中国青年出版社，2010.

23. 李立志. 《红色地理　毛泽东地理寻踪》. 南昌：江西人民出版社，2007.

24. 于来山，陈克鑫，夏远生. 《毛泽东五十次回湖南》. 长沙：湖南人民出版社，2009.

25. 陈金龙. 《继承与超越：毛泽东与孙中山比较研究》. 广州：广东教育出版社，1998.

26. 张秀娟. 《握手风云——毛泽东交往实录》. 济南：山东人民出版社，2000.

27. 徐尚定. 《胡乔木在毛泽东身边工作的二十年》. 北京：九州出版社，2012.

28. 赵志超. 《走出丰泽园：毛泽东南巡纪实》. 北京：中央文献出版

社，2010.

29. 叶永烈. 《毛泽东和他的秘书们》. 武汉：湖北人民出版社，2013.

30. 边学祖. 《中流击水——毛泽东游泳纪事》. 北京：中央文献出版社，2013.

31. 中共广东省委党史研究室. 《中共名人在广东》. 广州：广东人民出版社，2011.

32. 欧初. 《我亲见的名人与逸事》. 广州：广东人民出版社，2008.

33. 黎永泰. 《毛泽东与大革命》. 成都：四川人民出版社，1991.

34. 荣孟源. 《中国国民党历次代表大会及中央全会资料选编》. 北京：光明日报出版社，1985.

35. 黄修荣. 《联共（布）共产国际与中国国民革命运动》（1920—1925）. 中共中央党史研究室第一研究部译. 《共产国际、联共（布）与中国革命档案资料丛书》（第1卷）. 北京：北京图书馆出版社，1997.

36. 《毛泽东在中宣部》，《现代史料》1933年第1期。

37. 《广州民国日报》，1923—1926。

38. 上海《民国日报》，1923—1926。

39. 《政治周报》第1～14期，1925.12—1926.6。

后　记

21世纪以来，广州市委党史研究室比较重视对毛泽东等中央领导同志在广州的资料的征集、整理和研究工作。2013年，为纪念毛泽东120周年诞辰，广州市委党史研究室决定编写《毛泽东在广州》一书，并将其列入“广州党史丛书·中共领导人在广州”。在确定编写大纲后，编写人员即投入到紧张的资料搜集当中，在基本掌握广州市藏资料后，先后赴中国第二历史档案馆查询档案资料，到北京中国国家图书馆等处查询图书资料。2013年底，编写人员在消化吸收搜集整理的大量档案文献史料，以及前人研究成果的基础上形成了初稿。全书分上下两篇，共12个专题，约28万字（包括毛泽东在广州的著述）。

2014年上半年，在参考新版《毛泽东年谱》和兄弟省市同类著作的基础上，编写人员对书稿进行了大力度的修改，有的专题基本上是重新撰写，例如“主办第六届农讲所”。到2014年10月，形成第二稿。为免篇幅过大，决定不再收录毛泽东在广州的著述的全文，改为撰写“毛泽东在广州主要著述介绍”，并增加“毛泽东在广州活动地点”“参考文献”，并选编了历史图片。2014年11月，我们将第二稿提请广东省委党史研究室原主任曾庆榴教授、原副主任叶文益研究员，广州市委党校政法教研部主任敖带芽教授审读。同时，编写人员赴湖南长沙、韶山等地调研，查阅了湖南省档案馆、湖南图书馆、湖南师范大学图书馆及其历史文化学院资料室和韶山毛泽东图书馆的档案资料，并向湖南省委党史研究室《毛泽东五十次回湖南》编撰人员学习取经。12月，采访曾负责接待毛泽东的广东省委原副秘书长关相生同志，查阅《广东省警卫工作历史资料汇编》，厘清了中华人民共和国成立后毛泽东来广州行程的若干疑点。

2015年初，我们认真梳理了各方面的意见，并利用新资料进行修改和部分内容的重写，3月形成第三稿。较之第二稿，这一稿主要有三大方面修改：一是依据湖南调研后取得的新资料，增加了附录第一部分“创作‘反修诗’（1961年底）”；改写“1955年”之专题。二是翻阅《广州民国日报》等旧报刊，重新撰写了上篇第三至第五专题。三是参照同系列的《叶剑英在广州》进行修改，并压缩篇幅，形成《毛泽东在广州》的第三稿。

2016至2017年，编写人员秉着精益求精、严谨细致的研究精神，再次赴湖南、南京等地，请教相关专家学者，查阅历史档案资料，又一次对书稿进行了大幅度的修改，并进行了全面系统的文字修改和史料核实，最终于2018年底完成定稿。

本书由欧阳湘撰写上篇五个专题、下篇的第三专题，附录第一部分及第二、三部分的民主革命时期的相关内容，并统筹负责全书的修改完善及定稿工作。罗玲撰写下篇其余五个专题，附录第二、三部分的社会主义革命与建设时期的相关内容。和孟整理“毛泽东在广州活动地点”，并参与校对、查阅资料等事务。张桂东也参与了资料征集工作。

本书撰写历时近6年，数易其稿，终于成书。在撰写过程中，广州市委党史研究室原主任李汉强十分关心本书的编撰工作，几次审读书稿，提出宝贵意见和建议；陈穗雄副主任、廖惠霞副主任也给予了大力支持。本书付梓，得到了人民出版社陈寒节老师和广州出版社李利老师的支持和鼓励，对此我们深表谢忱。感谢其他为我们提供过热忱帮助的有关单位和人员，是你们的鼎力相助才使得此书面世。

目前，对于毛泽东的研究起点很高，《毛泽东在广州》属“重大选题”。由于条件所限，加上时间仓促、著者水平有限，疏漏和不当之处，在所难免，敬请专家学者和广大读者批评指正。

作者

2019年11月